职业教育·城市轨道交通类专业教材

城市轨道交通智慧运维

刘乙橙　杨　韬　编　著
方　文　徐明杰　主　审

人民交通出版社股份有限公司
北　京

内 容 提 要

本教材为职业教育城市轨道交通类专业教材。为适应城市轨道交通智慧运维发展新趋势，本教材旨在适应城市轨道交通智慧运维、城市轨道交通新技术的课程学习而编写。本教材根据岗位工作情境，共设置21个任务点、6个模块，分别为城市轨道交通智慧运维系统、城市轨道交通智慧车站、城市轨道交通智慧维保、城市轨道交通智慧安防系统、城市轨道交通大数据分析及应用、城市轨道交通全自动驾驶系统。

本教材可作为职业院校城市轨道交通类相关专业教学使用，也可供城市轨道交通从业人员学习参考。

*** 本教材配套多媒体教学课件，任课教师可通过加入"职教轨道教学研讨群"（教师专用 QQ 群号：129327355）获取。**

图书在版编目(CIP)数据

城市轨道交通智慧运维/刘乙橙，杨韬编著. —北京：人民交通出版社股份有限公司，2023.1

ISBN 978-7-114-18147-4

Ⅰ.①城… Ⅱ.①刘… ②杨… Ⅲ.①城市铁路—轨道交通—智能系统—研究 Ⅳ.①U239.5-39

中国版本图书馆 CIP 数据核字(2022)第 151408 号

职业教育 · 城市轨道交通类专业教材
Chengshi Guidao Jiaotong Zhihui Yunwei

书　　名：城市轨道交通智慧运维
著 作 者：刘乙橙　杨　韬
责任编辑：司昌静
责任校对：孙国靖　刘　璇
责任印制：刘高彤
出版发行：人民交通出版社股份有限公司
地　　址：(100011)北京市朝阳区安定门外外馆斜街 3 号
网　　址：http://www.ccpcl.com.cn
销售电话：(010)59757973
总 经 销：人民交通出版社股份有限公司发行部
经　　销：各地新华书店
印　　刷：北京建宏印刷有限公司
开　　本：787×1092　1/16
印　　张：17.25
字　　数：437 千
版　　次：2023 年 1 月　第 1 版
印　　次：2024 年 6 月　第 3 次印刷
书　　号：ISBN 978-7-114-18147-4
定　　价：49.00 元

前·言

Preface

编写背景

随着“智慧地球”“智慧城市”等理念的提出,新一代信息技术驱动下的“城市轨道交通智慧运营”将成为“智慧城市”的主要标志之一,也是新基建中融合技术设施建设的重要方向。《中国城市轨道交通智慧城轨发展纲要》提出,城市轨道交通智慧运营是未来5~10年地铁行业发展的新趋势。现有的城市轨道交通运营企业,对人才的需求无论从数量上还是质量上,都要满足智慧城市轨道交通发展的需要。职业院校应主动对接智慧轨道交通背景下的企业实际需要,将学生培养成能从事城市轨道交通智慧运维生产工作的创新型高素质技术技能人才。

课程定位

本教材的编写适应城市轨道交通智慧运维发展新趋势,适用于轨道交通类专业群平台课,也适用于城市轨道交通运营管理、城市轨道交通机电技术及城市轨道车辆应用技术专业的核心课程或拓展课程。

特点及创新

本教材整体上按照“大模块+单任务”的架构编写,内容围绕城市轨道交通智慧运维已采用的“新知识、新技术、新工艺、新方法”以及真实案例展开,贴近城轨智慧运维生产实际。教材共六大模块,包括城市轨道交通智慧运维系统、城市轨道交通智慧车站、城市轨道交通智慧维保、城市轨道交通智慧安防系统、城市轨道交通大数据分析及应用、城市轨道交通全自动驾驶系统。各模块任务设置基于企业一线工作情境,从简单到复杂,各教学任务以企业真实案例引入。在完成任务学习后及时组织任务实施及评价。同时,在教材中融入了科学精神、工程思维、创新意识和数字素养，注重劳动精神、工匠精神、劳模精神的培养。

本教材所有图片与视频来源于企业的真实案例。教材实现“纸质＋数字资源”的有机融合，体现“互联网＋”新形态教材理念。学生通过扫描书中二维码可观看相应资源，满足“人人皆学、处处能学、时时可学”的学习创新空间，提供“能学、助教、助训”的课程资源。

编写团队

本教材由四川交通职业技术学院刘乙橙、成都地铁运营有限公司杨韬编著。余天应、杨高鹏、赵宝鹏、刘丽君承担主要编写任务。模块1、模块2由四川交通职业技术学院刘乙橙、广东交通职业技术学院宋以华、成都地铁运营有限公司杨高鹏编写，模块3由成都地铁运营有限公司杨韬、重庆铁路运输技师学院黄兰华编写，模块4由成都地铁运营有限公司杨韬、四川交通职业技术学院赵宝鹏编写，模块5由四川交通职业技术学院余天应、杭州迅维科技有限公司刘丽君和于波编写，模块6由成都地铁运营有限公司甘萍、四川交通职业技术学院唐义清和王凯文编写。刘乙橙负责本教材的统筹工作。本教材由四川交通职业技术学院方文教授、广州地铁设计院徐明杰教授级高级工程师担任主审。

配套资源

本教材的配套PPT、二维码等辅助教学资源内容丰富。本教材配套图片与视频教学资源制作由杭州迅维科技有限公司基于自身产品及相关应用案例提供。杭州迅维科技有限公司依托自主研发的国产BIM建模工具软件、数字孪生工具引擎，为智慧城市、智慧城市轨道交通等领域在运维阶段提供数字孪生解决方案及闭环的数字孪生工具集，解决BIM从设计阶段/施工阶段至运营运维阶段的无缝过渡，充分发挥BIM在运营运维阶段的核心价值，而不仅仅只局限于三维可视化展示，目前已为深圳地铁、北京地铁、广州地铁、上海地铁、成都地铁、天津地铁、福州地铁、昆明地铁、重庆地铁、西安地铁和武汉地铁等智慧车站项目建设赋能，助力智慧城市轨道交通数字化建设。

致谢

感谢四川交通职业技术学院所有领导和同事对本教材编写给予的大力

支持。感谢各轨道交通企业、广州地铁设计院、杭州迅维科技有限公司和人民交通出版社股份有限公司各位专家老师对本教材提出的宝贵建议。编写本教材过程中，编者查阅和参考了众多文献资料，在此向参考文献的作者致以诚挚的谢意。

由于编者水平所限，书中若有疏漏之处，恳请广大读者批评指正，以便进一步完善。

作　者
2023年1月

目·录

Contents

本教材数字资源索引

模块一

城市轨道交通智慧运维系统

任务一 认识城市轨道交通智慧运维系统

学习目标

1. 认识城市轨道交通智慧运维系统。
2. 掌握智慧运维模式与智慧维保系统的概念。
3. 掌握城市轨道交通既有运维模式的特点。
4. 掌握城市轨道交通智能化改造的关键点。

任务导入

城市轨道交通线网发展已初具规模，但设备故障率及运维成本却居高不下，既有运维体系已无法满足现有运维需求。鉴于此，各城市的地铁运营公司纷纷开展了城市轨道交通智慧运维改造项目。智慧运维改造项目以增加乘客多元化体验功能为核心，以强化设备安全运营为手段，以减员增效、降低维保成本及设备故障率为目标，致力于打造智慧运营与智慧维保相结合的智能化城市轨道交通运维系统。该系统可实现智能提醒、车站标准化作业监视、智慧屏幕显示等功能，提高车站服务效率，提升车站整体服务水平，丰富车站信息显示。

本任务需要掌握既有城市轨道交通运维模式，了解既有城市轨道交通设备基本功能，掌握综合监控集成化原理。通过智慧运维系统概括性学习，为后续智慧运维终端设备应用奠定基础。

知识课堂

一、城市轨道交通既有运维模式

1. 运营方面存在的问题

城市轨道交通车站管理业务主要分为客运管理、设备管理、人员管理和应急联动管理等方面。其中,客运管理包括乘客事务处理、运营信息发布、车站客运组织;设备管理包括开站管理、运营管理、关站管理、施工管理;人员管理包括公司内部人员管理和外部人员管理;应急联动管理主要是指车站出现异常事件时,站内人员的快速处置管理。车站业务类型众多且专业性较强,结合各地铁公司运营管理现状,在车站实际运营过程中存在如下八个方面的问题。

(1)乘客服务业务多。车站工作人员需要向乘客提供导乘、问询、票务处理等服务,在客流较大的站点,客流高峰期需要采取额外增配导乘人员和设备操作指引人员。

(2)现场巡检业务多。车站人员需要每天定期到现场对车站内机电设备设施的运营状态、故障状态、安全隐患等进行巡视检查。

(3)人工操作执行业务多。人工操作执行业务分为可远程进行的操作和需要到设备现场进行的操作两大类。以地铁车站开站为例,可远程进行的操作包括:时间校对、广播测试、机电设备设施状态监视、开启 AFC 终端设备、通过 CCTV 确认车站重点部位安全状态、启动环控模式等;需要到设备现场进行的操作包括:通过 PSL 进行站台门手动开启测试、开启自动扶梯及无障碍电梯、开启卷帘门等。

(4)操作多个终端。运营人员需要在多个终端进行操作与确认,增加了运营管理人员的负担。

(5)不间断、不定时、高频次执行任务,监控组织、疏导客流业务多。

(6)人工布岗和派发任务多。由于缺乏统一的管理平台,容易造成差错疏漏。

(7)人工监护施工、统计、审核、登记业务多。

(8)纸质的常态化信息公告多,突发应急信息发布不及时、不全面。

2. 维保方面存在的问题

随着城市轨道交通建设加速成网,设备数量成倍增加,如果继续维持当前以人工巡检和定修为主的运维策略,运维人员将面临巨大的挑战。大线网运维可能带来一些问题,如故障成倍增加,引发成本骤增;故障率居高不下,大大降低运营系统安全,且有效载客时间无法延长;大量的自动化维保系统和数据没有得到有效整合和治理。

同时,各系统大多是独立分散地进行建设,基本上是独立采购所需要的配套软硬件,缺乏统一规划,造成资源利用分配不均,缺乏弹性。现阶段维保所遇到的问题是在线网建设过程中配套软硬件重复采购、重复部署,造成投资浪费,拉高总体建设成本。随着硬件设施、软件系统不断增加,软硬件设备的增加加剧了系统运维的复杂性,包括各类开发系统、应用架构、不同厂商设备等,导致需要不断增加人力投入,造成运维成本居高不下。

二、城市轨道交通智慧运维模式

城市轨道交通智慧运维系统以智慧运营与智慧维保为核心,是基于综合监控系统平台打造,扩容智能化、智慧化功能的地铁弱电综合系统。智慧运维系统从技术维度主要实现感知、控制、数据共享的功能,作为边缘智能节点,也与顶层的自动化及信息化系统存在数据交互和共享的需求。智慧运维的建设是在原有综合监控系统基础上,充分利用人工智能、大数据、云计算、物联网分析(AOT)、数字孪生等新一代技术,改变传统车站运作模式,构建集成化、场景化、自主化的设备管理模式,面向乘客提供全方位体验,面向维保提供智能运维数据支撑,面向站务提供全景管控,面向管理提供决策支持,实现更安全的运营、更智慧的服务、更高效的管理目标。

城市轨道交通车站作为最基本的运营单元,是地铁服务水平、管理水平、智能化水平的直接体现,也是智慧城市、智慧交通的重要组成。面对日益增长的客流以及乘客对提升服务质量的要求,车站的日常运营,需要依托更多的先进技术手段。通过智慧车站系统的建设,使车站能够为城市轨道交通日常运营提供更为有效的管理手段及决策支撑。例如,一键式开关站系统可以提升自动化联动水平,智能巡检系统可以实现故障报修和工单生成自动化,客流检测系统可以提升对客流和相关安全事件的监视水平。通过城市轨道交通智慧运维系统,可以提高一线员工的复合能力,减少人员配置,降低综合成本,达到降本增效的目标。

1. 智慧车站运营管控系统

智慧车站从更安全的运营、更高效的管理、更优质的服务、更卓越的绩效四个方面开展建设。在地铁运营期间,智慧运维系统会对设备故障、大客流、突发事件进行快速感知,完成快速精准的处置,从而实现更安全的运营。在车站管理方面,智慧运维系统对车站运作状态可视化、设备运行自动化、现场管理精准化、人员技能复合化提出了更高的要求,从而实现更高效的管理。通过智慧运维系统,乘客能够享受更丰富、更便捷的服务,满足乘客多样化、人性化服务的需求,从而实现更优质的服务。地铁公司也能够在车站自主化服务的环境下,减少客服人员,利用车站智能巡视巡检功能,精简运维人员,从而实现更卓越的效率。智慧车站综合管控系统结构如图 1-1 所示。

重庆地铁智慧车站

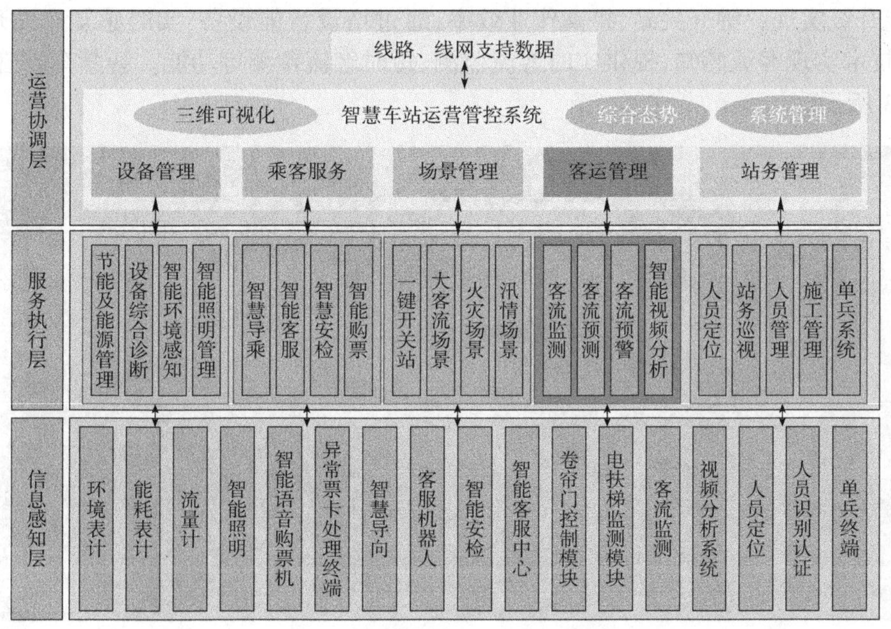

图 1-1 智慧车站综合管控系统结构

(1)服务层面

采用智慧引导乘车(以下简称“导乘”)系统、智慧客服为乘客提供更快捷、更优质的服务,如图 1-2 所示。

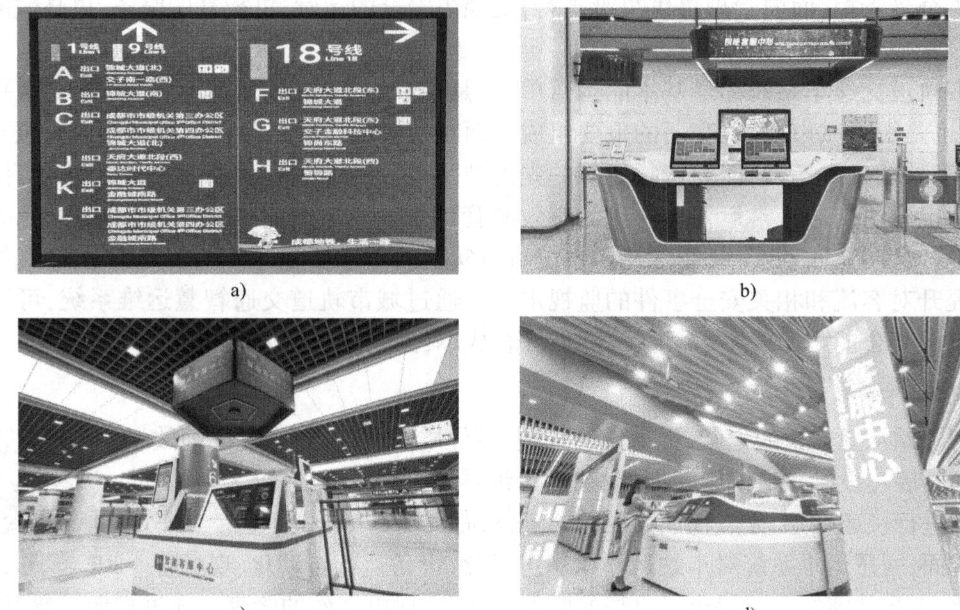

a) b) c) d)

图 1-2 智慧引导乘车系统和智慧客服

(2)管理层面

面向设备:通过设备改造、数据分析实现设备的智能诊断、智能巡视、故障报修;通过系统改造、功能升级实现一键开关站,提高作业效率;通过增设智能设备,实时感知车站环境;通过视频分析技术实现客流感知,提供实时客流监测、短时客流预测等功能。智慧车站管控平台界面如图 1-3 所示。

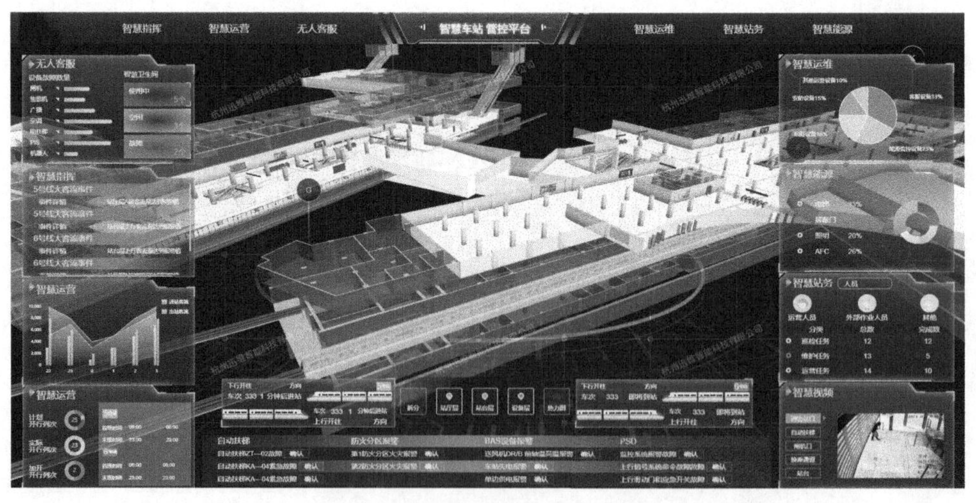

图 1-3 智慧车站管控平台界面

面向人员:通过构建智慧边门(图 1-4)、智能全景巡站(图 1-5)等系统,结合业务系统中人、事、物及其关联的数据和信息,展现车站值守、巡视、客运和服务等各项工作效能,实现对车站人员的全程管理,提升车站对人员的管理水平和管理效率。

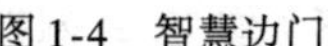
图 1-4　智慧边门

图 1-5　智能全景巡站

(3)智能层面

通过数据统计、智能分析和数据挖掘等技术以及直观、形象、生动、数字化的表现方式,全面展现车站运营管理的总体情况和发展态势,帮助车站管理人员全面掌握当前车站的运行、设备、能耗、客流指标以及发展趋势。

车控室综合后备盘(IBP 盘)中央的可视化大屏(图 1-6),主要界面为车站 3D 模型,能实时显示车站摄像头读取到的各点位拥挤度情况、各设备的运行状态、车站的能耗数据及当班人员等信息。通过选择车站模型中的不同区域,车站工作人员可以查看该区域的视频监控、设备服务能力等精细化数据。同时,车站工作人员还可通过切屏,查看客运服务管理系统(NCCC)及客流分析服务系统(NOIS)的可视化大屏,全面掌控线网客流实时监测及预警分析。同时,NCCC 系统还可作为客运顶层信息化管理平台在日常生产、人员管理等方面进行统筹协调。

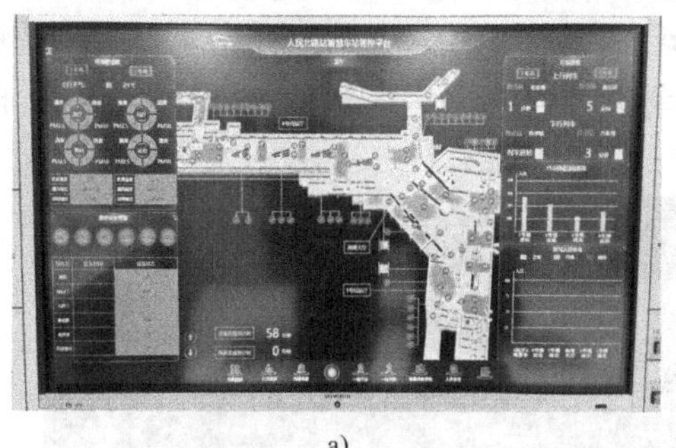
a)

b)

图 1-6　车控室可视化大屏

2. 智慧维保系统

为实质推动设备维保监测检测信息化程度进一步提高,建设统一智慧维保系统迫在眉睫。智慧维保系统充分利用大数据、建模、物联网等先进技术,实现对系统设备的综合评价管理、实时预警,提升精细化维保管理水平和管理效率,最终实现修程优化、成本优化、指标优化,持续地为公众提供优质服务。

(1)车站级维保系统

车站级维保系统是针对维保需求,推动接口方对数据进行专业化预处理,采集各专业完整的设备基础数据和预处理数据,按统一格式进行标准化,对报警进行统一分级,对故障进行统一分类。车站级维保系统可实现设备的远程巡检及耦合度较高的机电设备在线监测,为智慧维保在线监测平台提供支撑,同时为智慧车站的业务应用提供条件。

(2)中央级维保系统

中央级维保系统汇聚车站级数据,建立线路层半结构化、结构化数据集,在技术上为线网层数据中心提供基础数据库,实现线路层中央维调的基本需求。

课堂交流

为了适应城市轨道交通智慧运维技术的新发展,上海、广州、成都、西安、南宁、南昌、杭州等城市都在积极开展智慧运维的研究与应用。请先学习以下"实际案例",然后查阅资料,完成你所在城市或其他城市正在开展的城市轨道交通智慧运维应用情况调查。

请组成5~6人的学习小组,将收集的视频资料、图文资料等制作成条理清晰、图文并茂、页面美观的PPT进行课堂分享。

实际案例

全国众多城市已开展智慧地铁的研究与实践,其中以上海、广州为代表,走在行业前列。

1.上海地铁智慧车站

上海地铁智慧车站

上海地铁较早地开展了智慧运维的研究,如图1-7所示,根据车站不同特点从线网中选取了5个车站,分别针对不同课题进行智慧车站的试点研究。其中1号线、12号线、13号线换乘站汉中路站,着力于研究基于Wi-Fi(无线通信技术)嗅探的客流监测;10号线新江湾站,着力于研究基于无人驾驶运营场景的设备自动运营;17号线诸光路站,着力于研究智慧公安、智慧消防、智慧盲人导乘;7号线顾村公园站,着力于研究可编辑的场景预案;16号线惠南站,着力于研究移动支付、智慧客流引导等。实现的主要功能如下:

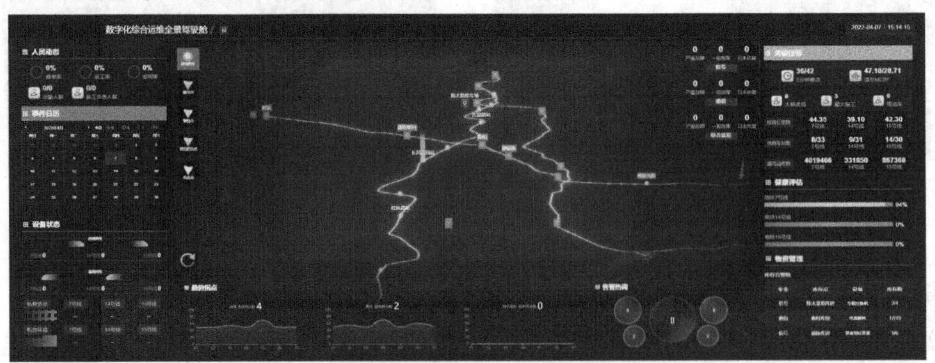

图1-7 上海地铁智慧车站和智慧维保管控平台

(1)车站设施设备状态监控(包括远程功能)如图1-8、图1-9所示。实现车站设施设备状态监控后,大幅缩短了车站站务人员开关站时间。例如汉中路大型换乘车站,之前每天早/晚开关卷帘门、电梯、照明等系统需要两个多小时,智慧车站试点实施后,每天早/晚只需要不到半个小时即可完成所有工作。智慧车站试点实施后,车站设施设备的数据增多,可帮助车站维护工作人员及时、准确地把控设备运行状态、故障趋势、维修计划等。从站务管理需求而言,实现智慧车站后还可便于观察各站点工作完成轨迹和完成情况，通过使用专门的工作 App，所有工作流程均可实现电子化。

图 1-8 上海地铁车站设施设备状态监控(一)

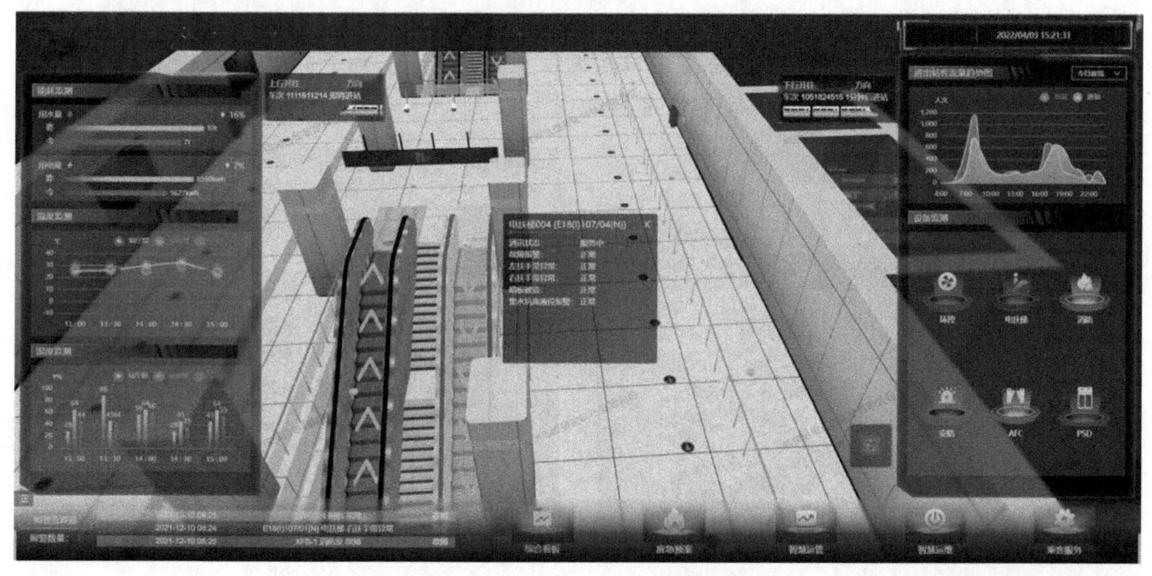

图 1-9 上海地铁车站设施设备状态监控(二)

(2)智慧车站助力地铁乘客服务水平提升。在 13 号线三期工程中，上海地铁提供了视障乘客导航功能。视障乘客在手机上安装地铁导航 App 后，进行实时定位，通过语音引导去向。在汉中路车站，上海地铁试点了乘客行为判断系统，若发生乘客在电梯内摔倒、行为异常、电梯紧急停电等情况，通过图像识别系统(图 1-10)可实现报警并及时处理，保障乘客安全。

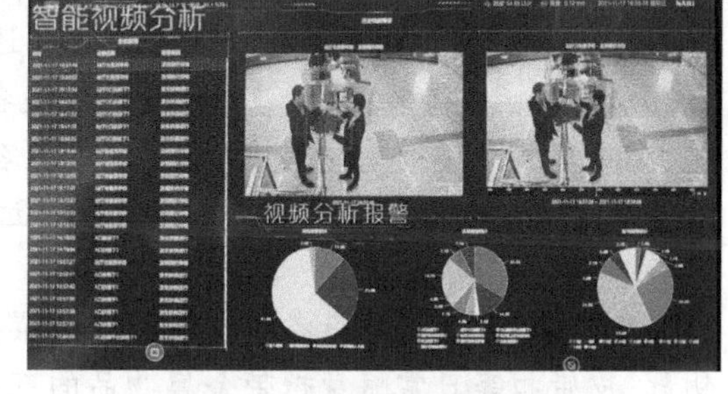

图 1-10 上海地铁图像识别系统

(3)车站客流监测。在汉中路等大型换乘车站，根据 Wi-Fi 嗅探信息来判断客流的拥挤程度，进行及时预警，并通过增加站点、限流等方式做好客流疏导。汉中路站客流实时监测及统计分析界面如图1-11所示。

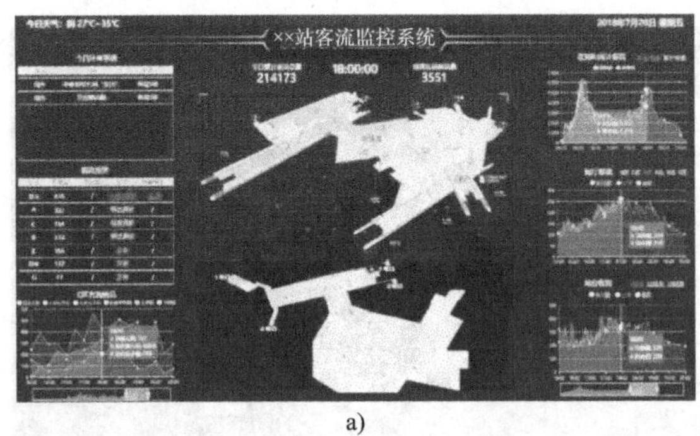

a)

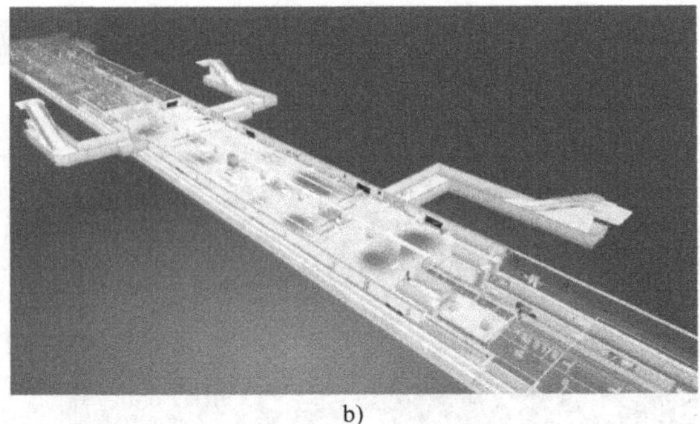
b)

图1-11 汉中路站客流实时监测及统计分析界面(汉中路站)

2. 广州地铁智慧车站

广州地铁将21号线天河智慧城站和APM线与3号线换乘站广州塔站列入了智慧车站示范站。智慧车站示范工程以"一个平台 + 四个应用"(综合信息发布、客流智能引导、智慧安防、智慧站务)的构建方式，实现新兴技术与运营实景跨界融合，加速轨道交通产业数字转型、智能升级和智慧延展。广州地铁智慧信息屏如图1-12所示。

a)

b)

图1-12 广州地铁智慧信息屏

除了刷脸乘地铁外，智慧车站示范站还设置了其他智能服务，如图1-13所示。还包括向客服机器人"悠悠"提问，了解广州地铁各方面的运营资讯。同时客服系统还支持站外导航，为乘客提供各类综合交通出行建议。客服系统后台设有人工客服功能，提供"一对一"的咨询互动，根据乘客的需要解惑答疑，远程指导乘客操作，帮助乘客快速了解各种车站服务。

智慧安检方面，新设备将安检环节和票务环节合二为一，在排除乘客所携带的手机、手表、钥匙、皮带扣等日常随身携带金属物品的基础上，还可对非金属物质进行探测，并在安检设备上方屏幕实时显示物品的形状和所在的位置，如图1-14所示。

图 1-13　广州地铁智能服务系统

a)

b)

图 1-14　广州地铁智能安检系统

为解决站台门夹人夹物影响地铁列车正常运行问题，站台门异物检测设备采用顶置式、收发一体式的激光雷达传感器，对列车门与站台门之间的缝隙进行监测，降低夹人夹物事件概率。

广州地铁发布了“智慧地铁功能等级”体系。该体系分为四级，从第 1 级的基础级到最高级的第 4 级，分别选取乘客服务、行车组织、调度指挥、车站管理、运营维护、安全保障及应急处置 6 个方面。未来，广州地铁全线网将逐步提升为“智能感知、智能联动”的智慧地铁最高级别。

广州地铁“智慧地铁功能等级”体系

任务实施及评价

认识城市轨道交通智慧运维系统

学院		专业	
姓名		学号	
小组成员		组长姓名	

一、工作任务场景

以地铁公司新员工的身份进入具备智慧运维条件的线路，按照实际生产需求，开展城市轨道交通智慧运维系统操作、设备维护、接口调试、功能拓展等工作。

二、前置知识

1. 简述传统城市轨道交通运维模式有哪些。

2. 简述城市轨道交通智慧运维的概念。

3. 通过城市轨道交通智慧运维的相关案例，简述城市轨道交通智慧运维的思路及发展方向。

三、任务实施

任务实施内容
1. 传统城市轨道交通运维模式
1.1　掌握城市轨道交通运维的业务板块
1.2　掌握传统城市轨道交通运维方面存在的问题
1.3　针对传统城市轨道交通运维存在的问题，掌握城市轨道交通智慧运维的解决方案
2. 城市轨道交通智慧运维模式
2.1　掌握将智慧运营与智慧维保相结合的运维理念
2.2　掌握实现安全运营、高效生产、优质服务、卓越绩效四个方面的手段
3. 案例分析
3.1　掌握国内城市轨道交通智慧运维的研究重点
3.2　掌握提升设备状态监控能力的方法
3.3　掌握提升城市轨道交通运营服务质量的方法
3.4　掌握提升城市轨道交通运营安全的管理方法
3.5　掌握城市轨道交通智慧运维的发展现状

续上表

四、评价反馈

(一)评价标准

项　　目	项 目 内 容
接受工作任务	明确工作任务,理解任务在企业工作中的重要程度
前置知识	本次实训前需要掌握的知识程度
能力评价	对城市轨道交通智慧运维概念的理解
	城市轨道交通智慧运维板块的差异
	城市轨道交通智慧运维的宗旨
	国内城市轨道交通智慧运维的现状与前景
素养评价	工作计划性强,安排得当
	团队合作能力强,善于沟通交流
	自主学习能力强,勇于克服困难
	严谨认真,积极参与课堂
	演示文稿制作精美,汇报演讲能力强
评价反馈	自我评价:能对自身表现情况进行客观评价,在任务实施过程中发现自身问题
	小组互评:客观、公正,能指出其他组的问题

(二)自我评价

请根据在课堂中的实际表现进行自我评价与自我反思。

序　　号	评 价 标 准	
1	接受工作任务	☆ ☆ ☆ ☆ ☆
2	前置知识	☆ ☆ ☆ ☆ ☆
3	能力评价	☆ ☆ ☆ ☆ ☆
4	素养评价	☆ ☆ ☆ ☆ ☆

自我反思:

续上表

(三)小组互评

请小组之间根据在课堂中的实际表现进行小组互评。

序 号	评价标准	
1	接受工作任务	☆☆☆☆☆
2	前置知识	☆☆☆☆☆
3	能力评价	☆☆☆☆☆
4	素养评价	☆☆☆☆☆

(四)教师评价

项 目	项目内容	分值	得分
接受工作任务	明确工作任务,理解任务在企业工作中的重要程度	5	
前置知识	本次实训前需要掌握的知识程度	5	
能力评价	对城市轨道交通智慧运维概念的理解	10	
	城市轨道交通智慧运维板块的差异	10	
	城市轨道交通智慧运维的宗旨	10	
	国内城市轨道交通智慧运维的现状与前景	10	
素养评价	工作计划性强,安排得当	5	
	团队合作能力强,善于沟通交通	5	
	自主学习能力强,勇于克服困难	10	
	严谨认真,积极参与课堂	10	
	演示文稿制作精美,汇报演讲能力强	10	
评价反馈	自我评价:能对自身表现情况进行客观评价,在任务实施过程中发现自身问题	5	
	小组互评:客观、公正,能指出其他组的问题	5	
得分(满分100)			

视野拓展

红船精神:红船之上回望百年,这是地铁人献礼建党100周年的“最强音”

1921年8月初,中国共产党第一次全国代表大会在浙江嘉兴南湖的一条游船上胜利闭幕,庄严宣告中国共产党的诞生。这条游船获得了一个永载中国革命史册的名字——红船。红船,见证了中国历史上开天辟地的大事变,成为中国革命源头的象征。2021年是中国共产党成立100周年。在此之际,地铁人用铿锵有力的声音,表达出努力奋进、勇往直前的初心和决心,弘扬坚定理想、敢为人先的红船精神,让红色基因代代传承,精神力量生生不息。

任务二　智慧运营服务系统应用

学习目标

1. 了解智慧运营服务系统架构。
2. 掌握智慧运营服务系统规划内容。
3. 掌握智慧运营服务系统业务功能及子系统应用。

任务导入

为了提升城市轨道交通乘客服务体验，地铁公司利用面向乘客的运营服务设备，建立智慧运营服务系统，如图1-15所示，实现乘客从进站到候车的高效引导和自助服务，带给乘客更便捷、更舒适的乘车体验。 例如：某城市发布暴雨橙色预警，车站工作人员迅速利用智慧运营服务系统在多媒体站台门、服务中心及智能导乘屏发布暴雨预警信息，提醒乘客携带雨具出站。 利用前期建立的应急联络机制，通过智慧维保监测系统及时关停出入口自动扶梯，防止避雨人群发生踩踏事件。

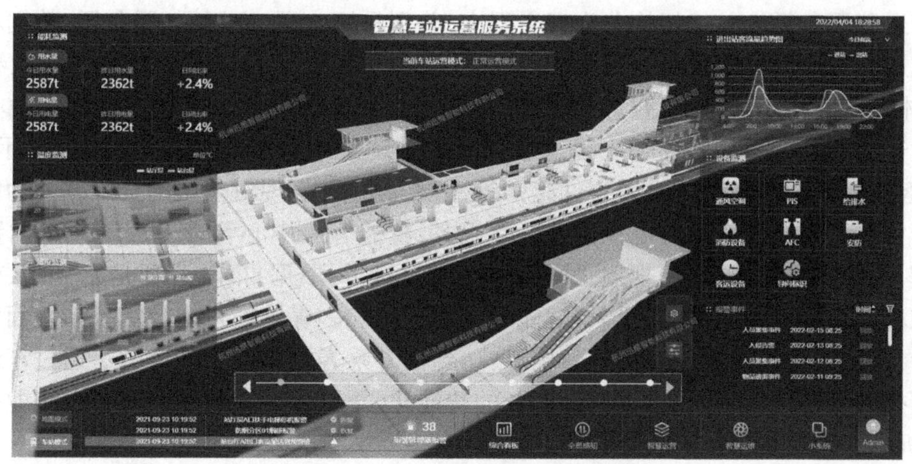

图1-15　智慧车站运营服务系统界面

本任务需要掌握城市轨道交通智慧运营服务系统以及面向乘客端的设备功能，通过对既有系统的升级改造，在满足当前业务需求且保证系统高效可用的前提下，提高系统整体资源利用率，优化系统分布结构，当系统扩张时能以较低的成本与较少的工作完成扩展。

知识课堂

一、智慧运营服务系统架构

智慧运营服务系统围绕着便捷、高效服务于乘客而开发，是面向乘客服务的助推器。智慧车站的建设目标是利用客运服务管理系统(NCCC)信息化加智慧车站的智能化手段,达到提升站务精细化、专业化服务能力的目的;致力于将乘客适应车站的既有服务调整为通过优化服务适应乘客需求,从而建立适用于全线网的统一管理模式、统一服务标准、统一信息发布、统一用户体系的标准化客运服务平台。智慧运营服务系统根据控制方式可分为中心级和车站级两层结构,中心级系统为客运服务管理系统(NCCC),车站级系统为中心级降级模式,确保在任何情况下智慧车站系统都能正常运行。智慧运营服务系统界面如图1-16所示。

智慧运营服务系统

图1-16 智慧运营服务系统界面

智慧运营服务系统总体架构分为五个层次,分别是用户层、应用层、服务层、数据/引擎层、基础设施层。客运服务管理系统是智慧运营服务各子系统整合接入的基础。智能导乘子系统、多媒体站台门控制子系统、智慧边门控制子系统、语音售票子系统和智能客服中心管理子系统通过开放的公有通信协议纳入智慧运营服务系统集中管控。加入车站3D展示、设备运行感知、客流监视、环境感知、突发事件感知等手段或技术,实现对车站的全息感知功能。

语音售票子系统面向乘客提供语音购票服务;智能客服中心管理子系统通过内置集成的票务处理、人脸实名注册、行程规划、站内导航、视频对讲、票据打印、远程坐席、信息查询等功能实现乘客自助服务,减少人工投入;智能导乘子系统和多媒体站台门控制子系统面向乘客提供站外导乘、站内导航以及实时的客运信息,达到提升乘客乘车体验的目的。通过车站信息化建设不断拓展乘客使用场景,推进车站服务的智能化、智慧化。智慧运营服务系统业务架构如图1-17所示。

智慧终端设备产生业务数据后,数据上传至车站级网关,当车站级网关与中心级网关通信失败,业务数据存入车站级数据库,当恢复通信后中心级系统将抓取车站级系统中业务数据进行及时同步。当车站级网关与中心级网关通信成功后,业务数据直接存入中心级数据库,并且中心级将业务数据同步到车站级数据库,以保证车站级数据的完整性。

二、智慧运营服务系统设计

1. 软件设计

智慧运营服务系统的软件设计是在满足传统客运服务业务需求且确保系统高效可用的前

提下,通过优化软硬件适配(如服务器 CPU 资源配置)等提高系统整体资源利用率,通过引入分布式数据库及配置硬件分布式工作结构,当系统扩张时能以较低的成本和工作量完成扩展工作。当系统规模扩展后,系统通过建设的统一数据中心及统一服务中心为上下层系统赋能,对软硬件资源进行动态调度使用。智慧车站软件界面如图 1-18 所示。

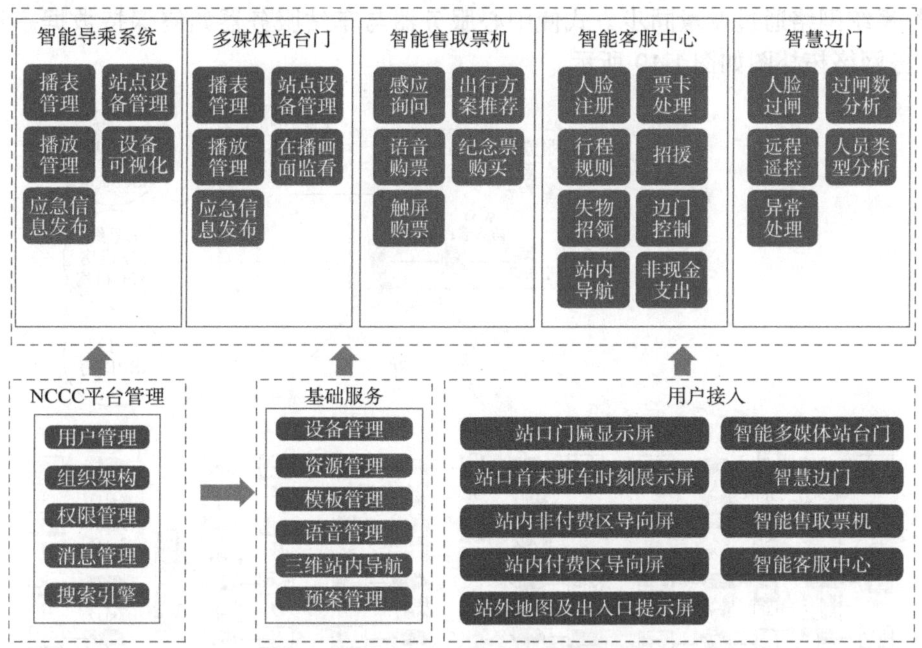

图 1-17　智慧运营服务系统业务架构

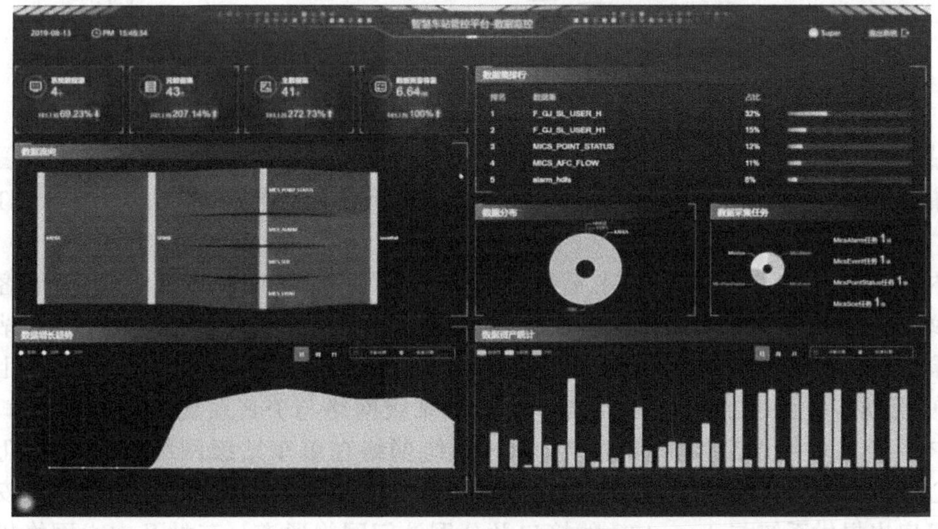

图 1-18　智慧车站软件界面

2. 网络设计

系统网络采用传统的“中央数据处理”方式运作,即当网络联通正常时,车站服务器与中心服务器同时协作处理用户和末端设备的业务数据请求。车站服务器通过中心服务数据总线提供的数据同步队列接收业务处理后,数据变更信息同步本地车站数据,中心服务器从数据同步队列车站产生业务数据并同步存储资源中的数据。当网络联通异常,中心服务器不能向下位车站提供服务时,系统自动启动降级运行模式,通过有限的车站级业务数据服务维持车站正常运营。利用降级运行模式可使车站满足系统在网络异常时,仍能提供部分服务。当系统网络恢复时,系统网络通过变量同步方式使中心服务器与车站服务器始终保持数据一致性。智慧运营服务网络拓扑图如图 1-19 所示。

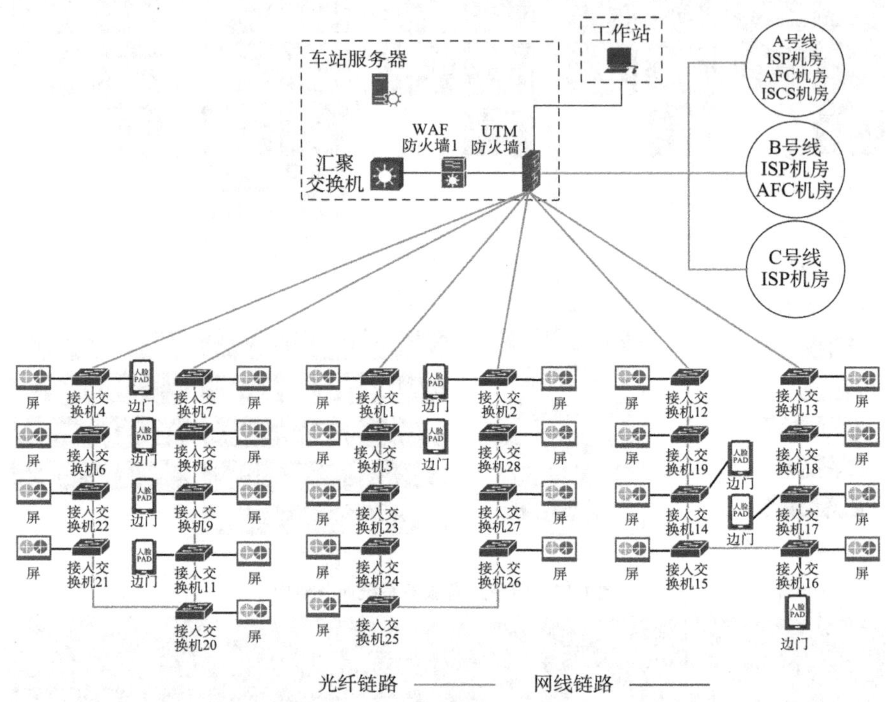

图 1-19 智慧运营服务网络拓扑图

车站级汇聚机房一般设置于地铁车站综合监控设备室(或弱电综合设备室),部署车站级服务器集群、相关网络及安全设备等。车站内与其他系统网络接口边界均设置于 UTM 防火墙处。

站内智能导乘屏、多媒体站台门、智慧边门普遍采用一站一网的方式汇聚,智能客服中心在 AFC 站点三层汇聚交换机实现网络联通;智能售票机采用 AFC 网络接入方式,在站内 AFC 三层汇聚交换机实现网络联通;智慧边门则接入车站的门禁系统网络,智能售票机到 AFC 网络均使用既有链路完成线网级控制。智慧车站级网络与 ISP 系统多线路换乘车站级网络在 ISP 系统站点汇聚交换机联通,与 ISCS 系统网络在单车站级网络汇聚交换机联通。

中心级机房与客运服务管理系统机房主要部署中心级服务器集群、相关网络及安全设备等。该机房也提供系统与 App、ATS 的接口及公网访问网络通道。车站及中心网络借助轨道交通既有传输光纤链路或新布设传输光纤,一般使用轨道交通已建成的骨干光纤资源实现网络联通。中心级网络结构如图 1-20 所示。

城市轨道交通车站内采用光纤组网,站内(站厅、站台)接入交换机与车站机房汇聚交换机组环网,根据终端位置,单站通过设置三个二层环网可实现功能所需的容量。

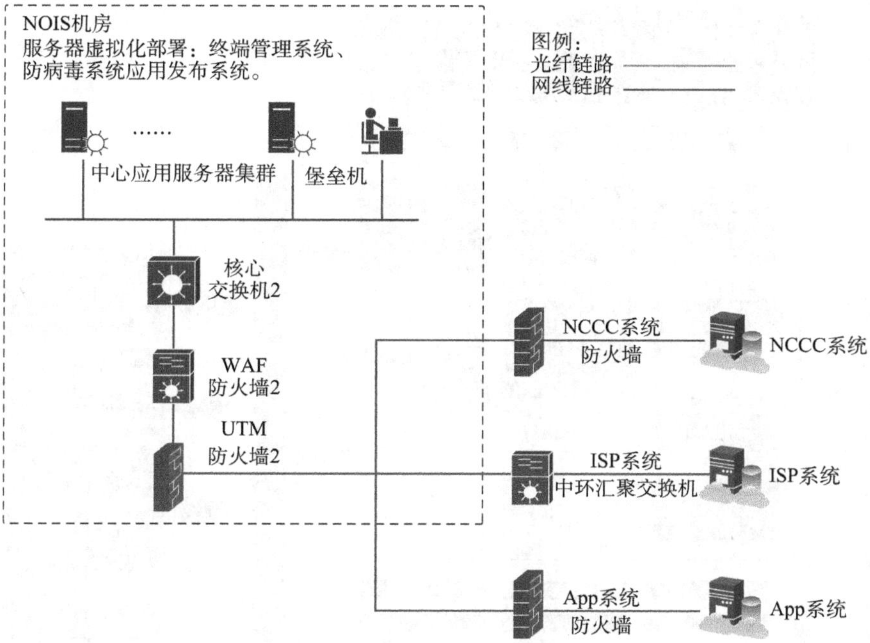

图 1-20 中心级网络结构

在车站级机房及中心级机房，服务器与汇聚交换机通过双绞电缆进行链路聚合，系统服务器业务、管理采用虚拟局域网技术进行隔离，出链路利用 WAF 防火墙、UTM 防火墙进行边界防护；服务器部署防病毒系统、终端安全系统、运维审计系统等设备，保障系统安全。

3. 交互设计

所有设备只与所在车站建立连接，通过心跳互传方式（定时发送和收到检测指令，确认双方网络通信状态）完善断线重连机制。设置在车站的设备监控服务与后端的中心设备监控服务通过光纤网络建立通信连接且设置心跳互传机制。车站设备监控服务提供中心服务指令翻译与本地指令下发功能，同时兼顾中心服务对站点设备的控制与车站在网络断联时对站点设备自主管控。当网络联通正常时，由车站推送设备监控信息给中心服务。中心服务下发指令由车站接收翻译为本地指令，下发给在线设备。当网络联通异常时，车站自主下发指令，完成设备管控。

4. 服务设计

为满足低耦合、高内聚的功能要求，将服务系统划分为五个层级，如图 1-21 所示。

（1）基础设施层

基础设施层也称为硬件资源层，是利用硬件搭建，面向网络服务提供基础保障。基础设施层主要由网络系统、机房、多媒体设备、存储设备以及安全设备等组成，全面的硬件基础设施为整体应用系统搭建了良好的基础。

（2）数据层

数据层整合归集各类业务数据，是智慧运营服务系统的数据资源保障，可通过数据层实现全面的智慧运营服务系统数据资源共享。

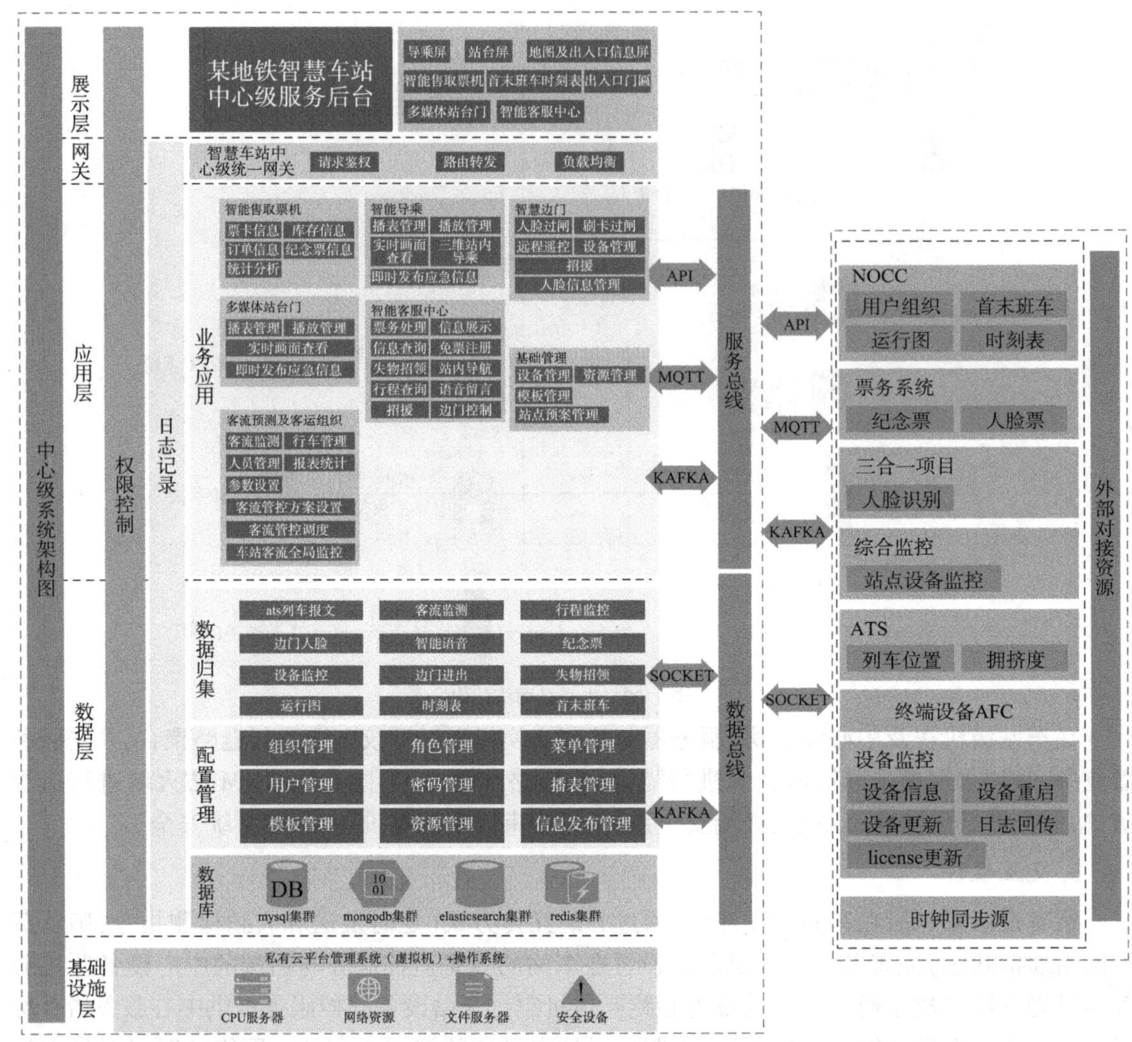

图 1-21 网络服务系统层级

数据层可将 ATS 报文数据、客流监测、行程监控、边门人脸、智能语言、纪念票、设备监控、边门进出、失物招领等类别的数据归集整合并实现线网级数据共享；配置管理类数据是用以辅助系统业务开展而需要进行管理配置的数据项，主要用途为组织管理、角色管理、菜单管理、用户管理、密码管理、播表管理、模板管理、资源管理、信息发布管理等。

由于智慧运营服务系统涉及的数据类别及数据规模不同，且有可扩展性及特殊业务、特殊场景的要求，再兼顾使用习惯，多采用开源数据库。mongodb 文档型数据库：用于数据规模一般（千万）且关联性较简单的数据存储，如业务流程记录类数据。msql 关系型数据库：用于数据规模较小（百万）且关联性较复杂的数据存储，如配置管理类数据。elasticsearch 文档型数据库：用于数据规模较大（亿）且有较多分析及快速搜索需求的数据存储，如日志、客流信息类数据。redis 内存 key-value 数据库：用于有高速缓存应用场景的数据存储。

(3)应用层

应用层是信息处理的重要环节，按功能的不同可以分为智能售票机、智能客服中心、智慧边门、智能导乘、多媒体站台控制、基础管理、客流预测及客运组织等7大核心子系统。为满足与完善子系统业务功能,各子系统按业务需求可通过规范的接口公有通信协议、第三方约定的私有通信协议接入方式实现接入,完成与相应外部资源的业务对接。

(4)网关

网关用以实现网络互联,通过预置的通信协议对所有业务接口请求进行访问权限拦截和身份校验。

(5)显示层

显示层为中心级管理层提供后台管理界面,并以可视化方式实现人机交互功能。后台管理整合了所有子服务功能并为系统用户提供美观、友好、便捷的操作页面。

三、智慧运营服务系统功能及应用

智慧运营服务系统的基础管理功能是将设备、资源、模板、预设应急预案、乘客人脸、车站三维站内导航整合后进行统一管理,实现统一调用。智慧运营服务系统架构如图1-22所示。

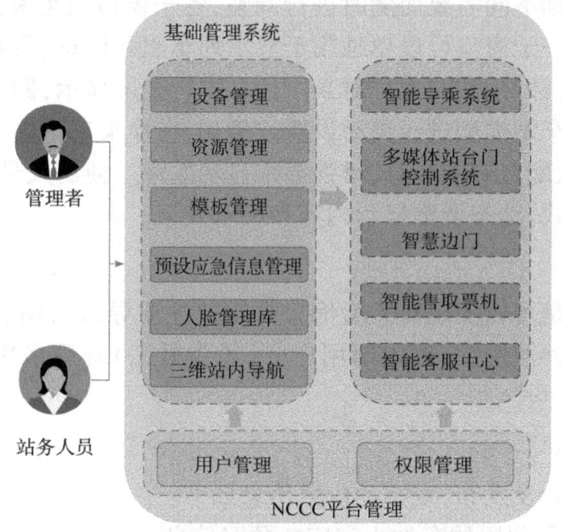

图1-22 智慧运营服务系统架构

1.设备管理

设备管理功能是对智慧车站的各类设备进行统一管理,将所有末端设备状态利用图形化界面显示,以便实现全局查看车站设备情况。车站工作人员可利用系统的车站平面图(图1-23)查看设备位置和设备状态,一键预设车站所有设备的开关机时间。设备管理功能还包括设备基本信息维护、设备分组管理、设备状态查看、磁盘管理、设备控制和设备可视化监控。

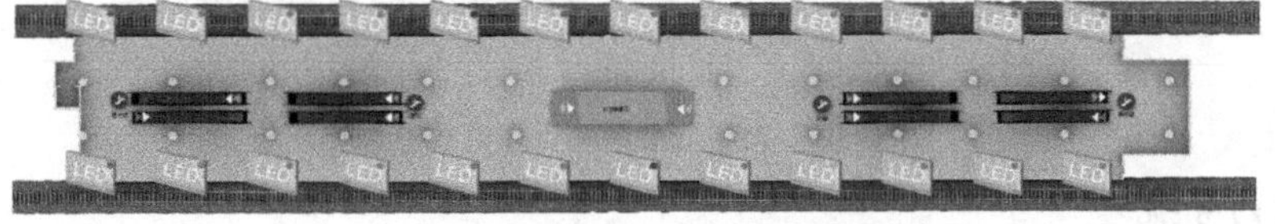

图1-23 站厅层LED屏状态监控

2.资源管理

资源管理功能是指资源统一管理和维护,有利于资源多端使用,保证资源信息的一致性。

例如,车站工作人员可以通过智能导乘系统调取资源进行播表编制,多媒体站台门控制系统调取资源进行播表编制、智能客服中心管理系统查询信息时,可调取资源进行回复。

智能导乘系统资源可分为静态资源和动态资源。动态资源是指通过规范化的标准数据实时获取信息,静态资源则是利用预设置的播表进行播放。智慧导乘系统信息静态资源发布流程如下:资源收集、资源审核、资源归档和资源同步。资源管理主要业务流程如图 1-24 所示。

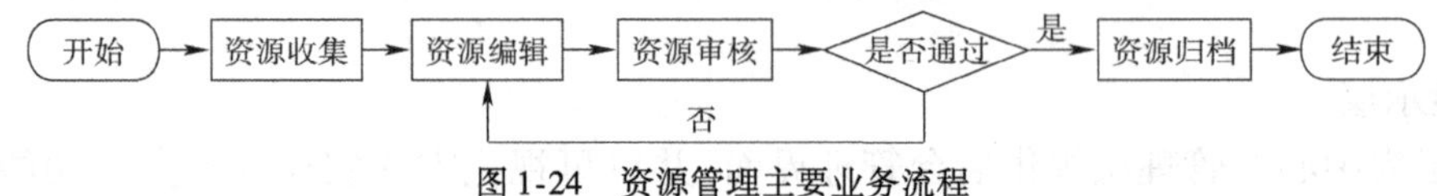

图 1-24 资源管理主要业务流程

3. 模板管理

模板管理是将终端显示屏幕根据待显示的文字、图像或视频内容按照固定格式显示。模板管理可根据要求划分为多个区域,不同区域可同时显示不同的资讯,文字和图片信息可分区域同屏幕显示,不同区域的信息可采用不同的显示方式,以吸引更多的观看。

播出的版面可以根据不同需要而随时进行调整,各子窗口也可利用独立设定的时间表控制,通过时间表控制,每一子窗口可以单独用于显示列车服务信息、乘客引导信息、一般站务信息及公共信息、多媒体时钟等;同时也可对某个信息进行全屏显示,例如紧急信息发布。

导乘屏模板可根据车站类型进行灵活设置。例如,在换乘车站导乘屏较多,且部分为双面屏,模板设置功能可高效配置导乘信息,增强导乘显示效果。使用人员也可根据运营管理需要及时更换站台屏显示样式,动态调整显示内容和显示效果。

4. 人脸管理库

人脸管理库的功能是可以实现对人脸信息数据的注册导入及增、删、改、查管理。人脸信息管理分为内部用户与外部用户,对内部用户(一般为员工)普遍采用批量导入方式,避免正常的人脸注册流程耗时过长。

5. 预设应急信息管理

灾害或特定情况下触发发布,发布的应急信息如下:

(1)发生火灾时,显示预置的车站火灾应急预案信息;

(2)发生毒气时,显示预置的车站灾害应急预案信息;

(3)车站限流时,显示预置的车站限流预案信息;

(4)大客流时,显示预置的车站大客流预案信息。

所有的应急预案或方案都通过播表下发到终端设备,播表触发通过接口获取或被授权的用户手动触发。应急预案管理流程如图 1-25 所示。

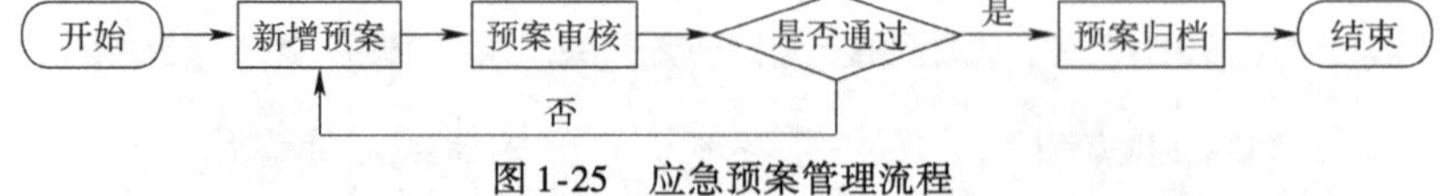

图 1-25 应急预案管理流程

6. 三维站内导航

三维站内导航即车站三维视景,是通过车站实景虚拟化方式集中显示,降低乘客的空间位置信息判断难度。乘客可利用三维站内导航,在站内寻找洗手间、站内便捷换乘、查看出入口分布信息等。车站三维模型如图 1-26 所示。

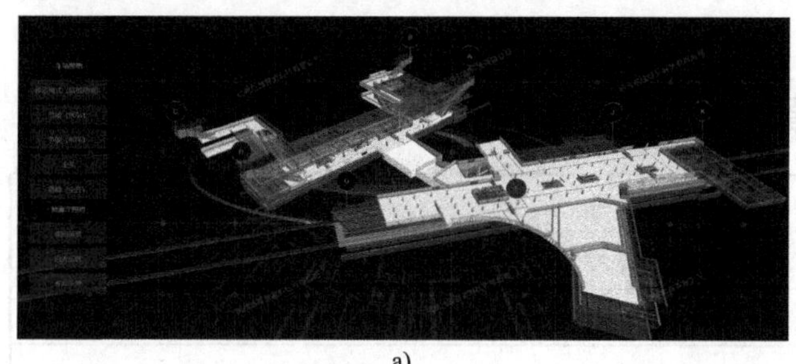
a)

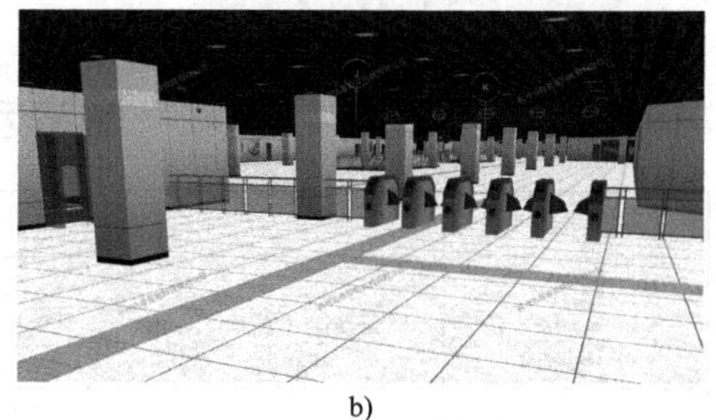
b)

图 1-26　车站三维模型

(1)车站三维模型

车站三维模型是将车站实际空间和设备布置以三维方式展现,包括自动扶梯、闸机、售票机、电梯、客服中心、换乘通道、出入口、洗手间、安检机等具有引导作用及标志性的地点。车站三维模型集中展示在显示终端上,增强乘客的空间感和层次感。

(2)站内定点导航

站内定点导航是利用乘客具有联网功能的手持终端,扫描二维码导入车站的三维模型信息,以实现导航功能,如图 1-27 所示。具体功能如下:

①利用分布在站内的多部智能导乘屏显示二维码,方便乘客扫码,二维码信息包含车站三维模型加载信息、智能导乘屏位置信息。

②扫码加载车站三维模型,启动人在回路功能,以站内各智能导乘屏提供的基准位置信息,结合定位算法计算位置信息,并以第三人视角查看乘客所在位置。

③输入需要导航的目的地。目的地包括分布在车站内的洗手间、出入口、售票机、电扶梯、无障碍设施等。

④根据所选目的地,计算生成到目的地最短路径导航信息,包含距离信息(××米)、时间信息(不考虑乘梯、刷卡进站等情况下××分××秒,步速按 1.5m/s 计算)。涉及闸机时,根据闸机的实际通行方向进行导航。例如,不会出现从出站闸机进站通行的路径。导航路径中涉及的自动扶梯和楼梯都为通行路径。导航路径与自动扶梯运行方向一致。导航路径中涉及跨层时,询问“是否搭乘电梯”,如选择“是”,则生成的路径将会选择电梯作为通行方式;如选择“否”,则生成的路径将不选择电梯作为通行方式。

⑤导航路径生成后,可通过对三维模型进行缩放、旋转,查看导航路径通过的实际线路情况,并以第一人视角进行虚拟导航。引导乘客根据导航路径行进,并实时显示方向信息,同时显示剩余距离、时间信息。

图 1-27　站内定点导航

乘客导航

任务实施及评价

智慧运营服务系统应用

<table>
<tr><td>学院</td><td></td><td>专业</td><td></td></tr>
<tr><td>姓名</td><td></td><td>学号</td><td></td></tr>
<tr><td>小组成员</td><td></td><td>组长姓名</td><td></td></tr>
<tr><td colspan="4">一、工作任务场景
以地铁车站值班站长的身份进入智慧车站运营服务系统，并在智慧运营服务系统改造项目中，按照项目用户需求书，开展日常功能验证和子系统控制操作。</td></tr>
<tr><td colspan="4">二、前置知识
1. 简述运营服务系统智能化的设计初衷。
2. 简述地铁车站运营服务系统的五个层级。
3. 简述地铁车站运营服务系统是基于传统地铁车站的哪个系统搭建的。</td></tr>
<tr><td colspan="4">三、任务实施</td></tr>
</table>

任务实施内容
1. 传统运营服务模式与智慧运营的差异
1.1 掌握传统运营服务管理系统的基本功能与操作
1.2 掌握传统运营服务管理系统改造为智慧运营系统的目的与方向
2. 智慧运营服务系统架构
2.1 能够识别智慧运营服务系统网络设计要点
2.2 对照智慧运营服务系统拓扑图分析车站级和中心级智慧运营服务系统的运作模式
2.3 明确智慧运营服务系统五个层级的功能及作用
2.4 使用智慧运营服务系统进行下位系统的管理与监控
2.5 结合地铁运营指标和应急方案，对智慧运营服务系统下发应急管理预案
2.6 能够利用智慧运营服务系统开展日常巡站工作
3. 功能及应用
3.1 能够结合系统网络结构和相关知识，判断系统设备故障类型
3.2 能够利用智慧运营服务系统开展设备管理、资源管理、应急信息发布等业务工作

续上表

四、评价反馈

(一)评价标准

项　目	项目内容
接受工作任务	明确工作任务,理解任务在企业工作中的重要程度
前置知识	本次实训前需要掌握的知识程度
能力评价	智慧运营服务系统操作
	判断故障
	各级系统故障的应急处置
	故障处置后续措施
素养评价	工作计划性强,安排得当
	团队合作能力强,善于沟通交流
	自主学习能力强,勇于克服困难
	严谨认真,积极参与课堂
	演示文稿制作精美,汇报演讲能力强
评价反馈	自我评价:能对自身表现情况进行客观评价,在任务实施过程中发现自身问题
	小组互评:客观、公正,能指出其他组的问题

(二)自我评价

请根据课堂中的实际表现进行自我评价和自我反思。

序　号	评价标准	
1	接受工作任务	☆☆☆☆☆
2	前置知识	☆☆☆☆☆
3	能力评价	☆☆☆☆☆
4	素养评价	☆☆☆☆☆
自我反思:		

(三)小组互评

请小组之间根据课堂中的实际表现进行小组互评。

序　号	评价标准	
1	接受工作任务	☆☆☆☆☆
2	前置知识	☆☆☆☆☆
3	能力评价	☆☆☆☆☆
4	素养评价	☆☆☆☆☆

续上表

（四）教师评价

项　　目	项目内容	分值	得分
接受工作任务	明确工作任务，理解任务在企业工作中的重要程度	5	
前置知识	本次实训前需要掌握的知识程度	5	
能力评价	智慧运营服务系统操作	10	
	判断故障	10	
	各级系统故障的应急处置	10	
	故障处置后续措施	10	
素养评价	工作计划性强，安排得当	5	
	团队合作能力强，善于沟通交流	5	
	自主学习能力强，勇于克服困难	10	
	严谨认真，积极参与课堂	10	
	演示文稿制作精美，汇报演讲能力强	10	
评价反馈	自我评价：能对自身表现情况进行客观评价，在任务实施过程中发现自身问题	5	
	小组互评：客观、公正，能指出其他组的问题	5	
得分（满分100）			

视野拓展

科技创新，合力攻关——现代轨道交通国家实验室

国家实验室是体现国家意志、实现国家使命、代表国家水平的国家核心战略科技力量，是突破型、引领型、平台型一体的大型综合性研究基地，开展战略性、前瞻性、基础性科技创新，为实现科技自立自强、建设世界科技强国提供重要支撑。2021年5月，习近平总书记在中国科学院第二十次院士大会、中国工程院第十五次院士大会和中国科学技术协会第十次大会上强调，国家实验室要按照“四个面向”的要求，紧跟世界科技发展大势，适应我国发展对科技发展提出的使命任务，多出战略性、关键性重大科技成果，并同国家重点实验室结合，形成中国特色国家实验室体系。

现代轨道交通国家实验室是在已有的牵引动力国家重点实验室（西南交通大学）基础上进行建设的，是我国于2006年确定的第二批10个国家实验室之一，是我国西部地区高校唯一的国家实验室，也是中国轨道交通领域唯一的一个国家实验室。轨道交通国家实验室定位于围绕高速铁路、重载运输、新型城市轨道交通（即“一高一重一新”）开展科学研究与技术创新，引领轨道交通技术的发展。

任务三 智慧维保监测系统应用

学习目标

1. 了解智慧维保监测系统架构。
2. 掌握智慧维保监测系统的网络接入方式。
3. 掌握智慧维保监测系统数据平台功能及应用。
4. 掌握智慧维保监测系统业务应用功能。

任务导入

为了提高城市轨道交通运维效率，各地铁公司利用已建成的数据中心搭建数据平台，制订与各专业在线监测子系统的接口标准，实现各专业数据结构化、统计分析、综合场景建模功能，并为业务应用平台提供准确高效的数据支撑和数据展示，如图1-28所示。在已建成的生产管理系统中，通过在线监测业务应用软件模块、在线监测展示层软件模块，增加智慧维保分层展示标准、业务应用标准，实现智慧维保业务分层分岗位展示，实现各专业设备健康评价、工单流转、指标报表、成本分析、修程优化、辅助决策等业务应用功能，最终实现设备全生命周期的有效管理。

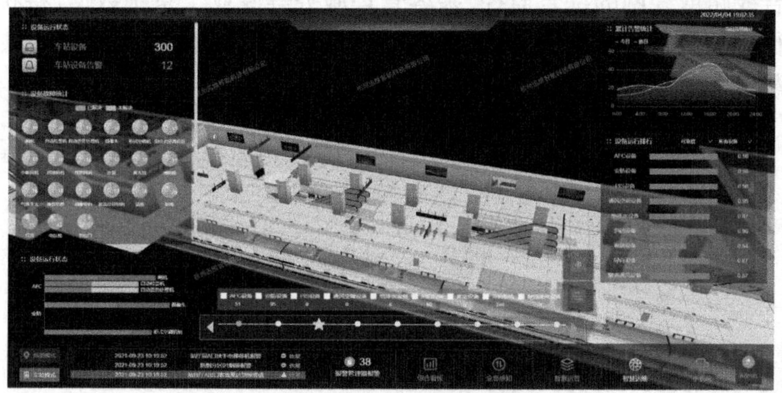

图1-28 智慧维保监测系统界面

本任务需要了解城市轨道交通企业既有的生产管理及运维方式，通过学习智慧维保监测系统与既有生产管理系统的差异，掌握智慧维保监测系统的常用功能。

知识课堂

一、城市轨道交通运营维保生产管理系统

城市轨道交通运营维保业务的管理主要是以人工维保与系统管理相结合的方式进行。日

常巡检、计划性检修过程中存在的问题和过程记录均通过人工输入、扫描二维码或射频读入的方式上传至运营生产管理系统，运营生产信息收集与处理完成后，再由系统对能源消耗、人力资源动态管理、设备运行故障进行统计与分析，如图 1-29 所示。

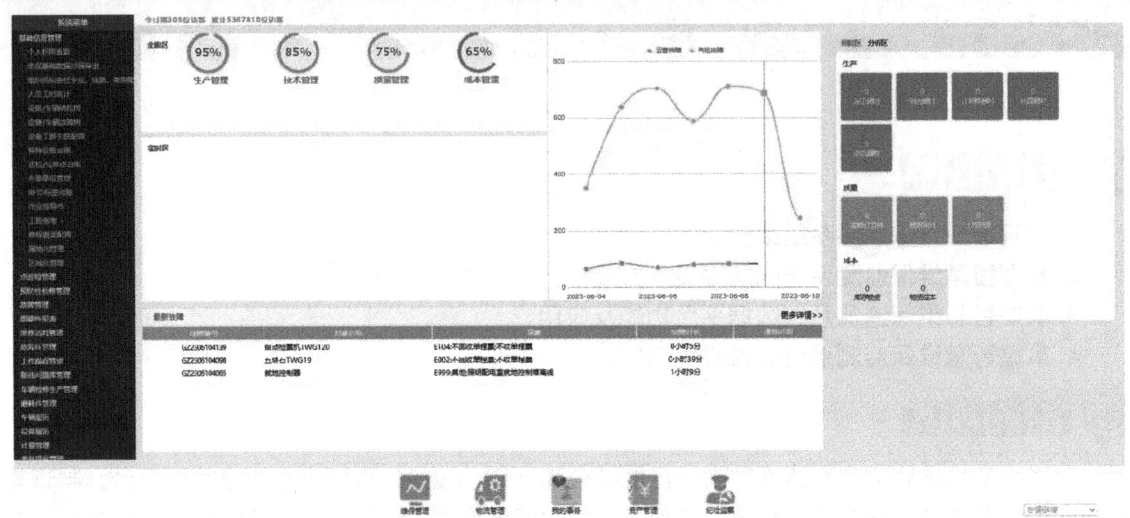

图 1-29　城市轨道交通运营维保生产管理系统

二、智慧维保监测系统架构

智慧维保监测系统主要由隧道风机子系统、消防给排水子系统、机电设备子系统、无人值守变电所子系统、电梯扶梯子系统、可视化机房智能巡检子系统、道岔子系统等组成。智慧维保监测系统结合线路或线网的综合监控、乘客管理服务等专业子系统数据，将相应的数据统一纳入到平台进行智能分析与处理，并以堆叠、分栏等方式展示给设备管理者，供管理者决策与集中分析。智慧维保监测系统架构如图 1-30 所示。

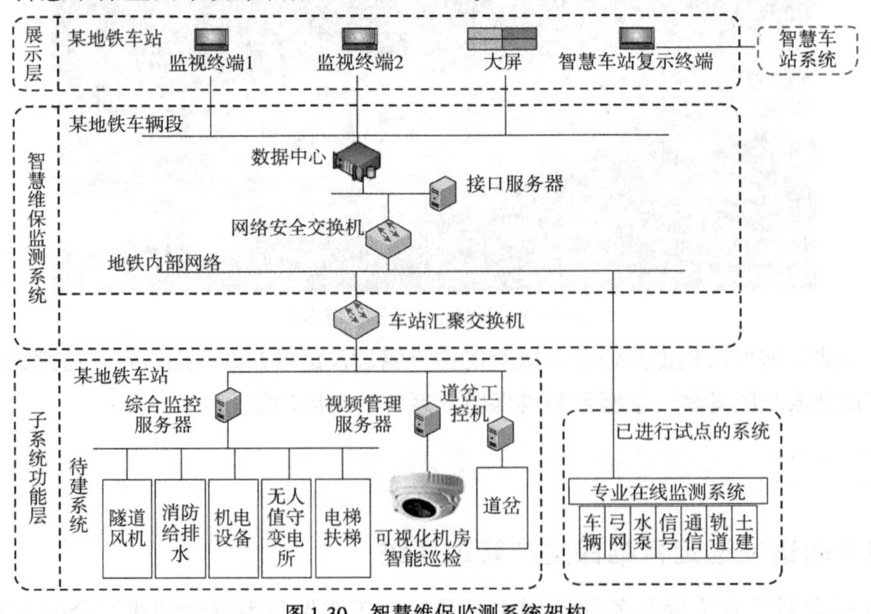

图 1-30　智慧维保监测系统架构

三、智慧维保监测系统网络接入方式

智慧维保监测系统的网络接入主要是利用已有的管理网络、生产网络系统、骨干光纤网络资源以及在车站新增布设线缆网络等方式实现。

1. 管理网

智慧维保监测系统均通过内部管理网络接入数据中心或网络资源共享平台，工班驻点、车站、场段及控制中心等采用网络就近原则接入。

2. 生产网络系统

智慧维保监测系统利用已有的遍布于城市轨道交通线路站点等处的骨干光纤网络（一般由通信系统提供）承载相应的监测数据传输，从而实现各站点（车站、场段、控制中心以及数据中心）网络互通。

四、智慧维保监测数据平台功能及应用

1. 数据存储

智慧维保监测数据平台可实现轨道交通数据源的海量存储和长期存储。智慧维保监测数据平台的作用有四方面：第一，统一管理和维护数据，即对各种原始数据、分析数据等进行标准化处理，形成有序的标准化数据；第二，可实现应用层面和系统访问的数据支撑，并提供数据存储的安全保护功能和数据存储功能；第三，在数据存储与数据支撑基础上，对获取的数据进行挖掘分析；第四，对各种非结构化内容数据提供存储服务，如视频分析资料、建设图纸、影像资料、法律、法规、标准等。

2. 数据分析和输出

智慧维保监测数据平台以提供类似桌面操作系统的图形化界面操作方式，来实现管理数据的增加、删除、修改和查询功能，具体功能以“沙箱运作（又称黑箱）”方式实现，即使用人员无须掌握复杂的数据库技术、逻辑规则等，只需输入查询需求命令，系统便能自动完成数据连接操作，查询结果以规定格式展现出来，如图1-31所示。

图1-31　智慧维保监测数据平台功能实现方式

此外，利用系统自主建立灵活报表、预定义报表等；可跨系统、跨主题展示各种业务信息，如手持终端、PC端等；针对某一主题内容进行详细展开（主要用于展示追溯到的明细信息），完成设备维保过程所需的统计分析、信息管理和信息发布等操作。

智慧维保监测数据平台具有类似“积木拼装”扩展功能：即利用开放性接口实现向本系统业务服务器输出各类业务应用基础数据，用以支持生产管理指标分析、突发事件应急指挥等功能，还可通过接口扩展方式向外部系统接口服务器输出数据库内有效信息，实现与外部系统互联。

3. 数据管理

（1）数据管理基本功能

利用系统灵活的设计界面实时对数据的各个处理过程进行监控，可实现作业流程可视化

管理和统计、可视化展现、作业跟踪及异常报警、数据全生命周期管理等。

(2)元数据管理

元数据管理是将平台各子系统运行(各系统相对独立运行,类似于手机中各 App 运行)中产生的数据进行统一管理,并提供元数据管理的各类应用,包括元数据获取、元数据存储(包括业务元数据、技术元数据、管理元数据)、元数据应用等。

元数据管理还包含元数据维护、元数据导入/导出、同步检查、实体查询、过程查询、实体关联度分析、实体差异分析、影响分析、版本管理、元数据统计、变更通知、主机拓扑图分析、元数据质量检查、元数据使用情况和指标一致性分析等功能。

(3)数据质量管理

数据质量管理是利用系统提供的可视化质量管理界面,达到监控整个数据流程中数据质量的目的,主要进行以下操作:信息采集及处理监控、数据稽核、质量报告、问题处理和数据质量总结。

4. 在线监测

(1)信号系统在线监测模块

信号系统在线监测模块是通过将完整的信号专业数据分析上传至监测系统,智慧维保监测中心接收经预处理的数据,建模并分析,联动相应业务功能。

(2)列车在线监测模块

列车在线监测模块是利用车载设备采集的完整数据进行分析和建模,智慧维保监测系统接收分析结果,联动相应业务功能。列车在线监测模块如图 1-32 所示。

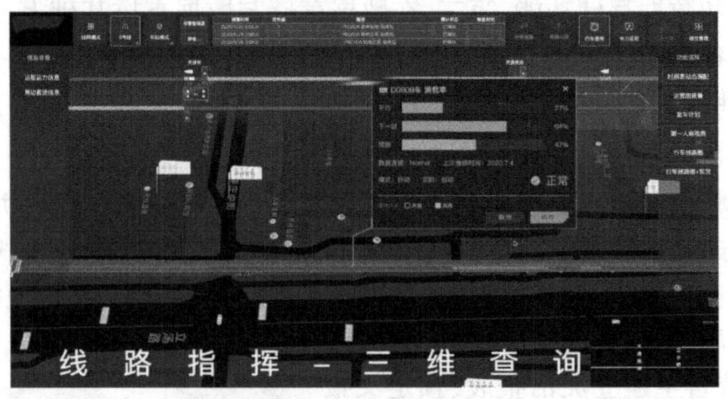

图 1-32 列车在线监测模块

弓网在线监测

(3)弓网在线监测模块

弓网在线监测模块是对列车的受电弓和接触网(接触轨)进行监测。该模块对来自车载弓网检测装置的视频及数据进行分析和建模,并将分析形成的数据结果上传至智慧维保监测系统,智慧维保监测系统接收分析结果,联动相应业务功能。弓网在线监测模块如图 1-33 所示。

(4)通信系统在线监测模块

利用通信 ALM 在线监测模块上传的半结构化数据,结合通信机房智能巡检系统的数据分析得出监测结果,并自动生成故障工单等。

(5)给排水系统在线监测模块

结合给排水在线监测模块上传的半结构化数据,根据预置算法得出分析结果,泵房联动相应业务,如水位升高而水泵未启动运行则立即生成报警。给排水在线监测模块如图 1-34 所示。

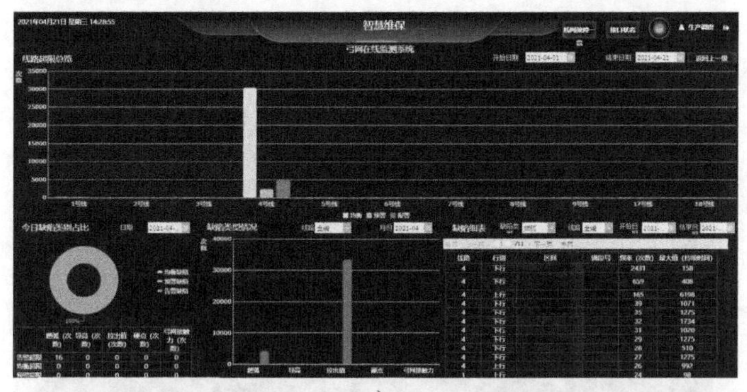

a)

b)

图 1-33 弓网在线监测模块

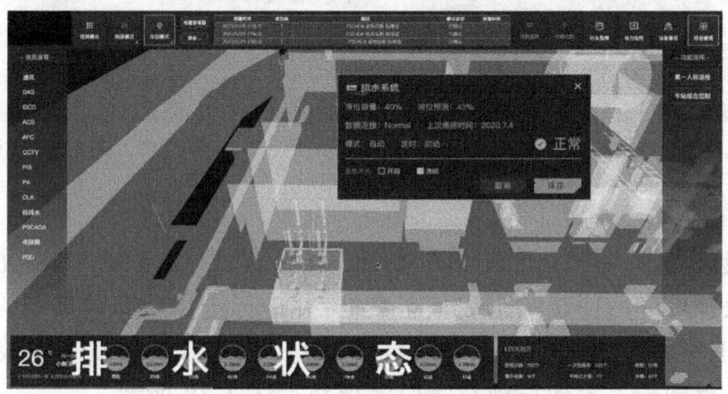

图 1-34 给排水在线监测模块

给排水在线监测模块能将智慧泵房硬件与软件相结合,实现设备运行情况监测与控制、设备及泵房整体安全监测与控制;能向智慧平台上传泵和机组的运行状态,如电压、电流、频率、功率、流量、进出口压力、转速、震动、温度等信息;GIS 地图显示各泵站地理位置信息,集中管理;AR 增强实景功能可在监控画面中实时查看设备的状态、运行参数等。智慧泵房 AR 增强实景如图 1-35 所示。

(6)电扶梯在线监测模块

根据电扶梯在线监测模块上传的半结构化数据,由电扶梯在线监测模块预置算法判断得出分析结果，联动相应业务，如抱闸温度异常上升，应立即生成报警。电扶梯在线监测模块如图 1-36 所示。

图 1-35 智慧泵房 AR 增强实景

(7) 轨道在线监测模块

轨道在线监测模块主要是针对动态轨检与静态轨检、钢轨伤损、钢轨波磨、钢轨磨耗、噪声及振动、轨道巡检的数据进行分析及预处理，并将预处理得出的轨道状态数据进行结构化处理，然后利用可视化终端，图文并茂地展示设备状态，还可自动触发下派故障工单，与生产管理系统的状态修工单同步。轨道在线监测模块如图 1-37 所示。

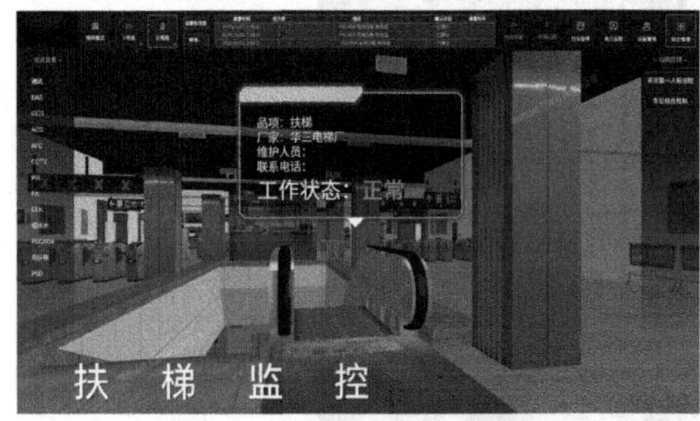

图 1-36 电扶梯在线监测模块

图 1-37 轨道在线监测模块

(8) 土建设施在线监测模块

土建设施在线监测模块是以沉降监测、桥梁检测的数据为基础，在对沉降监测、桥梁检测的数据进行分析及预处理后得出的土建状态数据，并进行土建状态数据结构化处理，利用可视化终端，图文并茂地展示监测区域的土建建筑（建面）状态，自动触发下派故障工单，与生产管理系统的状态修工单同步。土建设施在线监测模块如图 1-38 所示。

a)

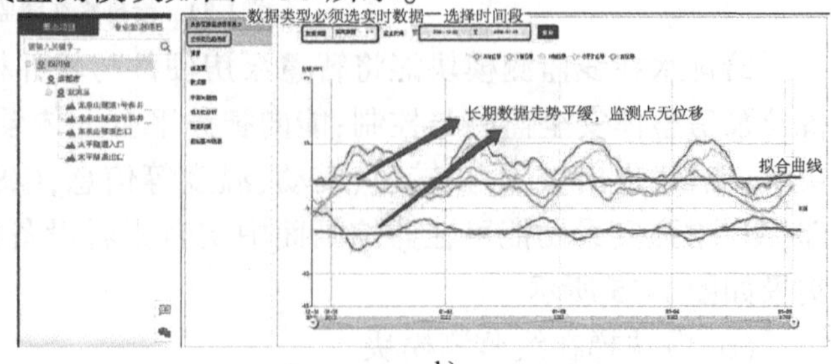

b)

图 1-38 土建设施在线监测模块

(9)汛情监测预警系统在线监测模块

将天气预报、线网雨情信息等整合至汛情预警系统,并将系统上传的半结构化数据结合现实场景综合分析,联动相应业务,如自动触发区域抢险队待命通知等。汛情监测预警系统在线监测模块如图 1-39 所示。

(10)变电所在线监测模块

变电所在线监测模块是将当前有人值守主变电所逐渐取代,形成无人值守主变电所。无人值守主变电所自动数据填报系统能将采集的所内计量数据、设备状态的半结构化数据归集、筛选与上传,进行综合报表运算,实现报表自动生成等。变电所在线监测模块如图 1-40 所示。

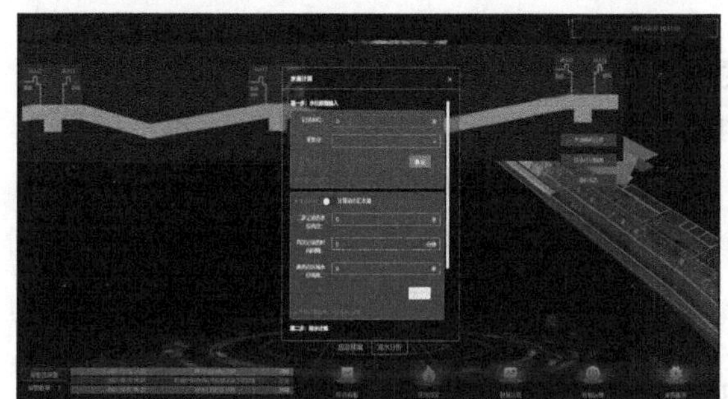

图 1-39 汛情监测预警系统在线监测模块

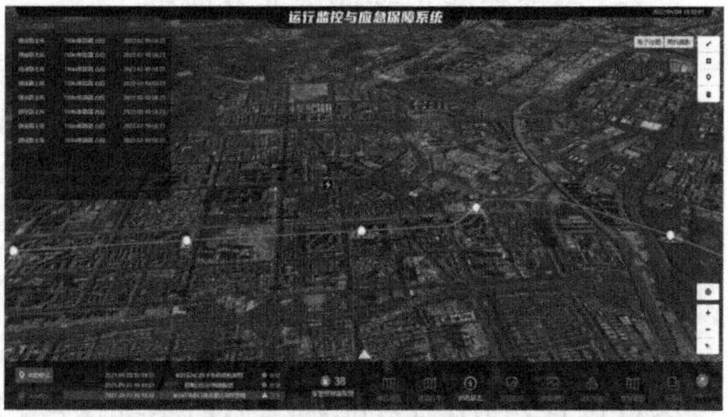

图 1-40 变电所在线监测模块

(11)蓄电池在线监测模块

蓄电池在线监测模块是利用设置在电池组中的多种传感器采集电池温度、放电电流等半结构化数据,并上传至系统,经综合分析后联动相应业务功能。蓄电池在线监测模块如图 1-41 所示。

图 1-41 蓄电池在线监测模块

五、智慧维保监测系统业务应用功能

1. 利用在线监测实现故障全程管理

(1)实现故障及状态修自动提报、派工

基于数据平台场景模型运算得出设备故障信息,结合设备唯一编码自动关联形成提报对象,包含设备故障现象码、故障等级、提报日期;再通过预置的设备维保界面划分关系(即负责的维保工班),自动获取维护责任单位及责任人员;结合预设的故障等级实现故障分级并自动派工,达到加快故障处理的目的。

实现设备状态指导维修是基于大数据平台运算得出的设备健康态势,并进一步生成设备状态趋势。在尚未发生故障前,将设备各种故障赋予不同的专用现象码,全部现象码对应状态的后果和影响范围描述入库。充分运用场景模型分析,能直观显示设备当前状态及可能产生的故障后果,供维修专业技术人员和调度人员参考,起到防患于未然及提升持续安全稳定运营的能力。

该系统主要功能包括:设备编码同步(设备多码关联统一)、故障自动提报、故障工单触发及派工等,如图 1-42 所示。

a)

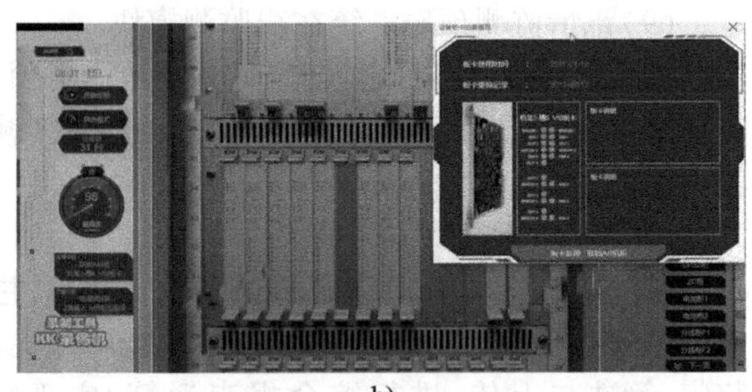
b)

图 1-42　故障及状态修自动提报、派工

(2)实现智能生产调度业务联动

该系统整合了施工调度专业系统、智能调度呼叫系统(主要为文字转语音并自动拨打预存号码)功能,可将故障工单自动链接施工计划填报,自动获取施工请销点信息后同步更新工单状态;同时,故障工单信息按照预设触发条件,自动传送至智能调度呼叫中心,最终实现预存号码集群呼叫,省去生产调度人员的重复性工作,以便于生产调度人员集中精力开展故障分析和精确处置。此功能使施工组织效率得到提高,也带动了各专业的维保业务能力提升。

该系统主要功能包括:利用与施工调度系统接口,实现施工计划填报、请销点数据自动填写及自检查;利用与智能调度电话系统接口,实现工单信息自动呼叫预存号码。

(3)实现二级库的消耗精准统计与物资调拨

轨道交通运营维保普遍立足于车间级维修便利,建立车间级掌控的物资材料二级库,其目的在于方便一线生产备品备件的存取,加快物资流转速度等。为此系统充分利用平台多方数据汇总筛选优势,将设备故障、计划性检修等数据与二级库物资数据关联,实现精准维修消耗分析和指导功能。即对所有出入库备品备件进行数据自动比对,确保库存信息准确;系统拥有定期或不定期与总库数据对账功能,自动对二级库库存与总库领料、返修件入库及工单退料进行数据比对,出现异常时自动提示,达到对车间材料员与维修工班的双向监管目的,实现对领料、消耗及报废等各环节操作的痕迹管控。

当设备发生故障时,系统根据历史工单消耗信息自动生成备件数据(主要显示为同类型工单历史及备品备件的技术参数信息等,如停产可选用替代升级产品等)以供查询及领取参考,当维修工班根据故障现象发起工单领料时,为工班领料提供参考,避免领料过度或领料不适用。

对用料进行全流程监管,按照“出库量 = 消耗量 + 剩余量”原则,对于已领出但实际未用完的余料,由维修工班对余料再次入库,由材料员监督,加强防止人工数据篡改及痕迹追溯措施,确保数据准确性。

其主要功能包括:二级库物料管理、二级库出入库管理、工单总库领料管理、工单二级库出料管理、备品备件消耗管理等。

(4)故障状态实时闭环管控

在系统设备完成故障修、状态修后,维修工单依据预设流程关闭,系统利用拥有的大数据平台优势对设备的维修结果及运行现状进行自动评测,根据预设的判断条件判断设备是否恢复正常,经综合判定设备恢复正常后,自动关闭符合条件的维修工单。

对于一级故障或其他重大故障等具有较大负面影响的故障,在维修工单关闭后自动提供分析材料以供筛选和分析；对于因缺少备件而暂时无法处理的故障，系统自动激活故障跟踪功能，直至故障处置完成及维修工单关闭。

（5）面向维修资源调度的监控

针对线路中已提报但未关闭的维修工单，按照分类分项进行集中展示，展示信息为所属线路、车站、具体位置、管辖专业按照系统划分、设备类别、故障现象等集中，区分故障修、设备状态修，以进度条方式显示维修进度情况，包括提报、派工、领料、维修等；针对故障维修超时情况，通过预设配置参数与实际情况对比进行高亮报警，以便于后期责任追溯。

上述功能有效提升了生产调度对专业故障的处置进度实时管控的能力，也是基于系统对下位子系统、设备在线监测维修监控管理功能实现的。

2. 利用远程感知实现巡检、检修管理

智慧维保监测系统主要功能包括日常设备巡检模板管理、计划性检修模板管理、在线监测分析管理等。

利用这些功能实现对一线子系统、设备的远程状态感知，达到取代频次高、人力投入大的人工巡检作业，避免重复性工作引发的人为错误。由于设备在实际运行中会根据外部环境适配不同的运行机制，可将其归纳为不同场景，针对不同场景进行差异化模板管理，用于现行设备的修程修制优化。

3. 修程修制管理

在轨道交通设备运行中，维修人员根据修程修制进行计划性维修保养等工作，因此修程修制优化是提升设备维保水平的基础。智慧维保在线监测系统提供了修程修制结构化数据载体及相应的版本管理功能。

系统利用平台收集的设备运行数据、设备状态评估等，结合系统对设备的远程巡检、状态感知等智能手段，对比现行的检修规程、作业指导书等技术文件，对各巡检、检修项目及检修指标等进行综合分析，达到推进检修规程、作业指导书及故障处置手册等技术文件的滚动更新，确保修程修制持续优化。

修程修制管理主要功能包括：修程修制版本入库管理、修程修制对比分析服务等。

4. 健康综合评价

系统针对纳入在线监测的各专业子系统的设备，依据采集到的状态数据建立健康评价模型并开展健康评价：如根据预置判定条件确定设备故障严重程度、设备状态情况分析，对各设备逐项打分评判，基于前述功能得出的健康评价分数实现各专业子系统设备的健康度监控。以展板形式将各专业子系统的设备分类集中展示给维修工班、生产调度。

健康综合评价主要功能包括：健康评价建模、预置健康评价参数、健康评价服务及管理等。

5. 维保辅助决策分析

（1）成本规划与分析

由人工支出和备品备件消耗两部分构成的维保成本是城市轨道交通运营成本的主要组成部分。如何实施精准费用控制是降低城市轨道交通运营成本的途径，立足于在线监测与维修管理各项业务数据是可靠地进行成本规划与分析的基础。可根据自定义的周期，按照维修车间与工班、线路与站点及区间、专业与系统的分类方式，将全部设备的日常巡检、计划性检修、

故障维修等各类维修方式的维修耗费工时、备品备件消耗等分类统计，生成趋势图供运营成本规划与分析。

(2)质量指标评判

利用系统收集、筛选、归类形成的各设备全生命周期的维修维护数据，通过预设判定条件，以“倒计时”方式自动计算，且根据运营维保质量指标评判设备状态，包括但不限于各专业子系统设备的故障数据统计、故障率计算、设备可靠曲线生成等。

(3)自动生成统计报表

系统将收集、筛选、归类后的各设备或维修相关数据按照管理、生产调度、成本核算等管理需求自动生成所需的相关统计报表，简化数据流转过程，降低数据使用难度。

六、智慧维保监测系统权限及展示管理功能

根据岗位职责，系统需关注各自的侧重点，指导系统的权限配置，满足不同岗位人员对系统的功能需求，有效维护数据安全。例如，可提供单专业线网级数据的工作看板和驾驶舱，能直观系统展示同专业设备的线路差异，便于更好地指导工作。

1. 维修工班(车站)终端展示功能

在维修工班、车站设置工作站和展示大屏，通过系统权限配置下的功能许可范围查看监测功能模块信息(包含但不限于实时报警、历史报警、图像数据等)，如可利用设置于车站的使用端工作站显示器展示各机房内部环境的视频图像，并接收推送视频。

工班(车站)层工作看板，重点在于监控各子系统的专业设备健康状态，及时发现隐患及故障情况，避免事件事故的发生。

2. 调度终端展示功能

调度采用值班电脑登录系统，根据系统权限配置下的功能许可范围查看监测功能模块信息(包括但不限于实时报警、历史报警、图像数据等)，充分利用调度账号设置权限有别于管理者驾驶舱层和工班(车站)层的特点指导调度维修部资源等。

调度层工作看板，重点在于监控当前维修工单的处置进度、处置措施、影响范围，高效监控故障发生至修复全过程，保障运营安全稳定。

3. 管理驾驶舱功能

管理层是使用端的最高权限，除提供展示前述维修工班(车站)终端、调度终端的专业数据外，还结合预置的各项指标提供实时总体指标完成进度情况，辅助管理者持续提升管理办法，寻找改善措施。

任务实施及评价

智慧维保监测系统应用及故障应急处置

学院		专业	
姓名		学号	
小组成员		组长姓名	

一、工作任务场景

以某城市轨道交通新线筹备人员的身份进入智慧维保监测系统工程调试的工作环境，按照实际生产需求，为智慧维保末端设备搭建上位系统并完成接口开发和功能验证。

二、前置知识

1. 简述智慧维保监测系统与既有生产管理系统的区别。

2. 简述智慧维保监测系统的主要作用及监测内容。

3. 简述智慧维保监测系统开发的预期效果。

三、任务实施

任务实施内容
1. 既有地铁线路运营维保
1.1　现阶段运营维保模式
1.2　现阶段运营维保数据的整合方式
1.3　利用综合监控系统对下位系统进行监控

续上表

任务实施内容
2. 智慧维保的接口功能调试
2.1　利用智慧维保监测系统分析其子系统上传的报表和实时数据，利用智慧维保监测系统进行数据筛选和重要信息报送
2.2　在中央级、车站级、子系统级分别使用智慧维保监测系统调取历史记录并分析
2.3　对智慧维保接口数据进行检查，并能够对设备的状态、报警、故障、质量、安全等方面进行分析
2.4　对照子系统设备检修规程，通过智慧维保监测系统上传的数据，判断子系统设备的运行可靠度
3. 智慧维保监测系统的扩展性分析
3.1　将传统的地铁车站设备作为子系统接入智慧维保监测系统后，实现智能化监控功能
3.2　利用在线监测模块，对下位子系统开展故障追踪和故障管理
3.3　将智慧维保监测系统与地铁调度系统整合，实现派工、施工管理、远程配合、故障分析等
3.4　与地铁车站运营资产管理系统整合，实现设备的全生命周期管控
3.5　利用智慧维保监测系统对非重要设备开展远程巡检和远程巡视工作
4. 应急处置
4.1　当智慧维保监测系统出现中央级设备故障后，能够使用车站级和系统级开展设备监控，不影响正常运营
4.2　当车站级系统出现故障时，能够使用系统级开展设备监控，不影响正常运营
4.3　能够通过故障现象，结合接口原理，实现故障点的定位，并通过临时措施缩小影响范围

四、评价反馈

（一）评价标准

项　　目	项 目 内 容
接受工作任务	明确工作任务，理解任务在企业工作中的重要程度
前置知识	本次实训前需要掌握的知识程度
能力评价	智慧维保系统操作
	智慧维保系统的接口调试
	智慧维保系统故障应急处置
	故障处置后续措施
素养评价	工作计划性强，安排得当
	团队合作能力强，善于沟通合作
	自主学习能力强，勇于克服困难
	严谨认真，积极参与课堂
	演示文稿制作精美，汇报演讲能力强
评价反馈	自我评价：能对自身表现情况进行客观评价，能在任务实施过程中发现自身问题
	小组互评：客观、公正，能指出其他组的问题

续上表

(二)自我评价

请根据在课堂中的实际表现进行自我评价和自我反思。

序　号	评 价 标 准	
1	接受工作任务	☆ ☆ ☆ ☆ ☆
2	前置知识	☆ ☆ ☆ ☆ ☆
3	能力评价	☆ ☆ ☆ ☆ ☆
4	素养评价	☆ ☆ ☆ ☆ ☆
自我反思:		

(三)小组互评

请小组之间根据在课堂中的实际表现进行小组互评。

序　号	评 价 标 准	
1	接受工作任务	☆ ☆ ☆ ☆ ☆
2	前置知识	☆ ☆ ☆ ☆ ☆
3	能力评价	☆ ☆ ☆ ☆ ☆
4	素养评价	☆ ☆ ☆ ☆ ☆

(四)教师评价

项　目	项 目 内 容	分值	得分
接受工作任务	明确工作任务,理解任务在企业工作中的重要程度	5	
前置知识	本次实训前需要掌握的知识程度	5	
能力评价	智慧维保系统操作	10	
	智慧维保系统的接口调试	10	
	智慧维保系统故障应急处置	10	
	故障处置后续措施	10	
素养评价	工作计划性强,安排得当	10	
	团队合作能力强,善于沟通合作	10	
	自主学习能力强,勇于克服困难	10	
	严谨认真,积极参与课堂	5	
	演示文稿制作精美,汇报演讲能力强	5	
评价反馈	自我评价:能对自身表现情况进行客观评价,能在任务实施过程中发现自身问题	5	
	小组互评:客观、公正,能指出其他组的问题	5	
得分(满分 100)			

视野拓展

实现科技自立自强——中国制造2025

党的十八大以来,以习近平同志为核心的党中央坚持把科技创新摆在国家发展全局的位置,全面谋划科技创新工作,推动我国科技实力从量的积累迈向质的飞跃、从点的突破迈向系统能力提升,推动科技创新取得新的历史性成就。

当前,世界新一轮科技革命和产业变革突飞猛进,科学研究范式正在发生深刻变革,学科交叉融合不断发展,科学技术进步和经济社会发展加速渗透融合。特别是科技创新成为国际战略博弈的主要战场,围绕科技制高点的竞争空前激烈。为了在这一轮竞争中抢占先机,各主要国家抓紧布局,纷纷推出加速科技创新的战略安排。

中国制造2025以体现信息技术与制造技术深度融合的数字化网络化智能化制造为主线,主要包括八项战略对策:推行数字化网络化智能化制造;提升产品设计能力;完善制造业技术创新体系;强化制造基础;提升产品质量;推行绿色制造;培养具有全球竞争力的企业群体和优势产业;发展现代制造服务业。

模块二

城市轨道交通智慧车站

任务一　智慧车站智能导乘屏应用

学习目标

1. 区分智能导乘屏系统与车站既有导乘屏系统。
2. 掌握智能导乘屏的架构，与既有系统的关系和常用功能及操作。
3. 智能导乘屏系统出现异常情况时，会迅速进行应急处置。

任务导入

传统地铁车站设置的导向屏信息是静态的，无法根据客运组织情况进行灵活调整。地铁车站出入口等位置设置的首末班车信息屏为纸质，在新线开通、节假日等调整运行图时需要手动更换，所需时间较长，且频繁更换给车站工作人员带来很大工作量。

鉴于此，某城市地铁线路开展了智能导乘屏试点项目。通过在车站出入口、扶梯、站台门等处增设电子信息屏，为乘客提供车站运营服务信息。服务信息以文字方式显示，内容包括车站运营状态、首末班列车时刻、车站客流实况、站内温度、高峰客流提示及车站限流通知，提供方便即时的信息，便于乘客快速进出站等，如图 2-1 所示。在城市轨道交通网络化发展模式下，为乘客提供了更加及时的运营资讯，提升了车站的运营服务质量，保障车站运营安全。

a)

b)

图 2-1　某城市地铁线路智能导乘屏

本任务需要掌握智能导乘屏与车站既有导乘屏系统的关系、系统组成及功能；在系统出现异常情况时，能迅速进行应急处置。智慧车站智能导乘屏系统通过自动化控制技术和智能化分析技术的应用和信息化系统集成，可全面提升车站管理、服务、应急水平。

知识课堂

一、智能导乘屏系统认知

智能导乘屏系统接入智慧管控平台，代替原有的固定导乘屏。闸机导向屏接入闸机运行信息，根据闸机进/出方向，自动显示通行/停止信息。在站台固定门上方盖板处使用嵌入式或贴合式导乘屏，显示列车运行相关信息，引导乘客均衡候车。智慧车站智能导乘屏系统如图 2-2 所示。在原有的固定导乘系统基础上，通过自动化控制技术、智能化分析技术的应用和信息化系统集成，使得信息展示更加符合车站当前运营管理需求，全面提升车站服务、应急的智能化水平。

智能导乘屏

图 2-2 智能导乘屏

二、智能导乘屏系统架构及功能

1. 智能导乘屏系统架构

智能导乘屏系统由操作终端、现场交换机、播控盒及 LED 显示屏构成，如图 2-3 所示。

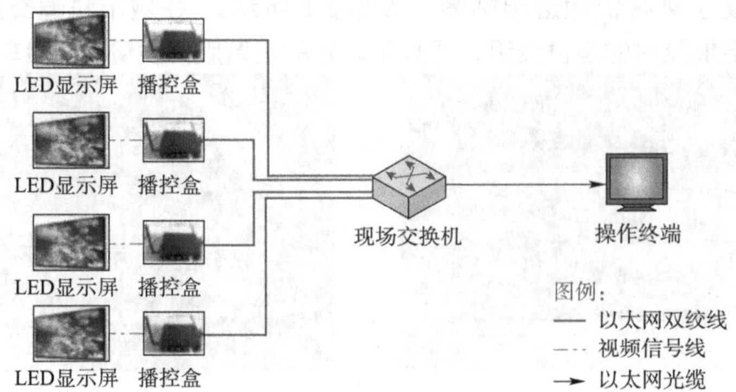

图 2-3 LED 导向屏系统结构

(1)LED 显示屏

LED 显示屏负责接收视频信号和播放文字图像,通过视频信号线与播控盒连接。

(2)播控盒

播控盒具有负责接收操作终端下发的图文及视频文件、图文及视频文件解码、图文及视频信号输出、定时开关机执行等功能,通过视频信号线与显示屏连接,通过以太网双绞线与现场交换机连接。

(3)现场交换机、操作终端交换机

现场交换机和操作终端交换机用于播控盒与操作终端的互联互通。

(4)操作终端

操作终端具有负责播放画面监视、图文及视频素材发布、版面编辑发布、定时开关机设置等功能,操作终端设备可与智慧管控平台工作站同时使用,与现场交换机通过以太网光缆相连,与车控室智慧平台操作工作站共用。

2. 智能导乘屏系统功能

智能导乘屏系统以计算机系统为核心,以车站电子导引显示屏为显示载体,引导乘客以更高效、更便捷的方式搭乘地铁出行。智能导乘屏包含站内导乘屏和站口导乘屏。站内导乘屏包含 LED 户内导乘屏、TVM 装饰墙 LCD 交互屏、地图及出入口信息 LCD 交互屏,站口导乘屏包含 LED 户外门匾信息导乘屏、LCD 首末班车信息屏。

智能导乘屏具备的基本功能如下:

(1)显示固定导向标识内容:如出入口或换乘线路导向标识等。

(2)提供站务信息内容:如车站管理措施提示信息、线路停运信息及换乘通道关闭提示等。

(3)实时显示站内环境:如显示车站站厅、站台、出入口等站点区域的空气质量参数(温湿度、二氧化碳浓度等)。

(4)展示预设应急信息:当发生预期的紧急情况时,车站操作员可以根据现场实际情况选取不同场景(大客流、紧急情况),通过系统发布预先设定的多种应急场景信息,如车站限流措施、应急指挥提示、致歉信及办理退票提示、公交预案信息等。

(5)展示人工编辑即时信息:当发生非预期的紧急情况时,车站操作员根据实际情况可以即时人工编辑信息内容。

(6)按照播表时间自动发布:正常情况下,系统能根据计划库的播放列表配置在工作日、双休日及节假日的不同时段(早间启运、平峰、高峰、晚间停运),自动定时发布各个时段相应的预设信息内容。

(7)显示终端版面编辑功能:在可视化终端上开展版面编排与制作,通过导入预先设置好的模板,实现导乘屏自动应用多种显示区域布局方案。

(8)显示终端版面发布功能:支持将制作完成的版面发布到指定的显示终端上,支持多版面多显示终端同时发布。

(9)显示终端的版面向上多行翻屏,向上多行滚屏。

(10)系统支持简体中文、英文等 UTF-8 规格的所有文字和字符,并支持进行混合输入、保存、传输、显示。

(11)自动校时:显示终端自动与时钟源进行校时。

(12)定时开关机:可通过预先设定好的启、停运时间进行设备自动开机和进入休眠(或关机)状态,以降低停运时段的功耗,延长设备使用寿命,支持在操作终端上修改已设定的车站启、停运时间参数。

(13)设备状态监控:实时监视车站播控设备状态,可将故障报警信息和监控数据上传到智慧管控平台,便于工作人员监控及历史记录查询。

三、智能导乘屏系统技术方案及预期效果

1. 智能导乘屏系统技术方案

智慧导乘屏借用 EUHT 终端(高速无线通信系统),通过 EUHT-5G(增强型超高速无线通信系统)网络(图 2-4)接入系统,具备安装施工便利、后期维护简单的特点。如后期车站运行情况发生变化,智慧导乘屏可根据实际需求进行调整,EUHT 无线接入方式也给设备调整带来极大的便利。终端设备如图 2-5 所示。

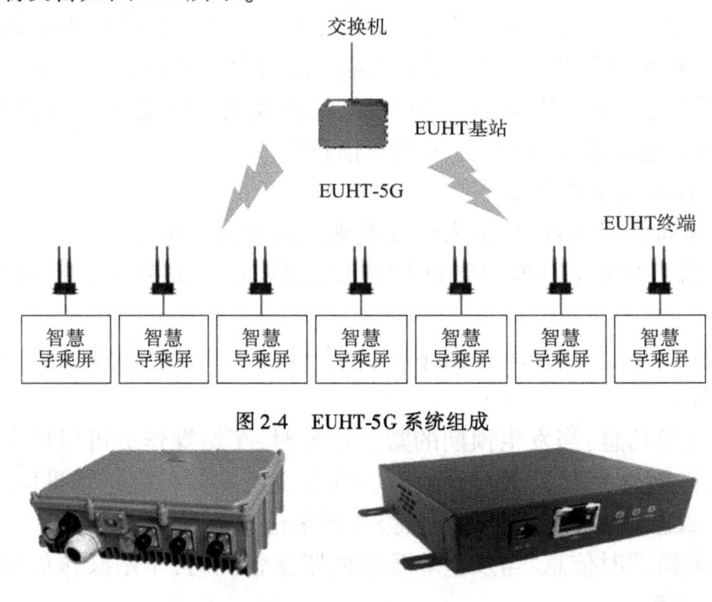

图 2-4 EUHT-5G 系统组成

图 2-5 终端设备外观

2. 智慧导乘屏预期效果

(1)地铁车站内 LED 导乘屏和出入口门匾导乘屏均采用全彩 LED 显示屏替代原有的纸质灯箱标志牌,超广视角让视野更宽广、色彩明亮、亮度均匀、成像效果更好、视觉更自然,且高性能硬件能保证设备满足全天稳定工作,如图 2-6、图 2-7 所示。

(2)乘车信息时刻屏(图 2-8)采用高亮 LED 显示屏替代原有的纸质标志牌,主要用于换乘通道处,高亮显示效果满足不同外界环境亮度下,乘客能清晰观看播放画面,提升观看清晰度,超广视角能保证多方位呈现完美画面。

(3)地图及出入口信息交互屏(图 2-9)可用于换乘站车控室门口及客流较大线路的站台,交互屏支持语音交互和触摸交互功能。交互屏选用大尺寸交互平板,替代原有贴附式标志牌,

交互平板直下式 LED 背光源，显示亮度更均匀、色域更广，具有超高可靠性和高稳定性。

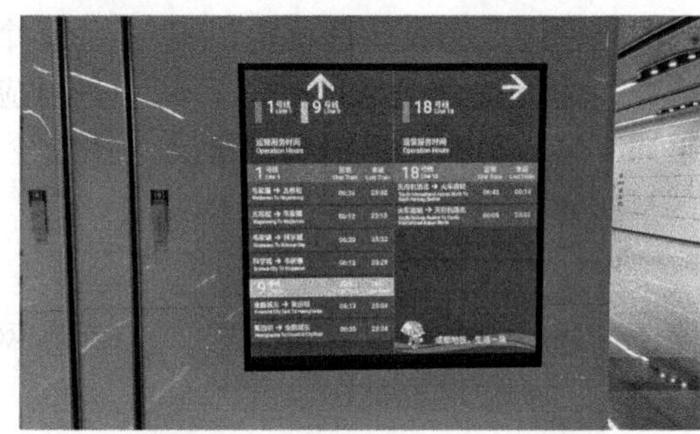

图 2-6　地铁车站内 LED 导乘屏

图 2-7　出入口 LED 屏

图 2-8　换乘通道乘车信息时刻屏

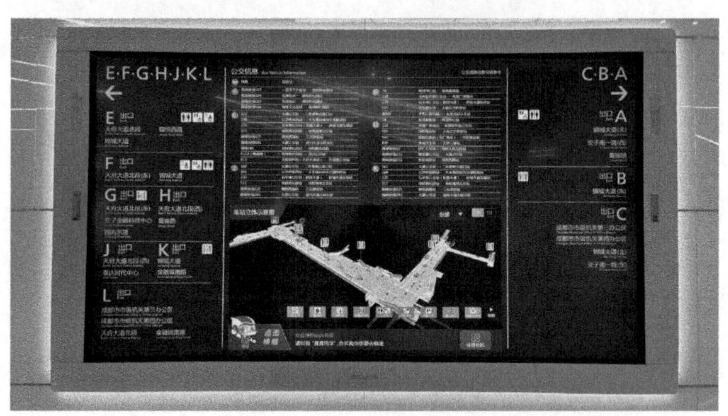

图 2-9　出入口信息交互屏

四、智慧导乘屏系统应急处置措施

如智能导乘屏系统发生故障，会在大型换乘站造成客流积压。为防止出现人员踩踏等安全事件的发生，车站值班人员及维保专业人员需按照以下流程开展应急处置工作。

1. 故障判断

通过观察智能导乘屏显示状态，判断故障类型。若单个智能导乘屏出现黑屏、宕机或花屏现象，可初步判断为导乘屏本体故障；若多个导乘屏出现黑屏、宕机现象，可初步判断故障点在集控处。

2. 应急处置

如果是单个智能导乘屏故障,可以通过重启智能导乘屏或检查设备供电情况;若为多个导乘屏故障,可以通过重启智能导乘屏的工控机或检查高速无线通信系统的运行状态进行应急处置。若智能导乘屏仍无法恢复正常运行,则需通知车站值班人员根据客流情况,利用护栏引导客流,通过车站广播、PIS 做好大客流相关信息的播报。

3. 后续措施

依次对智能导乘屏系统监测终端、应用服务器、接口服务器、系统主机重启,检查系统网络通信状态,检查末端设备通信状态。

课堂交流

请到地铁车站调研智能导乘屏系统。思考地铁车站智能导乘屏和普通导乘系统有哪些不同。请组成 5 ~ 6 人的学习小组,将收集到的视频资料、图文资料等制作成条理清晰、图文并茂、页面美观的 PPT 进行课堂分享。

任务实施及评价

智慧导乘屏系统应用及故障应急处置

学院		专业	
姓名		学号	
小组成员		组长姓名	

一、工作任务场景

以地铁车站值班员的身份进入智慧车站运营服务系统下的智慧导乘屏工作环境，按照实际生产需求，开展智慧导乘屏的日常操作及应急处置工作。

二、前置知识

1. 简述智慧导乘屏的使用对象有哪些。

2. 简述地铁车站智慧导乘屏与传统的地铁车站导乘屏之间的关系。

3. 智慧导乘屏的智能化体现在哪些方面？

三、任务实施

任务实施内容
1. 智能导乘屏系统操作
1.1 区分出入口、电扶梯、站台门、站厅公共区智能导乘屏，判断显示内容是否正确
1.2 根据站务信息内容，判断车站管理措施提示信息、线路停运信息及换乘通道关闭提示、环境温度、二氧化碳浓度等显示内容是否正确
1.3 了解发生预期的紧急情况时的紧急操作。根据现场实际情况选取不同场景（大客流、紧急情况），通过系统发布预先设定的多种应急场景信息，如车站限流措施、应急指挥提示、致歉信及办理退票提示、公交预案信息等
1.4 了解发生非预期的紧急情况时的紧急操作。在智能导乘屏上人工编辑即时信息，展示相关内容
1.5 按照播表时间自动发布：正常情况下，系统能根据计划库的播放列表配置在工作日、双休日及节假日的不同时段（早间启运、平峰、高峰、晚间停运），自动定时发布各个时段相应的预设信息内容
1.6 能够识别智能导乘屏不同时段的播表内容的正确性
1.7 能够判断自动校时功能是否正常
1.8 能够对智能导乘屏启、停运的时间及功能参数进行设置
1.9 能够在智慧管控平台识别智能导乘屏的正常状态、故障状态，能够完成智能导乘屏历史记录的调用
2. 故障的判断
2.1 能够通过故障现象判断故障类型，能通过观察智能导乘屏显示状态判断故障类型

续上表

任务实施内容
2.2　单个智能导乘屏出现黑屏、宕机或花屏现象，可初步判断为导乘屏本体故障
2.3　多个导乘屏出现黑屏、宕机现象，可初步判断故障点在集控处
3.智能导乘屏故障应急处置
3.1　单个导乘屏故障，可以通过重启智能导乘屏或检查设备供电情况
3.2　多个导乘屏故障，可以通过重启智能导乘屏的工控机或检查 EUHT 网络接入系统的运行状态进行应急处置
3.3　上述步骤无法使得智能导乘屏恢复正常运行的，须通知车站值班人员根据客流情况，利用护栏引导客流，通过车站广播、PIS 做好大客流相关信息的播报
4.故障处置后续措施
4.1　按照智慧车站系统维修手册，依次对智能导乘屏系统监测终端、应用服务器、接口服务器、系统主机重启，检查系统网络通信状态，检查末端设备通信状态

四、评价反馈

（一）评价标准

项　　目	项 目 内 容
接受工作任务	明确工作任务，理解任务在企业工作中的重要程度
前置知识	本次实训前需要掌握的知识程度
能力评价	智能导乘屏系统操作
	故障的判断
	智能导乘屏故障应急处置
	故障处置后续措施
素养评价	工作计划性强，安排得当
	团队合作能力强，善于沟通合作
	自主学习能力强，勇于克服困难
	严谨认真，积极参与课堂
	演示文稿制作精美，汇报演讲能力强
评价反馈	自我评价：能对自身表现情况进行客观评价，能在任务实施过程中发现自身问题
	小组互评：客观、公正，能指出其他组的问题

（二）自我评价

请根据课堂中的实际表现进行自我评价和自我反思。

序　　号	评 价 标 准	
1	接受工作任务	☆ ☆ ☆ ☆ ☆
2	前置知识	☆ ☆ ☆ ☆ ☆
3	能力评价	☆ ☆ ☆ ☆ ☆
4	素养评价	☆ ☆ ☆ ☆ ☆
自我反思：		

续上表

(三)小组互评

请小组之间根据在课堂中的实际表现进行小组互评。

序　　号	评价标准	
1	接受工作任务	☆ ☆ ☆ ☆ ☆
2	前置知识	☆ ☆ ☆ ☆ ☆
3	能力评价	☆ ☆ ☆ ☆ ☆
4	素养评价	☆ ☆ ☆ ☆ ☆

(四)教师评价

项　　目	项目内容	分值	得分
接受工作任务	明确工作任务,理解任务在企业工作中的重要程度	5	
前置知识	本次实训前需要掌握的知识程度	5	
能力评价	智能导乘屏系统操作	10	
	故障的判断	10	
	智能导乘屏故障应急处置	10	
	故障处置后续措施	10	
素养评价	工作计划性强,安排得当	5	
	团队合作能力强,善于沟通合作	5	
	自主学习能力强,勇于克服困难	10	
	严谨认真,积极参与课堂	10	
	演示文稿制作精美,汇报演讲能力强	10	
评价反馈	自我评价:能对自身表现情况进行客观评价,能在任务实施过程中发现自身问题	5	
	小组互评:客观、公正,能指出其他组的问题	5	
得分(满分100)			

视野拓展

"北斗卫星导航系统"——新技术在城市轨道交通运营管理中逐步应用

北斗卫星导航系统[BeiDou(COMPASS)Navigation Satellite System],是我国正在实施的自主发展、独立运行的全球卫星导航系统。系统建设目标是:建成独立自主、开放兼容、技术先进、稳定可靠的覆盖全球的北斗卫星导航系统,促进卫星导航产业链形成,形成完善的国家卫星导航应用产业支撑、推广和保障体系,推动卫星导航在国民经济社会各行业的广泛应用。

2019年9月,北斗系统正式向全球提供服务,在轨39颗卫星中包括21颗北斗三号卫星。随着"北斗"地基增强系统提供服务,它可提供米级、亚米级、分米级,甚至厘米级的服务,"北斗"导航系统的定位精度将与美国GPS相媲美。2021年11月12日,北京地铁技术创新研究院揭牌成立，一批新技术将在北京地铁推广应用。其中，“北斗卫星导航系统”正在北京地铁的部分车站试点。北斗卫星导航将促进传统运输方式实现升级与转型。未来，北斗卫星导航系统将提供高可靠、高精度的定位、测速、授时服务，促进铁路交通现代化，实现传统调度向智能交通管理转型。

任务二 智慧车站多媒体站台门应用

学习目标

1. 区分多媒体站台门系统与传统站台门系统。
2. 掌握多媒体站台门系统架构及功能。
3. 当多媒体站台门系统出现异常情况时，能迅速进行应急处置。

任务导入

某城市地铁在节假日期间发生了列车中断运营 5 分钟，造成某换乘站出现客流积压。多媒体站台门系统（图 2-10）在相应车站启动应急信息播放，将公交接驳方案、后车预计到达时间及车站拥挤度进行播报，配合站务人员快速地进行了乘客分流，达到了非常好的效果。

a)

b)

图 2-10 多媒体站台门

本任务需要掌握智慧站台门功能、组成架构、安装特点，将既有站台门系统改造为智慧站台门系统的方法。通过信息技术与客流管控相结合，全面实现大线网模式下的城市轨道交通客流管控信息化、智能化。

知识课堂

一、多媒体站台门系统

多媒体站台门

多媒体站台门控制系统主要管理站点站台门播放信息，对接地铁客运服务管理平台（NCCC），做到统一的信息管理和发布。多媒体站台门条形屏安装在车站内每节车厢的单侧站台门、固定门顶箱盖板上方，主要显示各类运营信息、列车线路图、车厢拥挤程度、赛事信息、场馆信息、客流疏导诱导提示（均衡候车)等,在应急情况下可切换显示紧急信息。多媒体站台门系统如图 2-11 所示。

图 2-11　多媒体站台门系统

多媒体站台门控制系统的建设可以进一步提升服务水平,为乘客及市民提供更有效的增值服务,提升乘客满意度,树立有特色的地铁数字化服务形象,推广标准化服务,跟上地铁网络化发展的要求,提高企业品牌形象,增强企业的公众认可度,为地铁运营服务提供支持。多媒体站台门控制原理及安装示意图如图 2-12、图 2-13 所示。

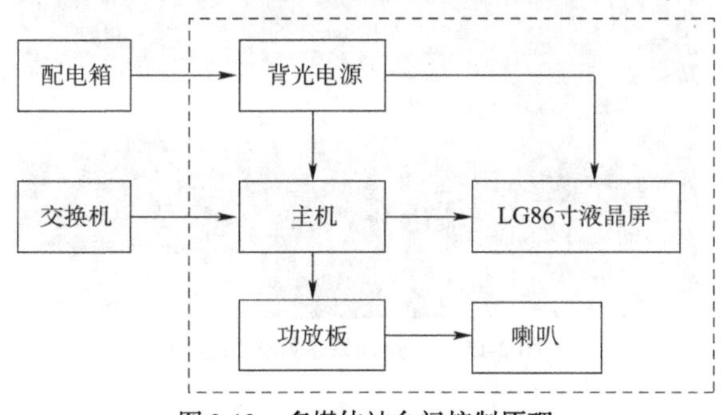

图 2-12　多媒体站台门控制原理

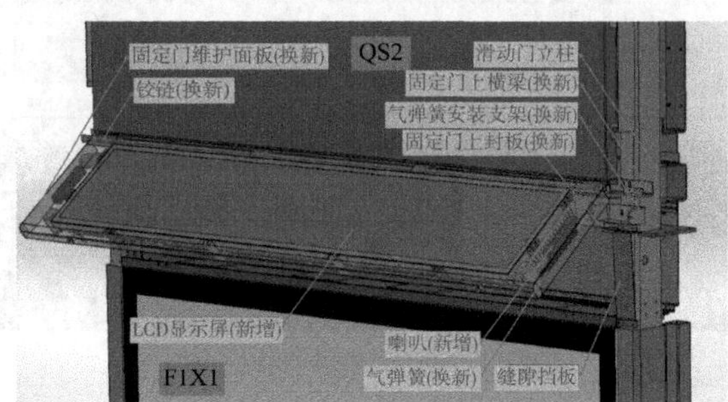

图 2-13　多媒体站台门安装示意图

二、多媒体站台门系统用户场景及架构

多媒体站台门控制系统与地铁客运服务管理平台(NCCC)进行数据融合,符合地铁客运信息化整体规划。同时,对接地铁客运服务管理平台(NCCC)中的客服信息发布系统,具备统一集中的信息管理和发布功能。多媒体站台门控制系统通过对站台终端设备、资源、多媒体站台门版面模板的严格管控,灵活配置播放列表,实现分权限管理多媒体站台门控制功能,提升用户乘车体验。

1. 多媒体站台门控制系统特点

(1)版面模板可视化:支持可视化的编排与制作,有多种显示区域布局方案。

(2)设备可视化监控:支持设备开关机设定、设备磁盘预警、设备播放内容监看。

(3)播表可灵活配置:提供多种播放顺序、播放循环方式、播放内容切换方式、配置方式。

(4)紧急情况及时响应:当发生预期的紧急情况时,可以根据现场实际情况选取不同场景预案,当发生非预期的紧急情况时,可即时人工编辑信息内容。

(5)信息多元化:各类丰富的信息资源可及时播放,准确及时显示列车进站及拥挤度等动态信息。

多媒体站台门控制系统面向乘客和地铁运营管理者。多媒体站台门具备提供地铁电视、列车实时信息以及运营告示、特殊情况告示信息等功能,有效提升了乘客满意度,树立了特色地铁数字化服务新形象。

2. 多媒体站台门乘客场景

乘客候车时,可以通过多媒体站台门(图 2-14、图 2-15)查看列车到站信息以及车厢拥挤情况,合理选择拥挤度较低的车厢乘车;可以查看最新新闻资讯信息、站点周边告示信息、宣传信息等,为乘客及市民提供增值服务,提升乘客满意度。

在应急情况下可切换显示紧急信息,管理者可灵活管控车站多媒体站台屏信息。如遇到火灾、毒气等紧急情况时,多媒体站台屏可显示正确的疏散导向标志,迅速进行客运组织,提升客运安全性。

天气较为恶劣(暴雨、高温)时,站内乘客可在多媒体站台屏上查看站外环境信息,提前预知,以便选择适宜的出行方式。

图 2-14 深圳地铁多媒体站台门

图 2-15 广州地铁多媒体站台门

3. 多媒体站台门管理者场景

管理者可通过多媒体站台门上位系统,对终端设备的播表、播放以及应急信息发布进行管理。多媒体站台屏通过模板管理,可灵活配置版面显示。

根据管理职责不同,分为信息发布人员和信息审核人员。信息发布人员主要负责编制播表、发布多媒体站台屏播放信息,但播放模板、播放资源、播放方式都需要经过上级管理人员审核批准。信息审核人员主要是上级管理层,对多媒体站台屏信息内容和质量进行严格审核,保障播放信息的安全性、可靠性。

站务人员负责对多媒体站台屏设备运行情况以及播放的信息进行现场监控和监管。

4. 多媒体站台门业务架构

多媒体站台门控制系统基于 NCCC 平台对用户和权限进行管理,搭建智慧车站基础管理系统,对设备、资源、模板进行统一管理。多媒体站台门控制系统可对播表编制、播放管理、播放画面监看以及对应急信息发布进行管理。播放信息发布到智能多媒体站台屏供乘客查看,可有效为乘客及市民提供增值服务,疏导乘客均衡候车,提升乘客满意度。

多媒体站台门控制系统业务架构如图 2-16 所示。

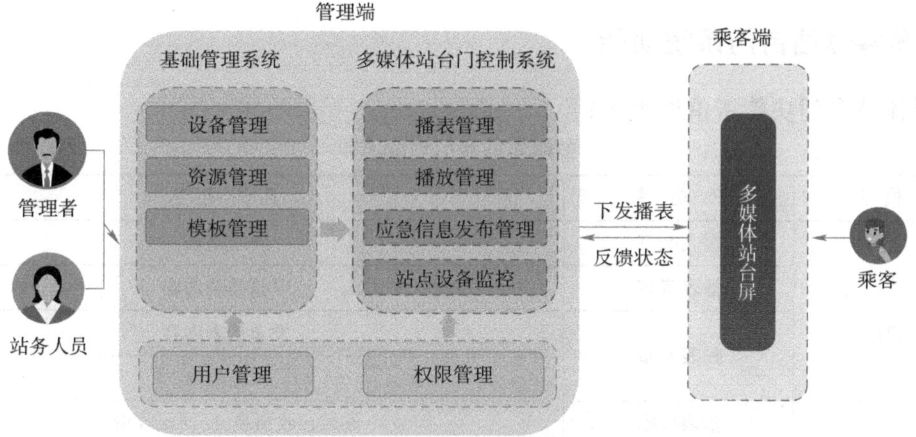

图 2-16　多媒体站台门控制系统业务架构

面向乘客的多媒体站台门系统具备在指定时间、指定地点，以指定方式播放指定内容。播放的内容主要包括：列车进站提醒及运行交路、后续 3 辆列车的车厢拥挤度、运营告示信息、线网拥挤区段提醒信息、分散排队候车提示、特殊情况告示信息（临时清客、跳停等）、地铁电视、当前时间信息、机场信息等，显示效果图如图 2-17、图 2-18 所示。

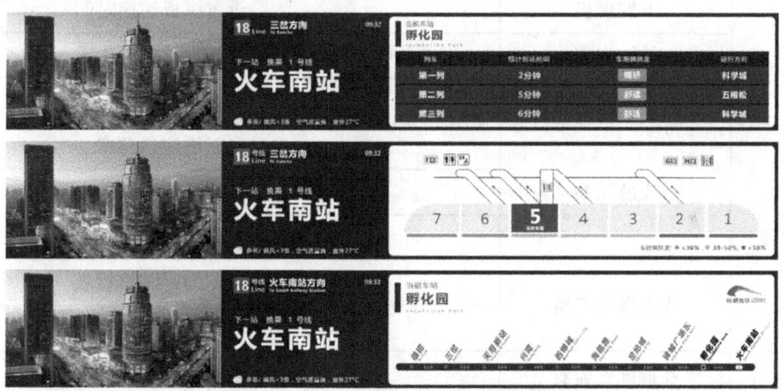

图 2-17　多媒体站台门显示效果

图 2-18　成都地铁火车南站多媒体站台门实景图

三、多媒体站台门系统功能

多媒体站台门功能清单见表2-1。

多媒体站台门功能清单 表2-1

功能模块	子功能	具体功能
播表管理	播表制订	新增播表
	播表审核	审核播表内容
	播表发布	发布播表内容
		清理磁盘
	播表接收	终端接收播表,反馈接收情况
播放管理	播表信息	查看播表
		添加播表
		删除播表
		切换播表
	下发模板	设置模板切换时间
	播放告警	播放异常提供告警
	在播画面监看	—
应急信息发布管理	应急预案	新增应急预案
		应急预案审核
		应急预案归档
	人工即时编辑	人工即时编辑授权
		新增人工即时编辑发布
站点设备监控	在播画面监看	当前在播画面截屏查看
	查看播表信息	设备下发的播表信息
	设备监控	设备磁盘、联网状态信息
	设备控制	查看设备预设的开关机信息
其他功能	面向运营	预存播表及资源
		管理本地资源
	面向维修	版本更新
		版本回退
		开机自启动

1.播表管理功能

对于非动态内容来说,播表就是设备播放内容的唯一来源,通过设置模板上文本频道、图片频道、视频频道的播放信息,可以设置播表和资源的对应关系。

(1)播表制订功能

按照地铁运营和信息发布的要求制订播放列表。播放列表主要包括显示终端版面播放列表、模板内容播放列表、播放顺序、播放循环方式、播放内容切换方式等。

一个完整的播放列表包括播放窗口的区域划分方式、每个区域的播放内容及方式、播放时间安排等。播放时间可设置工作日、双休日及节假日的不同时段(早间启运、平峰、高峰、晚间停运),根据播放时间自动定时发布各个时段相应的预设的正常信息内容。

播放列表的管理功能,主要包括播放列表的分类、互相嵌套引用、新建、修改、删除、属性管理以及播放列表的查询、权限、操作日志管理等。新建、修改、删除、发布操作的日志记录包括执行的操作情况、执行用户、执行时间等,以供跟踪检查。

(2)播表审核和管理功能

系统能根据需要灵活定义多级播放列表的审核和管理人员。管理人员对待发布的播放列表进行审核。只有具备审核权限的操作员才能审核播放列表。审核的工作包括查看区域划分是否合适、播放内容是否满足要求、播放周期是否正确等。如果播放列表通过审核,该播放列表将被设置一个审核通过的标记。如未通过审核,系统对该列表设置一个未通过审核的标记,并在播放列表制作终端上给予提示,由播表编辑人员进行修改后再提交审核。

经过审核确认的播放列表可进行发布操作,将播表下发至各站点的设备。

(3)播表发布

审核通过后的列表及内容才能由车站发布到各个终端。正常情况下,系统能根据计划库的播放列表配置在工作日、双休日及节假日的不同时段(早间启运、平峰、高峰、晚间停运),自动定时发布各个时段相应的预设正常信息内容。

系统对所有发布的内容具备完整的日志记录,包括每个内容发布状态、传送完成状态、失败警告、自动重新传送记录等功能。

播放列表发布设置采用设备分组来指定播放的位置,默认有站厅组、上行组、下行组,分组的最小单元为控制器。设备分组的配置操作在系统管理工作站中实现。

系统可提前下载数据量较大的媒体文件到车站服务器,或者利用停止运营时间进行传送(停止运营的时间由系统预先设置,到达停运时间系统自动触发下发操作),也可以实时由车站直接发布到站内的各个终端。

播表和资源与对应的播放设备直接存在同步数据的过程,首先是播表同步,然后是资源检查,如果发现当前设备没有对应的播放资源时,会就近从车站级服务器拉取播放资源存于本地。

发布内容有日志记录,包括内容发布状态、传送完成状态、失败警告、自动重新传送记录功能。

播表发布整体流程如图2-19所示。

图2-19 播表发布整体流程

播表下发给终端多媒体站台屏,实时反馈接收进度和接收状态。当网络连接失败,需检查终端多媒体站台屏网络情况;当磁盘不足,管理者点击【清理磁盘】按钮,则终端会自动清除无播表绑定的无效资源(无效资源一般是凌晨定时清理一次),若清除后磁盘空间依然不足,则需管理者点击【清理播表】手动清理无用播表,以释放磁盘空间。

播表界面设计如图 2-20、图 2-21 所示。

图 2-20　播表管理列表界面

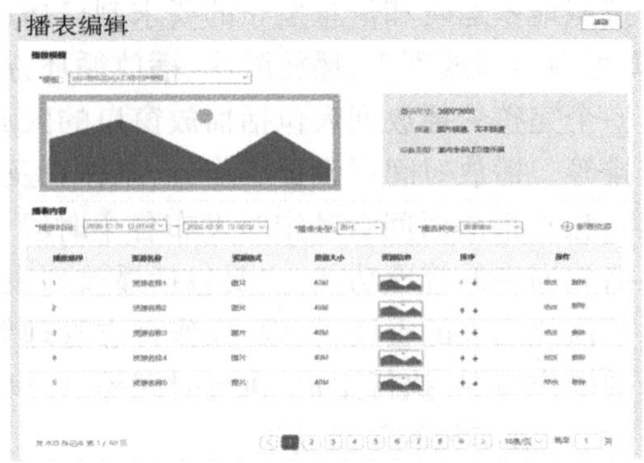

图 2-21　新增播表界面

(4)播表接收

终端设备能自动接收、存储来自播放列表的播放内容,解码后在显示终端上播放。对接收失败的信息能够自动重新接收;对传送失败的信息能够自动重新下发;支持断点续传。

所有接收的内容具备完整的日志记录,包括但不限于接收百分比、接收状态、接收时间、未接收或者接收失败记录。

2. 播放管理功能

车站的显示屏播出列表,根据计划库的播放列表将信息发送至车站显示终端播出,可实现不同显示控制器控制的显示设备播出相同或不同内容。

(1)终端设备下发模板,可预设模板切换时间。

一个终端设备只能有一个有效模板,如需要切换播放模板则需手动下发已审核通过的模板,设置新旧模板切换时间。

(2)查看设备播放列表信息,添加已审核的播表、删除已下发的播表。

查看设备播放的播表信息,可根据需要添加已审核的播表、删除已下发的播表、切换播表。

(3)正常播表按照播放顺序进行播放,可手动切换播表。

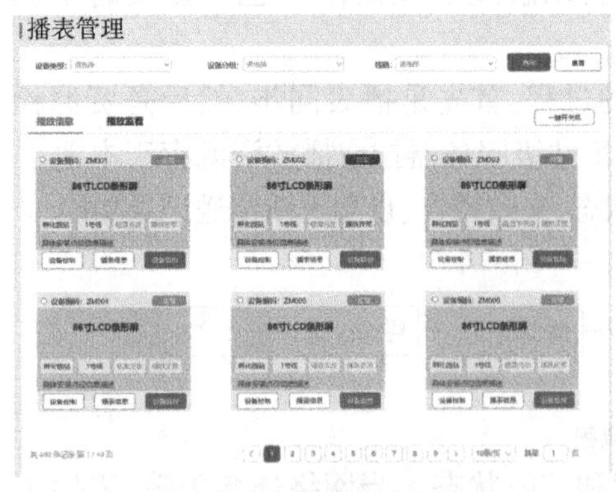

图 2-22　播放管理界面

车站服务器能够自动检测整个系统的工作状态,包括播放控制器及各类显示终端,操作人员可通过图形化的界面即时查看系统设备工作状态,当有设备发生故障,记录故障类型、故障是否消除及操作人信息。错误和告警的处理须经专人确认,故障经处理或排除后系统报警状态才可消除。

车站服务器将各类日志数据自动导出至指定目录,生成恰当格式文件,与第三方开发管理软件实现标准接口功能,并生成日志报表。

播放管理界面如图 2-22 所示。

3. 应急信息发布管理功能

(1)应急信息发布功能包括应急预案编辑和人工即时编辑。

(2)车站管理人员需要提供车站特有应急预案场景显示信息。根据每个车站的特殊性,车站有权限利用多媒体站台门系统新增应急预案资源,应急预案需通过审核后才可以被使用。

(3)当发生应急预案场景之外的情况时,值班站长被授权后,可通过后台管理系统的人工编辑功能实现对显示屏播放内容的控制。

应急预案管理流程如图2-23所示。

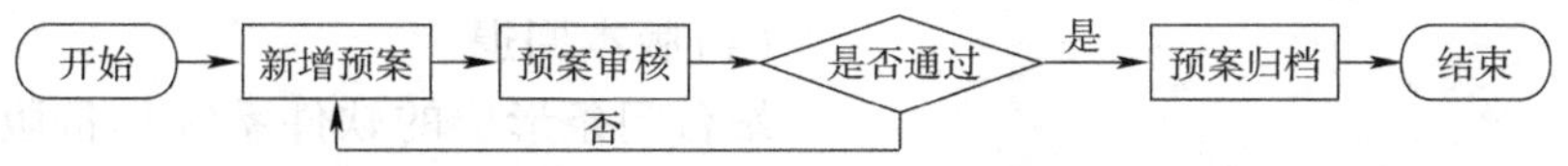

图2-23　应急预案管理流程

应急预案管理界面如图2-24所示。

4. 站点设备监控功能

设备监控软件能够监视全线或本站的设备运行情况,控制设备的运行状态,对设备的故障具有实时告警功能。网络监控软件可按设备地理位置管理设备。具体的设备监控功能如下:

(1)管理人员和站务人员可查看当前站点设备情况以及播放情况。车站的显示屏播出列表会根据计划库的播放列表将信息发送至车站显示终端,实现不同显示控制器控制的显示设备播出相同或不同内容。

图2-24　应急预案管理界面

(2)在播画面监看可实时调看本车站各LCD控制器在播画面效果,监看LCD控制器在播画面可在任意指定的工作站上操作实现,并按照所属站点或者分组等筛选条件查看播放情况,同时可对选中的设备或者分组设置进行播表的同步操作,更新当前的播放内容。

(3)设备播放警告功能。车站服务器能够自动检测整个系统的工作状态,包括播放控制器及各类显示终端,操作人员可通过图形化的界面即时查看系统设备工作状态,当有设备发生故障,车站服务器自动记录设备故障并报警,包含故障位置、故障设备、故障类型、故障是否消除及操作人信息。错误和告警的处理须经专人确认,故障经处理或排除后系统报警状态才可消除。

站点设备监控界面如图2-25所示。

5. 其他功能

(1)预存播表及资源

站台门匾显示屏的软件系统具备接收由多媒体站台门控制系统下发的播放任务列表以及与任务相关的资源并预存到本地。

站台门条形屏的软件系统具备接收由多媒体站台门控制系统下发的紧急预案状态下的播放任务列表以及与任务相关的资源并预存到本地,当发生紧急情况时可实现实时切换系统播放的内容。

(2)管理本地资源

站台门条形屏的软件系统具备定期清理本地终端上长时间未使用或过期的文件。

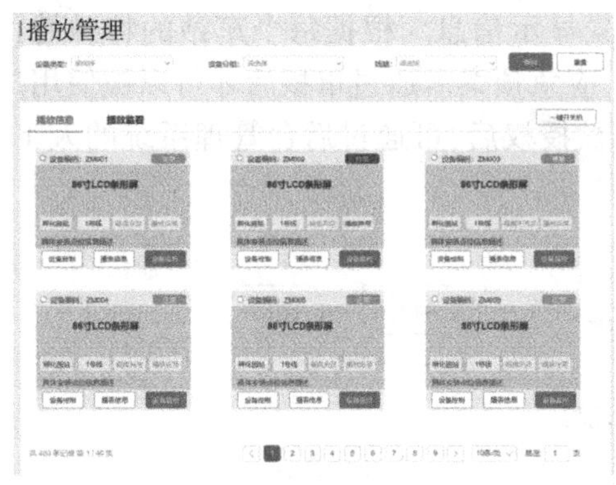

图 2-25 站点设备监控界面

(3)版本更新

站台门条形屏的软件系统具备通过网络下载安装及更新软件的功能，设备应能保存至少新旧两种版本的软件。应能在所设置的软件过期时间前自动切换到新软件。

(4)版本回退

站台门条形屏的软件系统具备版本保存功能，必要时，能通过参数设置使旧版本软件取代新版本软件重新生效。

(5)开机自启动

站台门条形屏的软件系统具有当硬件设备由于故障、断电等原因重启后软件系统程序能自动启动运行功能。

四、多媒体站台门应急处置措施

多媒体站台门常见故障按照系统架构可以分为三类：智能导乘系统故障、基础管理系统故障、NCCC 平台管理系统故障。

1. 故障判断

对于单个功能性失效故障类型，若发生播表无法制定、审核，应急信息无法发布，无法查看实时播放信息，则故障点在智能导乘系统内。若发生设备、资源、模板无法管理的情况，则故障点在基础管理系统上。若发生用户无法登录、无权操作设备的情况，则故障点发生在 NCCC 平台管理系统。

2. 应急处置

智能导乘系统属于多媒体站台门系统中的就地控制末端设备，末端设备的故障多为通信卡滞或末端设备板卡故障，可尝试对末端设备断电重启或检查通信是否畅通来实现应急故障处置。基础管理系统属于多媒体站台门的中枢神经系统，将上层设备的决策内容转换成末端设备可以读取的指令。基础管理系统故障可通过检查系统存储、资源、模板是否完整进行排查。若出现存储、资源及模板缺失，可对基础管理系统软件进行重装或维护，实现应急处置。NCCC 平台管理系统属于多媒体站台门的大脑。若 NCCC 平台管理系统出现宕机、无法下发指令等故障，受上层系统封装限制，建议联系系统供应商提供技术支持。

3. 后续措施

按照多媒体站台门系统维修手册，对多媒体站台门三级系统的功能进行全点位测试，确保三类系统功能完整无缺失。

课堂交流

请到地铁车站调研地铁车站多媒体站台门系统。思考地铁车站多媒体站台门系统和普通站台门系统有哪些不同。请组成 5～6 人的学习小组，将收集的视频资料、图文资料等制作成条理清晰、图文并茂、页面美观的 PPT 进行课堂分享。

任务实施及评价

多媒体站台门应用及故障应急处置

学院		专业	
姓名		学号	
小组成员		组长姓名	

一、工作任务场景

以地铁车站值班员的身份进入智慧车站运营服务系统下的多媒体站台门工作环境，进入多媒体站台门管理界面进行日常播表和应急信息的发布。

二、前置知识

1. 简述多媒体站台门的主要展示内容。

2. 简述地铁车站使用多媒体站台门的目的和预期效果。

3. 简述多媒体站台门发布应急信息的流程。

三、任务实施

任务实施内容
1. 多媒体站台门系统认知
1.1　能够区分多媒体站台门系统与传统站台门系统
1.2　了解多媒体站台门的发展前景及行业需求
1.3　了解多媒体站台门的硬件组成
2. 多媒体站台门的应用场景
2.1　了解多媒体站台门乘客场景内容
2.2　了解多媒体站台门管理者场景
2.3　使用多媒体站台门系统完成播表的制定、审核、发布和接收
2.4　利用多媒体站台门系统完成播表模板下发、查看播放告警、监看在播画面
2.5　利用多媒体站台门系统完成应急信息的发布
3. 多媒体站台门扩展功能认知
3.1　能够完成多媒体站台门设备磁盘、联网状态信息
3.2　查看设备预设的开关机信息，预存播表及资源
3.3　管理本地资源，能够完成系统版本更新、回退
4. 故障应急处置
4.1　能够判断多媒体站台门的故障类型
4.2　快速定位故障类型后，独立完成故障应急处置
4.3　了解应急处置的后续措施

续上表

四、评价反馈

(一)评价标准

项　目	项 目 内 容
接受工作任务	明确工作任务,理解任务在企业工作中的重要程度
前置知识	本次实训前需要掌握的知识程度
能力评价	多媒体站台门系统操作
	日常播表及应急信息发布
	多媒体站台门故障应急处置
	故障应急处置后续措施
素养评价	工作计划性强,安排得当
	团队合作能力强,善于沟通合作
	自主学习能力强,勇于克服困难
	严谨认真,积极参与课堂
	演示文稿制作精美,汇报演讲能力强
评价反馈	自我评价:能对自身表现情况进行客观评价,能在任务实施过程中发现自身问题
	小组互评:客观、公正,能指出其他组的问题

(二)自我评价

请根据在课堂中的实际表现进行自我评价和自我反思。

序　号	评 价 标 准	
1	接受工作任务	☆ ☆ ☆ ☆ ☆
2	前置知识	☆ ☆ ☆ ☆ ☆
3	能力评价	☆ ☆ ☆ ☆ ☆
4	素养评价	☆ ☆ ☆ ☆ ☆

自我反思:

续上表

(三)小组互评

请小组之间根据在课堂中的实际表现进行小组互评。

序　号	评价标准	
1	接受工作任务	☆☆☆☆☆
2	前置知识	☆☆☆☆☆
3	能力评价	☆☆☆☆☆
4	素养评价	☆☆☆☆☆

(四)教师评价

项　目	项目内容	分值	得分
接受工作任务	明确工作任务,理解任务在企业工作中的重要程度	5	
前置知识	本次实训前需要掌握的知识程度	5	
能力评价	多媒体站台门系统操作	10	
	日常播表及应急信息发布	10	
	多媒体站台门故障应急处置	10	
	故障应急处置后续措施	10	
素养评价	工作计划性强,安排得当	5	
	团队合作能力强,善于沟通合作	5	
	自主学习能力强,勇于克服困难	10	
	严谨认真,积极参与课堂	10	
	演示文稿制作精美,汇报演讲能力强	10	
评价反馈	自我评价:能对自身表现情况进行客观评价,能在任务实施过程中发现自身问题	5	
	小组互评:客观、公正,能指出其他组的问题	5	
得分(满分100)			

视野拓展

科技强国:我国建成全球最大的5G网络

“5G”是对第五代移动通信技术(Fifth Generation Mobile Communication Technology)的简称,又被称为“第五代移动电话行动通信标准”,是基于4G(第四代移动通信技术)技术延伸的移动通信技术。5G网络的主要优势在于,数据传输速率远远高于以前的蜂窝网络,最高可达10Gbit/s,比当前的有线互联网要快,比先前的4GLTE蜂窝网络快100倍。截至2020年底,我国已完成70余万座5G基站建设,约占全球总数的70%,5G终端连接数突破2亿,约占全球的87%。我国已经建成全球范围内覆盖最广、基站数目最多的5G网络,处于世界领先水平。5G技术的广泛应用,加速数字中国和智慧社会建设,为经济社会发展注入新动能。在此背景下，运用5G技术为城市轨道交通智慧赋能已成为轨道交通发展的重要趋势。

中华民族要复兴，科技兴国、科技强国是重中之重。一个科技的进步往往会使整个行业得到跨越式发展。科技兴国、科技强国的理念和持之以恒的学习态度，是我国建设富强、民主、文明、和谐社会的必经之路，是实现我国跨越式发展的重要一环。

任务三 智慧车站自动售票系统应用

学习目标

1. 区分传统售检票系统与智能售检票系统。
2. 掌握智能售票系统的架构及功能。
3. 掌握智能售票系统的业务流程。
4. 掌握智能售票系统的使用场景。
5. 当智能售票系统出现异常情况时，能迅速进行应急处置。

任务导入

某城市轨道交通线网规模与日俱增，线路延伸至老城区。某地铁车站客运对象以老龄乘客为主。张爷爷端午小长假乘坐地铁出行，由于需要换乘两次，张爷爷担心自己无法在自动售票机上准确选取目的地车站。当他走到售票机屏幕前，智能售票机却主动发起语音问询“欢迎选择某某地铁，请问您要去哪里？”并开启麦克风等待乘客说话。张爷爷通过语音操作准确购取了前往目的地的车票。

南京地铁智能售票机购票场景如图2-26所示。

图2-26 南京地铁智能售票机

本任务需要掌握智能售票机与传统售票机的差异。以传统售票机为基础，在操作方式上，增加语音的形式；在功能支持上，增加通过目的地查询车站的功能，纪念票售取功能，提供更多样的操作方式和更丰富的功能。

知识课堂

一、智慧车站自动售票系统

智能售票机在具备现有自动售票机功能的基础上新增语音查询、拼音查询两种购票模式，在结构上更加精细小巧，缩小占地面积。通过智能售票机、智能客服中心等自动化、智能化设备与技术替代人工作业，提高地铁员工复合能力，更加便于精准投放。

乘客用符合日常习惯的方式说出目的地，系统判断出目的地后，结合地图数据查询距离用户目的地最近的地铁站，当有多个可能的目的地时提供路线选择列表以便用户选择，并展示所有目的地的详细换乘路径，包括换乘站所在线路、换乘站点名、换乘次数等信息。若仅有一个可能的目的地则直接进入等待支付状态。

语音售票系统功能包括设备基础数据管理、售票管理、纪念票预订及取票管理、故障报警管理、设备运行状态监控管理、单程票及纪念票统计分析管理，并与 AFC 系统联动等。该功能加强了信息技术与一线生产流程贴合度，提高一线生产效率，实现设备设施全寿命周期管理目标。加强基础数据共享，完善设备设施全流程信息化管理，为线网运营提供有力保障。上海地铁智能售票机如图 2-27 所示。

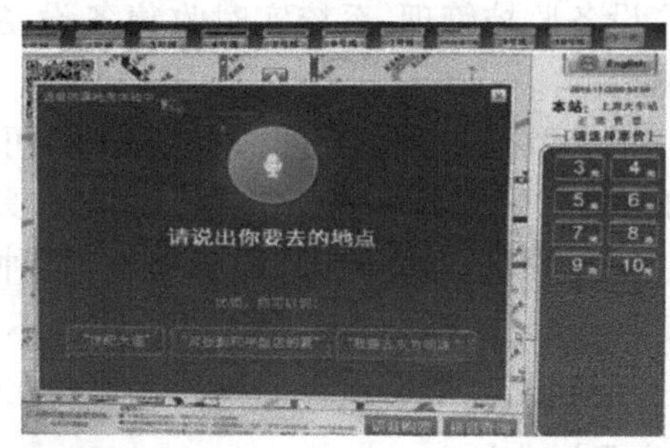

图 2-27　上海地铁智能售票机

二、智慧车站自动售票系统架构

智慧车站自动售票系统以现有客运管理平台（NCCC）作为支撑平台，在 NCCC 平台建设智慧语音售票管理系统，并以智慧车站基础管理系统、平台管理系统作为后台支撑系统。在前端建设智慧语音售票终端系统、地铁 App、智慧客服中心，构成用户终端。智慧车站自动售票系统业务架构如图 2-28 所示。

三、智慧车站自动售票系统功能

1. 后台管理功能

（1）设备基本管理：系统管理员可对售票机信息进行管理，包括新增设备信息、修改设备信息、删除设备信息、查询设备信息。

（2）票卡管理：售票机设备支持售卖单程票和纪念票，系统管理员可录入各设备放置的票卡数量；当售票机设备放置的票卡数量发生变化时，可通过票卡管理实时监测各设备剩余票卡数量。

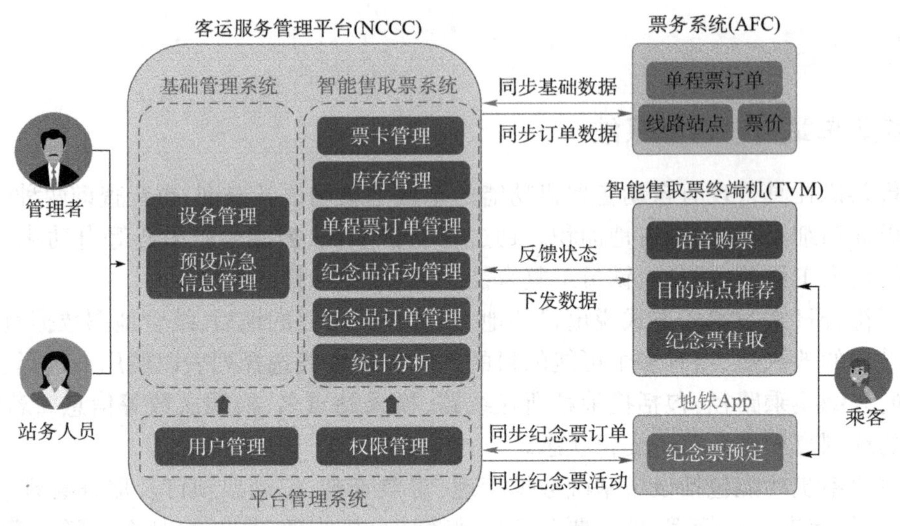

图 2-28 智慧车站自动售票系统业务架构

(3)纪念票管理:系统管理员可通过纪念票管理查看当前已完成纪念票预定的信息,查看已完成取票的历史记录信息。

(4)设备监控管理:系统实时收集各设备状态信息、报警信息,并在设备监控管理中进行实时数据展示。

(5)纪念票抢购活动管理:系统管理员可针对站点设置投放纪念票数量,并设置纪念票抢购活动时间范围,系统根据活动时间或纪念票预定库存为 0 时,自动结束抢购活动。

(6)统计分析:建立时间、设备类型、票种(单程票、纪念票)的统计维度,进行投入设备数量、售卖票卡数量、纪念票最快售卖时间等不同场景的数据统计分析。

(7)系统设置:能够进行组织机构管理、人员管理、权限管理。

2. 售票机功能

(1)单程票购买功能:根据乘客设置的行程或票价以及剩余票卡数量,完成售票流程。

(2)纪念票购买功能:根据乘客选择的不同纪念票种类以及剩余票卡数量,完成售票流程。

(3)纪念票取票功能:乘客出示纪念票预定凭证,完成纪念票取票流程。

3. 语音购票功能

语音购票机由自动售票机、摄像头、麦克风及工控机构成,如图 2-29 所示。麦克风模块用于采集用户语音,通过 USB 与工控机相连。摄像头模块用于给语音识别系统提供图像信息,通过 USB 与工控机相连。工控机负责运行语音识别、拼音查询模块等软件,实现语音查询、拼音查询和 ECU 通信等功能,接入摄像头及麦克风阵列的输入信号,与既有自动售票机设备采用串口交互相关数据。

语音购票机具有以下功能:

(1)具备语音查询、拼音查询和触摸屏选择三种购票模式;

(2)能够在强噪声环境下准确识别并文字显示乘客语音;

(3)能理解乘客的意图,判断出乘客的出行目的地车站名称;

(4)结合云端地图数据搜索出距离乘客目的地最近的地铁站;

(5)能提供从当前站点到目的地车站的详细换乘路径信息;

(6)能自动检测乘客接近,无须乘客唤醒或者手动触发语音状态;

(7)能提供拼音首字母的目的地模糊查询功能;

(8)乘客可以关闭语音查询模式或拼音查询模式,使用触摸屏选择模式完成购票;

(9)模块状态监控功能可实时监视语音购票模块设备运行状态,可将故障报警信息和监控数据上传自动售检票(AFC)系统,便于用户监控及历史记录查询。

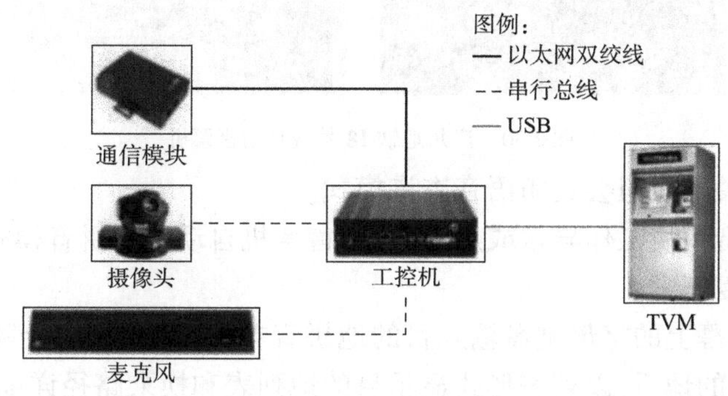

图 2-29　智慧车站语音购票系统架构

4. 地铁官方 App 功能优化

(1)纪念票预订功能:在地铁官方 App 上开发相应功能,实现乘客在 App 上预订纪念票,预订成功后可选择取票站点和领取时间。

(2)纪念票预订活动管理:在管理后台系统,管理员可针对不同站点设置投放纪念票的种类和数量,并设置纪念票抢购活动时间范围,抢购活动发布后系统可根据活动时间或纪念票库存情况自动结束活动。

四、智慧车站自动售票机查询模式

设备支持在强噪声环境下通过摄像头和麦克风阵列检测用户接近,准确接收和识别语音,理解用户意图后,对目的地做模糊查询,推荐距离目的地最近的车站并提供相关的换乘信息。系统应包含语音查询和触摸选择两种购票模式,其中触摸选择为既有选择方式。广州地铁 18 号线自动售票机如图 2-30 所示。

1. 语音查询模式要求

模式激活:系统检测到乘客靠近售票机,或用户点击语音购票按钮会进入语音查询模式。

模式关闭:当乘客离开售票机时,点击关闭按钮或屏幕语音窗口以外区域会关闭语音查询模式。

模式禁用:当语音模块工作异常或启动失败,售票机自动禁用语音模式并隐藏语音购票按钮,直到语音模块恢复正常。

2. 拼音查询状态

模式激活:点击拼音购票按钮进入拼音查询模式。

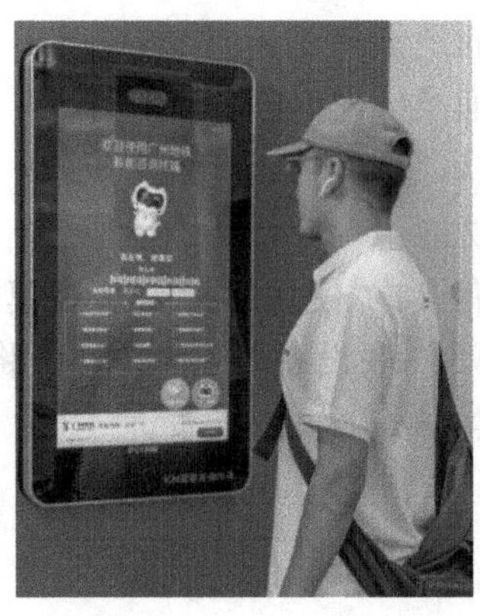

图 2-30　广州地铁 18 号线自动售票机

模式关闭:点击关闭按钮会关闭语音查询模式。

模式禁用:当语音模块工作异常或启动失败,售票机自动禁用拼音模式并隐藏拼音购票按钮,直到语音模块恢复正常。

用户通过点击屏幕上的字母键盘输入目的地拼音首字母,屏幕上会随着输入逐字提示候选地点。用户选中目的地后,以列表形式显示目的地列表和换乘路径详细信息。

五、智慧车站自动售票系统使用场景

智能售票机默认模式下无须开启麦克风,当乘客满足正面、一定距离内、持续一定时间地出现在售票机前,可触发售票机的感应机制,发起语音询问。智慧车站自动售票系统如图 2-31 所示。

图 2-31　智慧车站自动售票系统

在乘客购票的同时,乘客可打断语音,且能够满足不使用语音的乘客或当语音模块故障的时候能用其他方式操作。当乘客离开或一段时间内无语音时,售票机会自动关闭麦克风,回到默认模式。其业务流程如图2-32所示。

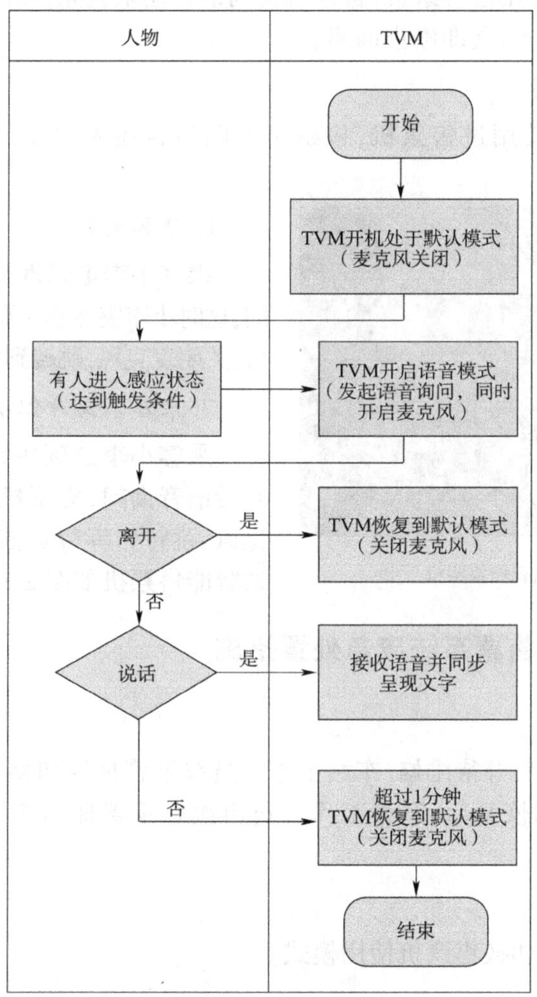

图2-32　智慧车站自动售票系统业务流程

针对上述功能,智能售票机的常用使用场景有以下7种。

1. 触达感应区

乘客小李看到车站新出的售票机,感到好奇,当他走近售票机屏幕前,智能售票机主动发起语音问询“欢迎选择××地铁,请问您要去哪?”,开启麦克风等待乘客说话。

2. 未达经过感应区

乘客小李并没有购票意愿,当他从售票机正面经过时,因为距离太远,并没有引起售票机的主动询问。

3. 短时间经过感应区

乘客小李并没有购票意愿,当他近距离从售票机正面经过时,因感应时间太短,并没有引起售票机的主动询问。

4. 乘客打断询问开始说话

乘客小李已经多次使用过售票机，售票机询问语言还未说完，他已经说出了自己想去的地方，售票机接收到语音输入，立即停止询问。

5. 乘客并未使用语音

乘客小李已经多次使用过售票机，售票机询问语言还未说完，小李直接点击了目的地车站。

图 2-33 智慧车站智能售票机

6. 乘客离开

乘客小李走到售票机前，售票机开始语音询问，这时小李突然不买票离开了，系统判断无感应后，关闭麦克风，跳转到等待页面恢复默认模式。

7. 乘客未离开但不说话

乘客小李走到售票机前等待朋友，售票机开始语音询问，售票机等待 1 分钟后关闭了麦克风，跳转到等待页面恢复默认模式。智慧车站智能售票机如图 2-33 所示。

六、智慧车站自动售票系统应急处置措施

1. 故障判断

某台售票机突发故障，等待维修，车站工作人员登录管理端切换为故障模式，随即屏幕呈现“暂停使用”，经过维修恢复后，车站工作人员再次登录管理端切换为正常模式，随即恢复使用。

2. 处置措施

管理员验证身份后，切换售票机使用模式。

实际案例

为提高购票效率，从 2021 年 4 月 1 日起，大兴机场线全线自动售票机(图 2-34)上线语音购票功能，成为北京市首条实现语音购票的轨道交通线路。目前，语音购票支持中文普通话、上海话、四川话等。

购票流程如下：

大兴机场
智能售票机

第一步：点击“语音购票”按钮，进入语音功能界面。

第二步：说出要去往的目的地，可包含要购票的张数，比如“大兴机场”或“两张去大兴机场的车票”，语音内容会实时在屏幕上文字回显。若说错目的地或没有找到对应结果，可直接再说一次，或点击“重新说”按钮，再说一次。

第三步：选择路径方案，点击“确认”按钮，进入购票界面。

第四步：确认购票信息，可对票种或张数再次修改，确认后选择“现金支付”或“扫码支付”。

图2-34　大兴机场自动售票机

课堂交流

请收集其他城市地铁智慧售票系统的案例，并分组制作汇报PPT。

任务实施及评价

智慧车站自动售票系统应用及故障应急处置

学院		专业	
姓名		学号	
小组成员		组长姓名	

一、工作任务场景

以地铁车站站务员的身份引导乘客使用自动售票系统进行语音购票，并在自动售票系统或其上位系统发生故障时，进行应急操作，降低系统故障对地铁运营造成的影响。

二、前置知识

1. 简述智慧车站自动售票系统与传统地铁车站售票系统的差异。

2. 简述智慧车站自动售票系统的核心功能。

3. 简述智慧车站自动售票系统的复位对象有哪些。

三、任务实施

任务实施内容
1. 智能售票机检测
1.1　能够在 NCCC 平台调出管理界面
1.2　对各智能售票系统正常工作模式进行判断
1.3　同步票卡订单数据
1.4　同步纪念票订单
2. 智能售票机系统业务功能使用
2.1　了解智能售票系统的业务架构
2.2　了解智能售票系统的功能架构
2.3　熟悉智能售票系统的后台管理功能
2.4　能够根据系统功能，发布纪念票抢票信息
2.5　能够进行组织机构和管理人员权限设置

续上表

任务实施内容
3. 智能售票机系统乘客端功能使用
3.1　掌握智能售票机语音购票的流程
3.2　掌握不同场景下的智能售票机工作状态
4. 故障应急处置
4.1　某台售取票机突发故障时，能够有效进行应急处置
4.2　多台售取票机故障时，能够正确判断故障点
4.3　NCCC 平台故障时，能够正确重启系统，并进入管理界面

四、评价反馈

(一)评价标准

项目	项 目 内 容
接受工作任务	明确工作任务，理解任务在企业工作中的重要程度
前置知识	本次实训前需要掌握的知识程度
能力评价	自动售票系统的操作与使用
	故障的判断
	自动售票系统应急处置
	自动售票系统与传统售票系统功能切换
素养评价	工作计划性强，安排得当
	团队合作能力强，善于沟通合作
	自主学习能力强，勇于克服困难
	严谨认真，积极参与课堂
	演示文稿制作精美，汇报演讲能力强
评价反馈	自我评价：能对自身表现情况进行客观评价，能在任务实施过程中发现自身问题
	小组互评：客观、公正，能指出其他组的问题

(二)自我评价

请根据在课堂中的实际表现进行自我评价和自我反思。

序　　号	评 价 标 准	
1	接受工作任务	☆ ☆ ☆ ☆ ☆
2	前置知识	☆ ☆ ☆ ☆ ☆

续上表

序　号	评价标准	
3	能力评价	☆ ☆ ☆ ☆ ☆
4	素养评价	☆ ☆ ☆ ☆ ☆
自我反思：		

(三)小组互评

请小组之间根据在课堂中的实际表现进行小组互评。

序　号	评价标准	
1	接受工作任务	☆ ☆ ☆ ☆ ☆
2	前置知识	☆ ☆ ☆ ☆ ☆
3	能力评价	☆ ☆ ☆ ☆ ☆
4	素养评价	☆ ☆ ☆ ☆ ☆

(四)教师评价

项　目	项目内容	分值	得分
接受工作任务	明确工作任务，理解任务在企业工作中的重要程度	5	
前置知识	本次实训前需要掌握的知识程度	5	
能力评价	自动售票系统的操作与使用	10	
	故障的判断	10	
	自动售票系统应急处置	10	
	自动售票系统与传统售票系统功能切换	10	
素养评价	工作计划性强，安排得当	5	
	团队合作能力强，善于沟通合作	5	
	自主学习能力强，勇于克服困难	10	
	严谨认真，积极参与课堂	10	
	演示文稿制作精美，汇报演讲能力强	10	
评价反馈	自我评价：能对自身表现情况进行客观评价，能在任务实施过程中发现自身问题	5	
	小组互评：客观、公正，能指出其他组的问题	5	
得分(满分100)			

视野拓展

互联网 + 支付方式的变革:票卡虚拟化

随着智能手机的普及以及生物识别技术的发展,在票卡形式方面,车票不再是传统意义上的实体卡片,它演变为乘客乘坐轨道交通的虚拟凭证,如手机二维码、手机蓝牙、人体生物特征(如人脸、掌/指静脉、虹膜等)等。轨道交通采用互联网支付方式过闸的乘客比例逐步提高。据统计,2021 年底已有 17 座城市地铁互联网过闸客运量占比达到 40% 以上,有些城市甚至超过 60% 。

各大城市正在对生物识别过闸进一步深入挖掘,其中,人脸识别技术已在北京、济南、深圳、郑州、天津等城市地铁 AFC 系统中应用,福州、南宁、上海、合肥、贵阳、南京、广州等城市地铁 AFC 系统也在进行试点或试验。其他的新型识别技术也陆续上线,比如南宁地铁采用全态识别技术,福州地铁采用虹膜识别技术。在已经上线的生物识别技术试点案例中,广州地铁 APM 线广州塔站试点应用基于人脸生物特征识别的无感支付技术,已经运营 4 个月,注册量约 1.5 万人,日使用约 100 人次,票务异常 3 笔,异常率约万分之一。广州地铁通过此试点研究将在全线网应用生物特征识别技术(例如人脸识别技术)及非生物特征识别技术(例如射频识别及近距离蓝牙技术),结合乘客"画像"信息库,逐步将虚拟化票种向"无感支付"的无票卡化转变,实现乘客进出闸无感支付。

2019 年 3 月,深圳地铁在福田交通枢纽"5G + AI"体验区,设置了基于生物识别 + 信用支付的"无感乘车"闸机(图 2-35),实现乘客刷脸进出站的无感通行。2019 年 9 月,深圳地铁 11 号线上线人脸识别边门检票机(图 2-36),年满 60 周岁及以上的老人、残疾人等人士可使用边门检票机免费乘坐深圳地铁。该刷脸乘车服务基于人工智能技术,采用双目活体检测功能,老人只要通过智慧客服系统进行人脸注册成功后,即可通过人脸、指静脉、身份证等多模式组合验证,实现刷脸过闸,人脸验证最快仅需 0.3 秒。2021 年 9 月 1 日,成都地铁"智慧票务"正式上线。乘客可通过地铁 App 开通刷脸乘车,即可享受地铁全线刷脸过闸。

图 2-35 "无感乘车"闸机

图 2-36 智能生物识别边门闸机

任务四 智慧车站自动扶梯预警系统应用

学习目标

1. 区分智慧车站自动扶梯系统与既有电扶梯设备。
2. 掌握智慧车站自动扶梯系统架构及功能。
3. 掌握智慧车站自动扶梯系统预期效果。
4. 当智慧车站自动扶梯系统出现异常情况时，能迅速进行应急处置。

任务导入

在某城市，与该城市大型铁路客运站接驳的地铁车站迎来一年一度的春运大客流，车站出入口的电扶梯输送客流量明显增加，造成电扶梯电机温度明显上升，存在停梯风险。智慧车站自动扶梯预警系统（图 2-37）即时对自动扶梯电机温度进行超高报警，车站值班员发现高温报警后立即前往现场查看，并引导乘客乘坐其他扶梯或使用步梯。当扶梯上的乘客全部运送至出入口外后，值班员关停扶梯，摆放铁马，通知专业人员前往现场检查设备。自动扶梯预警系统在电机损坏停止运行前，发出预警信息，帮助工作人员提前预判设备风险，有效阻止了因设备故障造成的客伤事件的发生。

图 2-37 自动扶梯预警系统

本任务需要掌握自动扶梯预警系统的远程巡检功能及预警功能，通过对自动扶梯各项数据的分析和监控，提前预判自动扶梯的安全隐患，降低客伤风险，全面提升车站管理、服务、应急、智能化水平。

知识课堂

一、传统自动扶梯运维状况

现阶段，自动扶梯系统运行期间，重点故障表现在扶手带速度异常、踏板防盗、扶梯基坑水位超高（出入口扶梯）及扶梯启停失败等。在地铁运营线路增加及服务品质提升的双重影响下，电梯设备的数量将迅速增加，传统依靠人的维保模式将带来更多不可控的管理因素，且随着监管及维保力量的不断稀释，维保质量及设备健康状态将难以有效管控。同时，各车站及同一车站的不同电梯设备的使用频率、承载情况均存在较大差异，在现有设备健康状况评估力度有待细化的情况下，维保力量无法精准投放，从技术力量的配比及人员利用率两方面增加了运维成本。

根据电梯行业关于电梯设备“全生命周期管理”及“物联网+维保”新模式的相关要求，地铁车站标准化数据平台的构建显得尤为重要。标准化数据平台需兼容既有及后续品牌电梯设备物联网监控数据的接入，并通过对现有综合监控系统监测点进行补充强化，结合生产管理系统对电扶梯设备进行实时状态监测、健康评估、状态预警，对维保、大中修等工作提出精准建议，逐步实现电梯设备的智慧化维保及全生命周期管理。

二、智慧车站自动扶梯预警系统架构

1. 智慧车站自动扶梯预警系统硬件架构

自动扶梯运行状态预警系统主要由车站级综合监控服务器、中央级数据交换中心和监测终端组成，总体构成如图 2-38 所示。

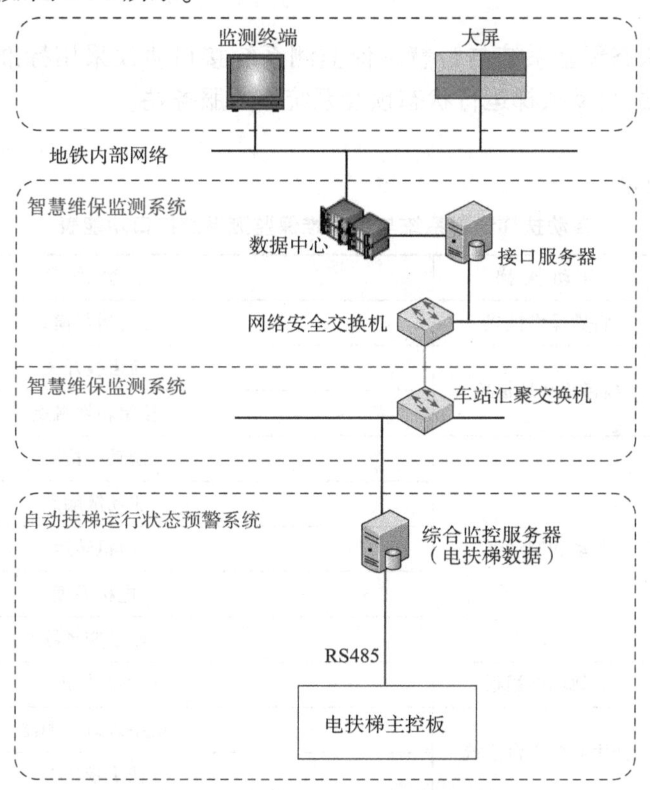

图 2-38　自动扶梯运行状态预警系统结构

自动扶梯运行状态预警需要对地铁车站原有自动扶梯主控制柜中相应部件进行升级，并通过 RS485 线将数据传至综合监控服务器，综合监控服务器将数据接入接口服务器，经接口服务器软件分析后将结果上传至智慧维保监测系统。自动扶梯数据主要从控制主板上采集，控制主板位置如图 2-39 所示。智慧车站自动扶梯预警系统在对既有设备改造时需保留原有电扶梯硬线急停功能，同时将原有监控硬线调整为 RS485 通信线使用。

2. 智慧车站自动扶梯预警系统接口

(1)接口分界

自动扶梯运行状态预警系统与智慧维保监测系统接口以车站汇聚交换机为界面。车站汇聚交换机由智慧维保监测系统提供并进行统一配置,接口采用RJ45以太网接口。

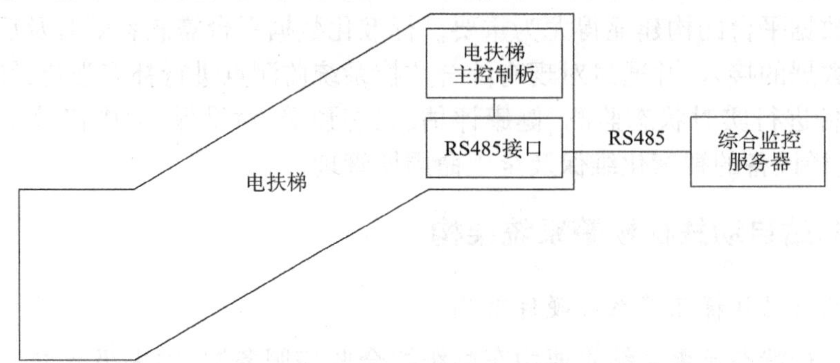

图2-39 自动扶梯预警系统控制主板位置

(2)接口协议

自动扶梯运行状态预警系统与智慧维保监测系统接口协议采用标准TCP/IP协议,智慧维保中心作为客户端,自动扶梯运行状态预警系统作为服务端。

(3)接口功能

接口功能见表2-2。

自动扶梯预警系统与智慧维保监测系统接口功能表　表2-2

序　号	自动扶梯	监测内容
1	特殊操作模式	停止运行模式
2	梳齿板和地板盖	梳齿板开关
3		楼层转换触点
4	驱动和制动器	制动衬检测
5		驱动链触点
6		电机转速
7		电机温度
8		驱动变频器
9	导轨和围裙板	裙边偏转触点
10	扶手和扶手带系统	扶手入口检测器
11		扶手带速度
12	梯级和踏板链	梯级和踏板速度
13		梯级和踏板位置
14		梯级、踏板和传感器
15	远程监控	自动扶梯运行状态
16	内部系统	安全链中段
17		控制柜温度
18		电源
19		紧急急停模块

三、智慧车站自动扶梯预警系统功能

1. 远程巡检

地铁车站自动扶梯系统在运行期间，车站控制室及调度大厅可以通过智慧车站运营服务系统远程监视设备运行状态，实现设备的远程巡检，如图 2-40 所示。

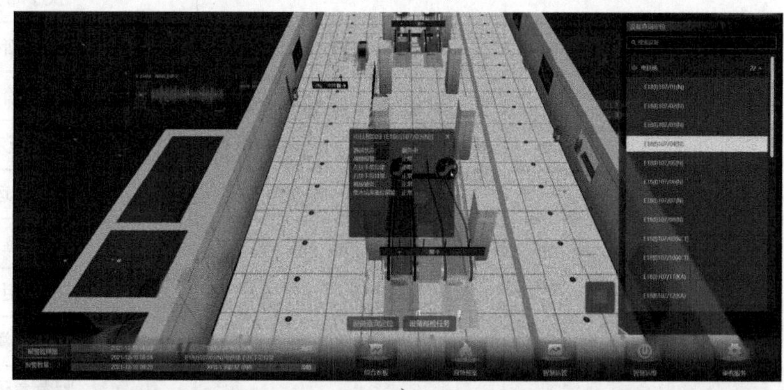

a)

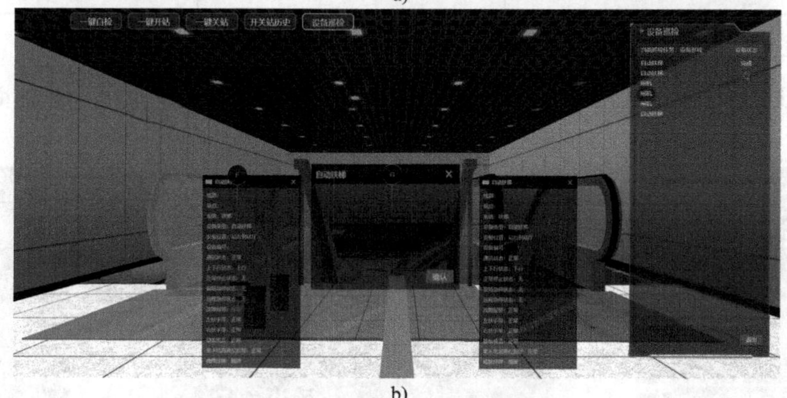

b)

自动扶梯远程巡检功能

图 2-40 自动扶梯远程巡检

自动扶梯远程巡检功能见表 2-3。

自动扶梯远程巡检内容 表 2-3

序号	自动扶梯	检测设备	检测内容
1	特殊操作模式	通过电扶梯控制主板采集扶梯运行情况，无须增加单独采集设备	停止运行模式
2	梳齿板和地板盖		梳齿板开关
3			楼层转换触点
4	驱动和制动器		制动衬检测
5			驱动链触点
6			电机转速
7			电机温度
8			驱动变频器

续上表

序号	自动扶梯	检测设备	检测内容
9	导轨和围裙板	通过电扶梯控制主板采集扶梯运行情况，无须增加单独采集设备	裙边偏转触点
10	扶手和扶手带系统		扶手入口检测器
11			扶手带速度
12	梯级和踏板链		梯级和踏板速度
13			梯级和踏板位置
14			梯级、踏板和传感器
15	远程监控		自动扶梯运行状态
16	内部系统		安全链中段
17			控制柜温度
18			电源
19			紧急急停模块

2. 故障快速定位

根据系统远程巡检信息在线监测，维保人员可精确定位故障原因（图 2-41），提高维修效率。

故障快速定位

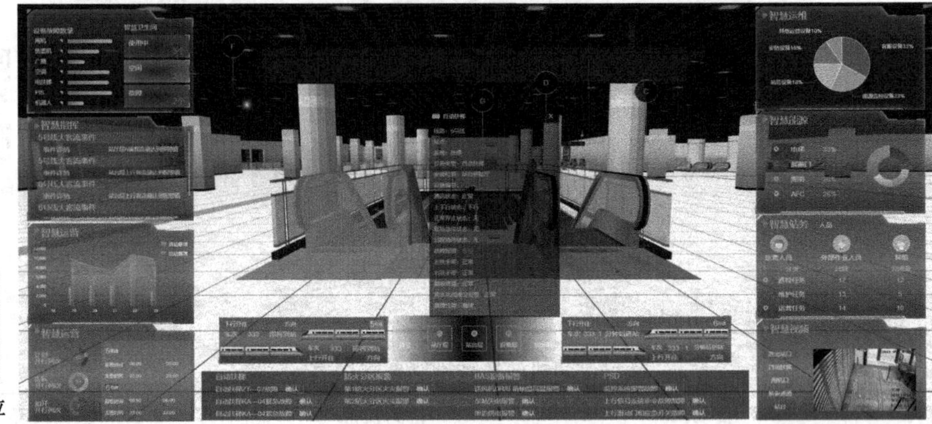

图 2-41　故障快速定位

3. 系统预警

系统预警功能如图 2-42、表 2-4 所示。

四、智慧车站自动扶梯预警系统预期效果

1. 优化修制修程（表 2-5）

2. 优化成本

通过系统监测设备关键参数分析替代传统人工巡检模式，对设备实时跟踪，了解设备运行

情况，减轻了人工巡检统计及巡检工作量，降低了人力、管理成本。

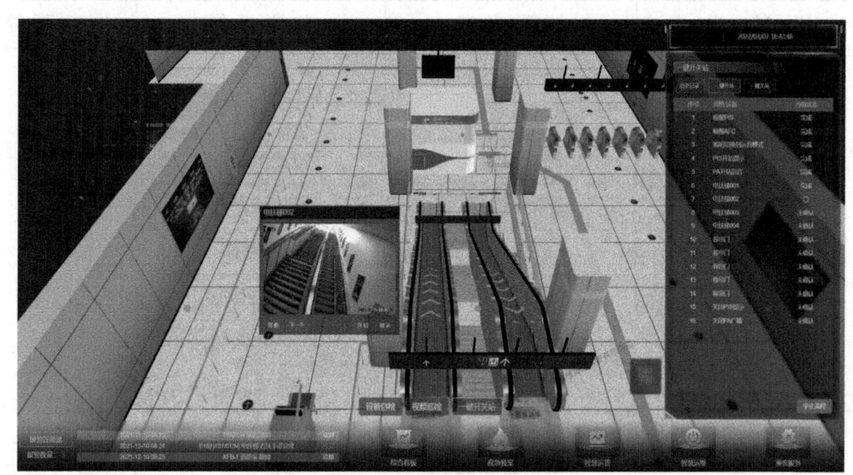

扶梯故障报警

图2-42　系统预警功能

系统预警功能　　表2-4

序　号	电　扶　梯	监 测 内 容	监 测 模 型	预 警 信 息
1	梳齿板、地板盖	梳齿板开关	开关量动作	电扶梯开启情况下将预警“电扶梯运行停止”
2		楼层转换触点	开关量动作	
3	驱动和制动器	制动衬检测	开关量动作	
4		驱动链触点	开关量动作	
5		电机转速	转速超限	
6		电机温度	温度超限	
7		驱动变频器	变频器故障	
8	导轨和围裙板	裙边偏转触点	开关量动作	
9	扶手和扶手带系统	扶手入口检测器	开关量动作	
10		扶手带速度	速度超限	
11	梯级和踏板链	梯级和踏板速度	速度超限	
12		梯级和踏板位置	开关量动作	
13		梯级、踏板和传感器	开关量动作	
14	内部系统	安全链中断	开关量动作	
15		控制柜温度	温度超限	
16		电源	电源异常	
17		紧急急停模块	开关量动作	

续上表

序　号	电　扶　梯	监测内容	监测模型	预警信息
18	梳齿板、地板盖	梳齿板开关	开关量动作	电扶梯未开启情况下将预警“无法开启”
19		楼层转换触点	开关量动作	
20	驱动和制动器	制动衬检测	开关量动作	
21		驱动链触点	开关量动作	
22		电机转速	转速超限	
23		电机温度	温度超限	
24		驱动变频器	变频器故障	
25	导轨和围裙板	裙边偏转触点	开关量动作	
26	扶手和扶手带系统	扶手入口检测器	开关量动作	
27		扶手带速度	速度超限	
28	梯级和踏板链	梯级和踏板速度	速度超限	
29		梯级和踏板位置	开关量动作	
30		梯级、踏板和传感器	开关量动作	
31	远程监控	自动扶梯运行状态	只监不控，不影响设备运行	
32	内部系统	安全链中断	开关量动作	
33		控制柜温度	温度超限	
34		电源	电源异常	
35		紧急急停模块	开关量动作	

电扶梯预警系统修制修程对比 表2-5

序　号	巡检内容	优化前	优化后
1	停止运行模式	系统巡检	系统巡检
2	梳齿板开关	无	系统巡检
3	楼层转换触点	无	系统巡检
4	制动衬检测	无	系统巡检
5	驱动链触点	无	系统巡检
6	电机转速	无	系统巡检
7	电机温度	无	系统巡检
8	驱动变频器	无	系统巡检
9	裙边偏转触点	无	系统巡检
10	扶手入口检测器	无	系统巡检
11	扶手带速度	无	系统巡检
12	梯级和踏板速度	无	系统巡检
13	梯级和踏板位置	无	系统巡检

续上表

序　　号	巡检内容	优化前	优化后
14	梯级、踏板和传感器	无	系统巡检
15	自动扶梯运行状态	无	系统巡检
16	安全链中段	无	系统巡检
17	控制柜温度	无	系统巡检
18	电源	无	系统巡检
19	紧急急停模块	系统巡检	系统巡检

3.提升效率

自动扶梯运行状态预警系统通过实时状态监测，进行数据分析，提高了自动扶梯紧急故障的预警能力，为检修提供更有针对性的数据支撑。

五、智慧车站自动扶梯预警系统应急处置措施

针对自动扶梯预警系统故障，造成设备远程巡检及预警功能失效的情况，当班人员需按照以下流程进行判断与处置。

(1)自动扶梯预警系统报“电扶梯运行停止”或“无法开启”时，现场人员通过综合监控系统查看报警信息，通过电扶梯预警功能对照表快速定位故障点，现场进行设备修复。

(2)智慧维保监测系统显示自动扶梯预警系统离线。若智慧维保监测系统显示包含自动扶梯预警系统的多个系统离线，则故障点出现在综合监控服务器与智慧维保监测系统，此时可通过重启综合监控服务器尝试修复。若智慧维保监测系统仅显示自动扶梯预警系统离线，则故障点出现在电扶梯控制板与综合监控服务器之间，此时需排查电扶梯控制板与综合监控之间的通信状态。

(3)在自动扶梯预警系统显示故障且无法恢复时，自动扶梯运行期间无法实现预警功能。车站工作人员通知扶梯维保单位进行设备状态监控并现场值守。

实际案例

人工智能走进武汉地铁5号线，危险乘扶梯行为可自动识别报警

2021年12月26日，“无人驾驶”的武汉地铁5号线正式开通，这条“聪明”的地铁线，首次运用了众多人工智能科技。在地铁5号线的换乘站——徐家棚站内，有一台智慧自动扶梯监测系统，可通过人工智能技术(AI)轻松识别危险乘梯行为(图2-43)，并实现及时预警，有效降低扶梯安全事故发生的概率，守护乘客的出行安全，这也是武汉地铁首次运用该项技术。

当乘客携带大件行李在扶梯入口停留时，布设在附近的摄像头就会及时捕捉这一危险动作，并发出“大件行李请走直梯!”的语音劝阻，大屏幕还会播放当前发生危险行为的实时画面，声画同步，警示效果立体生动。同时，现场视频数据也会实时反馈到系统终端，帮助地铁管理人员更好地进行现场调控。

这套AI监测系统由国内自主研发，拥有更高的识别准确率和安装便捷性。目前通过AI

技术可以识别跌倒、逆行、扶梯入口处人员拥挤、大物体滞留、婴儿车5类可导致乘梯危险的状况。在没有危险乘梯行为发生时，系统界面还将循环播放近期识别的危险行为画面，对路过的乘客起到有效的警示作用。为了充分保障乘客的隐私权，此套系统画面中出现的人脸均进行模糊处理。

根据中国电梯协会的统计，一些乘梯事故很大部分原因是不当的乘梯行为导致的，因逆行、大物体滞留等不当行为引发的事故尤其多发。智慧乘梯监测系统的应用，能够有效识别多种危险乘梯行为，第一时间干预，降低事故的发生率。

图2-43　武汉地铁5号线AI扶梯预警

任务实施及评价

智慧车站自动扶梯预警系统应用及故障应急处置

学院		专业	
姓名		学号	
小组成员		组长姓名	

一、工作任务场景

以地铁公司电扶梯检修工的身份进入智慧车站自动扶梯预警系统工作环境，按照自动扶梯维保要求，开展自动扶梯日常检修、历史记录导出、设备运行状态检查及应急处置工作。

二、前置知识

1. 简述地铁车站传统的自动扶梯操作、运作及维保方式。

2. 简述现阶段自动扶梯重点故障内容。

3. 简述自动扶梯预警系统的架构及功能。

三、任务实施

任务实施内容
1. 对既有自动扶梯系统的认知
1.1　了解现阶段自动扶梯重点故障内容
1.2　了解现阶段自动扶梯运维重难点
1.3　了解现阶段电梯行业对电梯设备的相关要求
2. 对智慧车站自动扶梯预警系统架构的认知
2.1　熟悉自动扶梯预警系统的总体架构
2.2　熟悉自动扶梯预警系统的接口类型
2.3　独立操作综合监控系统进入自动扶梯预警系统监控页面
3. 智慧车站自动扶梯预警系统检修及功能使用
3.1　对传统的电扶梯系统不同部位开展检测工作
3.2　独立完成传统电扶梯系统及智慧车站自动扶梯预警系统操作
3.3　利用自动扶梯预警系统的不同检测手段，对电扶梯系统的各个零部件开展检测工作
3.4　能够通过上位系统在电扶梯不同工况下调出在线监测的预警内容
3.5　掌握地铁车站新增自动扶梯预警系统后的预期效果

续上表

任务实施内容
4. 对智慧车站自动扶梯预警系统接口的认知
4.1　掌握智慧车站电扶梯预警系统的接口分界
4.2　掌握智慧车站电扶梯预警系统的接口协议
4.3　掌握智慧车站电扶梯预警系统的接口功能
5. 对智慧车站自动扶梯预警系统应急处置措施的认知
5.1　掌握通过智慧维保监测系统预警信息确定电扶梯故障点的方法
5.2　掌握智慧车站自动扶梯预警系统离线的应急处置措施和故障点的判断
5.3　掌握设备故障且无法恢复的应急处置措施

四、评价反馈

（一）评价标准

项　　目	项 目 内 容
接受工作任务	明确工作任务，理解任务在企业工作中的重要程度
前置知识	本次实训前需要掌握的知识程度
能力评价	智慧车站自动扶梯预警系统操作
	智慧车站自动扶梯预警系统检测的部位和内容
	智慧车站自动扶梯预警系统故障应急处置
	故障处置后续措施
素养评价	工作计划性强，安排得当
	团队合作能力强，善于沟通合作
	自主学习能力强，勇于克服困难
	严谨认真，积极参与课堂
	演示文稿制作精美，汇报演讲能力强
评价反馈	自我评价：能对自身表现情况进行客观评价，能在任务实施过程中发现自身问题
	小组互评：客观、公正，能指出其他组的问题

（二）自我评价

请根据在课堂中的实际表现进行自我评价和自我反思。

序号	评 价 标 准	
1	接受工作任务	☆ ☆ ☆ ☆ ☆
2	前置知识	☆ ☆ ☆ ☆ ☆
3	能力评价	☆ ☆ ☆ ☆ ☆
4	素养评价	☆ ☆ ☆ ☆ ☆
自我反思：		

续上表

(三)小组互评

请小组之间根据在课堂中的实际表现进行小组互评。

序　号	评 价 标 准	
1	接受工作任务	☆ ☆ ☆ ☆ ☆
2	前置知识	☆ ☆ ☆ ☆ ☆
3	能力评价	☆ ☆ ☆ ☆ ☆
4	素养评价	☆ ☆ ☆ ☆ ☆

(四)教师评价

项　目	项 目 内 容	分值	得分
接受工作任务	明确工作任务,理解任务在企业工作中的重要程度	5	
前置知识	本次实训前需要掌握的知识程度	5	
能力评价	智慧车站自动扶梯预警系统操作	10	
	智慧车站自动扶梯预警系统检测的部位和内容	10	
	智慧车站自动扶梯预警系统故障应急处置	10	
	故障处置后续措施	10	
素养评价	工作计划性强,安排得当	5	
	团队合作能力强,善于沟通合作	5	
	自主学习能力强,勇于克服困难	10	
	严谨认真,积极参与课堂	10	
	演示文稿制作精美,汇报演讲能力强	10	
评价反馈	自我评价:能对自身表现情况进行客观评价,能在任务实施过程中发现自身问题	5	
	小组互评:客观、公正,能指出其他组的问题	5	
得分(满分100)			

视野拓展

居安思危多备虑:“黑天鹅”事件,“灰犀牛”事件

“黑天鹅”事件是指难以预测,但突然发生时会引起连锁反应、带来巨大负面影响的小概率事件。它存在于自然、经济、政治等各个领域,具有发生概率很小、高度不可预测性、一旦发生会带来严重后果等特征。“黑天鹅”事件虽然属于偶然事件,但如果处理不好就会导致系统性风险,产生严重后果。

“灰犀牛”事件主要指明显的、高概率的却又屡屡被人忽视、最终有可能酿成大危机的事件。此类事件在社会各个领域都会出现,发酵之前往往不被重视,或者被当作一种正常的现象,以致错失了最好的处理或控制风险的时机,最后可能导致极其严重的后果。

智慧车站自动扶梯预警系统的远程巡检功能及预警功能，通过对自动扶梯各项数据的分析和监控，可以提前预判自动扶梯的安全隐患，降低客伤风险，尽量避免地铁车站自动扶梯发生“黑天鹅”事件、“灰犀牛”事件。

任务五 智慧车站一键开关站应用

学习目标

1. 区分智慧车站一键开关站系统与既有开关站。
2. 掌握智慧车站一键开关站系统架构及功能。
3. 掌握智慧车站一键开关站系统预期效果。
4. 智慧车站一键开关站系统出现异常情况时，会迅速进行应急处置。

任务导入

某城市地铁线路开展了一键开关站试点项目。将某地铁车站既有综合监控系统功能接入车站一体化管控系统，为车站管理人员提供统一的车站管理界面，实现一键开关站智能功能，实现全站的统一管理，提升车站的运营服务质量，保障车站的运营安全，提高车站人员复合能力，降低运营综合成本，起到示范性作用，如图 2-44 所示。

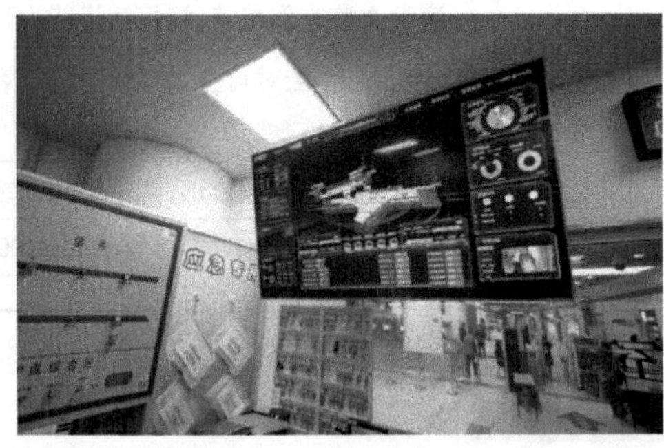

图 2-44 天津地铁智慧车站示范站

本任务需要掌握综合监控信息互联互通一体化融合、智慧开关站等功能，通过自动化控制技术和智能化分析技术的应用和信息化系统集成，全面提升车站管理、服务、应急、智能化水平。

知识课堂

一、传统开关站运作模式

传统开关站由行车值班员、客运值班员、值班站长、售票岗等根据调度命令，在首班载客车到站前 30 分钟开始开站程序，在末班车结束前 30 分钟开始关站程序。开关站程序主要包括手动开启扶梯、卷帘门设备，检查广播、PIS、CCTV、一类导向、照明、通风、AFC、边门等设备运行状态。具体的传统开关站操作流程见表2-6。IBP盘操作站台门开关,确保应急情况下不影响行车,开关站耗时较长,效率偏低。

传统开关站操作流程 表2-6

开关站程序	责任人	内容
开站	行车值班员	首班载客列车到站前30分钟,根据电调命令,开启环控系统、照明、导向、PIS、CCTV等,注意检查公共区导向灯箱是否正确
	客运值班员	在首班载客列车到站前30分钟完成TVM加币、加票工作,并检查AFC设备是否处于正常运营状态
	值班站长	在首班载客列车到站前30分钟内完成扶梯、升降梯开启工作
	站台岗/值班员/值班站长	接发通勤车
	保洁人员	在首班载客列车到站前15分钟完成卫生间清扫工作
	售票岗	首班载客列车到站前12分钟到岗,锁闭边门
	值班站长/行车值班员	值班站长于首班载客列车到站前10分钟完成出入口开启工作,卷帘门有地锁的车站注意打开地锁,以免损坏设备;其中,IBP盘有开启出入口卷帘门功能的车站,由行车值班员在确保安全的前提下操作IBP盘按钮开启出入口卷帘门,开启前应严密监控出入口环境,确保无安全隐患
	站台岗	首班载客列车到站前10分钟领齐备品到岗
	值班站长	检查照明、通风、导向、电扶梯、AFC、边门、PIS、CCTV等设备情况,人员到位情况,卫生情况
关站	行车值班员	在相应方向尾班车发出前30分钟,播放"尾班车预告"广播,每5分钟播放一次
		在相应方向尾班车进站前1分钟,播放"尾班车进站"广播,播放2次
	值班站长	在末班载客车服务时间前15分钟到公共区进行尾班车服务工作
	行车值班员	在末班载客车服务时间前5分钟关闭自动售票机,通知各岗位,各岗位人员须告知乘客相关信息,停止该方向售票
	值班站长	本站末班车开出后,检查车站的各个角落,保证站内无乘客及车站以外人员。清站时做好岗位之间衔接,保证不留死角,对易滞留人员的处所(如厕所、生活区通道、出入口、站台四角)进行重点清理
		末班载客列车开出后30分钟内,关停扶梯
		末班载客车开出后15分钟,关闭出入口和连通地面的升降梯,出入口卷帘门须用地锁的车站注意加锁
	行车值班员	末班载客列车结束前30分钟内关闭车站大系统,运营结束后,根据电调命令,执行相应的照明、导向模式
	值班站长	确认清站、出入口关闭,扶梯、照明、TVM、PIS、CCTV关闭等情况

二、智慧车站一键开关站系统架构

一键开关站利用既有综合监控系统与各子系统接口实现开关站功能，系统结构如图 2-45 所示。

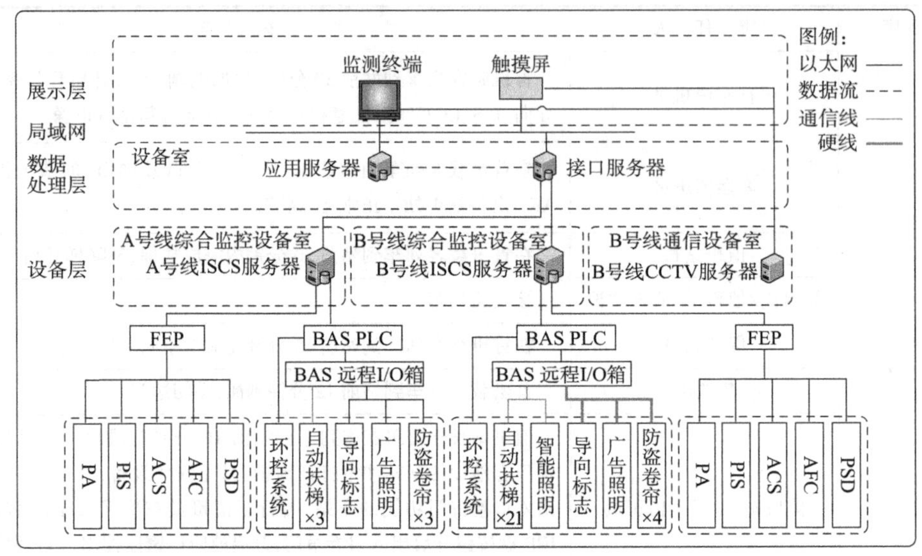

图 2-45 一键开关站系统结构

1. 一键开关站系统硬件组成

(1)综合监控系统(ISCS)接口

智慧车站系统放线至线路综合监控系统网络交换机处。智慧车站系统为客户端，原线路综合监控系统为服务端，采用标准 ModbusTCP 协议。综合监控系统上传本线路所有数据信息，负责对本线路数据协议的转换，将转换后的信息发送给智慧车站系统。综合监控系统接受控制指令后执行并反馈执行结果。智慧车站系统接收各线路上传的运营数据，用以监视各线路相关服务指标的执行情况，并为各种统计分析、决策、规划积累基础数据，根据控制点位信息下发控制。

(2)防盗卷帘门接口

车站防盗卷帘门系统增加终端控制箱，采用硬线连接，接口类型为无源常开触点。终端控制箱接收控制信号后开启/关闭/停止防盗卷帘，信号自保持。智慧车站系统通过输入、输出开关量信号实时展示卷帘门状态，并能够执行开、关门命令。防盗卷帘门接口图如图 2-46 所示。

图 2-46 防盗卷帘门接口图

一键开关站——卷帘门

(3)扶梯接口(图2-47)

车站综合监控系统BAS PLC与自动扶梯之间通过RS485或硬线连接,负责智慧车站协议或无源开关量信号转换,通过智慧车站工作站实现对扶梯运行、停止状态的控制,监视运行状态。电扶梯通过与智慧车站的通信接口,上传自动扶梯的状态到车站综合监控系统,根据指令完成扶梯的自检并唤醒、休眠和停机。

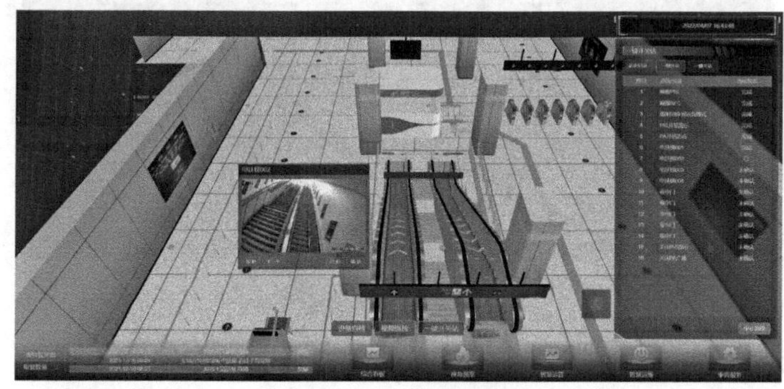

一键开关站——扶梯

图2-47　扶梯接口图

(4)自动售检票系统接口(图2-48)

利用车站综合监控系统与自动售检票系统既有接口,根据车站开关站需求,自动向自动售检票系统发送控制指令。自动售检票系统在接受控制指令后执行末端设备的休眠、唤醒功能。

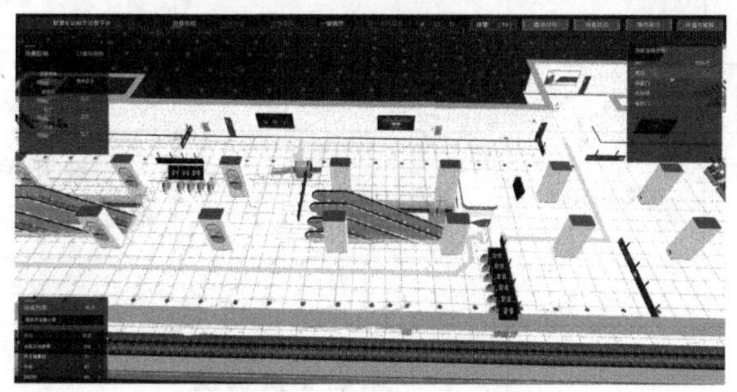

图2-48　AFC系统接口图

(5)PIS、PA系统接口(图2-49、图2-50)

利用车站综合监控系统与AFC系统既有接口,在运营期间与非运营期间执行PIS系统的休眠、唤醒功能。根据车站开关站需求,自动向PIS系统发送控制指令。PIS、PA系统接受控制指令并执行设备休眠、唤醒功能。

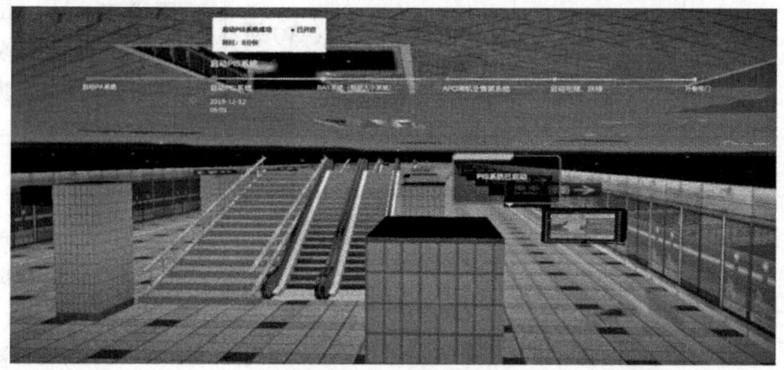

图2-49　PIS系统接口图

2. 一键开关站系统软件组成

基于智慧车站系统的一键开关站模块，包含综合监控系统软件工程改造，新增电扶梯、防盗卷帘门控制功能，增加 AFC、PIS 系统设备休眠、唤醒功能。

图 2-50　PA 系统接口图

3. 一键开关站接口界面划分

智慧车站一键开关站系统接口界面见表 2-7。

智慧车站一键开关站系统接口界面　　表 2-7

序号	项　目	接口关系			
		负责专业 1	内容	负责专业 2	内容
一、智慧车站系统接口					
1	ISCS 服务器接口	ISCS 系统		一键开关站监测终端	
二、ISCS 系统接口					
1	接入 ISCS 系统的子系统（BAS、PA、PIS、AFC、PSD）	ISCS 专业	ISCS 系统交换机或 FEP 至接入系统设备接线端子侧（不含端子）以外的线缆及设备维护与管理	接入系统（BAS、PA、PIS、AFC、PSD）	接入系统设备接线端子侧（含端子）的设备维护与管理
2	IBP 盘	ISCS 专业	IBP 接线端子（含）至盘面线缆的维护	硬线接入 IBP 盘的系统设备	IBP 接线端子（不含接线端子）至接入 IBP 盘的系统设备及线缆维护
三、BAS 系统接口					
1	环控系统	BAS 专业	环控柜端子（不含端子）以外的线缆及设备维修与管理	环控通风	负责管控柜端子及末端风机风阀执行器及本体（含接线端子）的维修与管理

续上表

序号	项目	接口关系			
		负责专业1	内容	负责专业2	内容
2	智能照明、智能导向、广告照明	BAS专业	至智能照明、智能导向、广告照明接线端子（不含端子）外侧的线缆及设备维护	智能照明、智能导向、广告照明	智能照明、智能导向、广告照明接线端子侧（含端子）的设备维护与管理
3	与电梯及自动扶梯	BAS专业	至电梯及自动扶梯控制箱接线端子（不含端子）以外的线缆及设备维修与管理	电扶梯专业	负责电梯及自动扶梯控制箱接线端子侧（含端子）的设备维护与管理

三、智慧车站一键开关站系统功能

1.一键开站功能

（1）开站条件检测：检测各系统设备进入正常工作模式，唤醒AFC、PIS设备，检查各系统报警情况（重要设备），检测智能边门状态，提醒边门未关闭信息，进行站台门系统工作状态自动检测，判断IBP、PSL状态是否处于禁止状态。

（2）播放开站广播，提醒出口和自动扶梯人员远离设备；联动开站PIS显示，提醒站内人员远离设备。

一键开站

（3）检查并开启车站照明，由场景节能模式转入正常照明，开启广告灯箱一类导向，飞顶灯开启，系统自检区间照明和区间疏散指示灯状态是否正常；远程开启车站其他装饰类或商业电器，如LED屏、广告屏、各类艺术墙背景灯和商业设施用电。

（4）检查并开启车站运营正常环控模式。

（5）CCTV联动自动扶梯画面，确认无人后自动开启。多画面多组扶梯为一组，依照扶梯编号顺序显示扶梯监视画面，车站工作人员视频监控确认每组扶梯状态安全后，人工远程开启该组扶梯，并设置较长时间的变频运行过程。扶梯显示故障信息时不启动故障电梯。

（6）CCTV联动出入口画面，确认无人后自动开启卷帘。

2.一键关站功能

（1）CCTV轮巡车站各区域，确定车站无乘客后，播放关站广播，提醒出口和自动扶梯人员远离设备；联动关站PIS显示，提醒站内人员远离设备。

（2）CCTV轮巡出入口画面，关闭防盗卷帘门。

一键关站

（3）公共区照明切换至1/4模式、关闭广告灯箱照明、关闭飞顶灯；远程关闭车站其他装饰或商业电器，如LED屏、广告屏、各类艺术墙背景灯和商业设施用电。

（4）大系统模式切换至停运模式。

(5)休眠非运营期不需投用设备,如 AFC、PIS;释放边门门禁。

(6)CCTV 轮巡扶梯,确认无人后关闭扶梯。

四、智慧车站一键开关站系统预期效果

一键开关站系统的统一调度和程序控制,可以根据车站具体情况及设备动作标准,快速准确地完成车站开关的相关流程和设备动作确认。站务人员能在车控室操作和确认,快速准确地完成车站开关站前置条件检查和设备启停,减少了车站工作人员现场开关设备的时间,提高了效率。

(1)安全方面,一键开关站能执行车站关站后及运营前功能,对乘客安全乘车无影响。电扶梯在线监测,不降低电扶梯的安全性。视频分析功能单独设置一台视频分析服务器,对安全无影响。

(2)稳定性方面,一键开关站是综合监控系统新增的子功能,在开关站执行过程中可选择需执行的功能且执行过程中可选择中断,对综合监控系统功能无影响。

(3)效率性方面,对全站机电设备集中监控,提升车站集中管理和客运组织的协调效率。实现全站扶梯、出入口防盗卷帘门远程启停,AFC、环控系统、PA/PIS、智能照明、站台门系统工作状态的自动检测和一键开关功能,大大提升车站开关站效率。如对扶梯设备进行补强后,能在故障发生时,自动获取故障信息,并将故障信息推送给管理及维保人员,实现现场情况远程掌控,可视情况安排支援人员,大大提高设备恢复的效率,同时可初步估计故障恢复时间。视频分析功能可实现扶梯乘客异常行为分析,为车站安全运营提供可靠保障。

五、智慧车站一键开关站系统故障应急处置措施

针对一键开关站系统故障,无法实现系统自动开关站功能的情况时,当班人员需按照以下流程进行检测分析。

(1)故障判断

通过现场检查防盗卷帘、PA、PIS、环控系统、车站照明、电扶梯等末端设备是否按照预定程序执行开站、关站流程,判断故障点位置。若全部末端设备无法执行开关站程序,则故障点在智慧车站与 ISCS 接口处;若部分设备无法执行开关站程序,则故障点在 ISCS 及其子系统处。

(2)应急处置

首先断开智慧车站一键开关站系统与 ISCS 服务器接口(必要时可手动断开接线),其次通过综合监控工作站依次执行开站、关站程序,若末端设备仍无法按照预设程序动作,则车站人员根据“传统开关站操作流程”对末端设备进行现场操控。

(3)后续措施

按照智慧车站系统维修手册,依次对一键开关站系统监测终端、应用服务器、接口服务器、ISCS 服务器重启,检查系统网络通信状态,检查末端设备通信状态。

课堂交流

请通过列表对比智慧车站一键开关站和传统开关站的区别。

任务实施及评价

智慧车站一键开关站应用及故障应急处置

学院		专业	
姓名		学号	
小组成员		组长姓名	

一、工作任务场景

分别以综合监控系统检修工和地铁车站值班站长的身份进入智慧车站一键开关站系统工作环境，按照实际生产需求，开展地铁车站检查、一键开关站日常操作及应急处置工作。

二、前置知识

1. 简述地铁车站传统开关站的操作流程。

2. 简述综合监控系统与一键开关站之间的关系。

3. 简述一键开关站相对于传统开关站操作上的优势。

三、任务实施

任务实施内容
1. 开站检测
1.1　在设置的开站时间段内能够正常进入开站功能操作界面
1.2　对各系统正常工作模式进行判断
1.3　AFC、PIS 设备是否成功唤醒
1.4　通过综合监控系统检查各系统报警情况(重要设备)
1.5　成功调出综合监控门禁页面;能够识别智能边门状态,检查是否有边门未关闭信息提示
1.6　站台门系统工作状态自动检测
1.7　判断 IBP、PSL 状态是否处于禁止状态
2. 开始进行一键开站操作
2.1　播放开站广播,操作广播监听判断开站广播是否正常播放,内容应为“提醒出口和自动扶梯人员远离设备”
2.2　通过 CCTV 检查,联动开站的 PIS 显示,提醒站内人员远离设备
2.3　检查自动开启的车站照明,由场景节能模式转入正常照明
2.4　判断是否开启广告灯箱一类导向,飞顶灯开启
2.5　查看系统自检区间照明和区间疏散指示灯状态是否正常

续上表

任务实施内容
2.6 查看是否远程开启车站其他装饰类或商业电器，如 LED 屏、广告屏、各类艺术墙背景灯和商业设施用电
2.7 检查并开启车站运营正常环控模式
2.8 CCTV 联动自动扶梯画面，确认无人后自动开启，确认开启状态；多画面多组扶梯为一组，依照扶梯编号顺序显示扶梯监视画面，车站工作人员视频监控确认每组扶梯状态安全后，人工远程开启该组扶梯，并设置较长时间的变频运行过程。扶梯显示故障信息时不启动故障梯
2.9 CCTV 联动出入口画面，确认无人后自动开启卷帘
3.关站检查
3.1 在设置的关站时间段内能正常进入一键关站操作界面
3.2 CCTV 轮巡功能正常，可进行轮巡功能操作
3.3 检测各系统设备是否是正常工作模式
4.开始进行一键关站操作
4.1 播放关站广播，操作广播监听判断开站广播是否正常播放，内容应为“提醒出口和自动扶梯人员远离设备”
4.2 检查是否联动 PIS 显示关站，提醒站内人员远离设备
4.3 CCTV 轮巡出入口画面，无人时关闭防盗卷帘门
4.4 检查公共区照明正常切换至 1/4 模式、关闭广告灯箱照明、关闭飞顶灯
4.5 检查是否远程关闭车站其他装饰或商业电器，如 LED 屏、广告屏、各类艺术墙背景灯和商业设施用电
4.6 确认大系统模式切换至停运模式
4.7 确认非运营期不需投用设备休眠状态，如 AFC、PIS；释放边门门禁
4.8 CCTV 轮巡扶梯，确认无人后关闭扶梯
5.故障的判断
5.1 单个末端系统设备故障的判断：现场检查防盗卷帘、PA、PIS、环控系统、车站照明、电扶梯等末端设备是否按照预定程序执行开关站流程，判断故障点位置，准确描述故障设备位置
5.2 下发开关站命令执行失败或无法执行：全部末端设备无法执行开关站程序，判断故障点在智慧车站与 ISCS 接口处或在 ISCS
5.3 部分设备无法执行开关站程序：判断故障点在 ISCS 及其子系统处
5.4 通知机电调度，准确描述现场情况和对故障的初步判断
6.故障的应急操作
6.1 操作断开智慧车站一键开关站系统与 ISCS 服务器接口，必要时通过断开线路连接
6.2 通过车控室综合监控工作站依次执行开站、关站程序
6.3 若末端设备仍无法按照预设程序动作，则车站人员根据“传统开关站操作流程”对末端设备进行现场操控
7.后续处置
7.1 按照智慧车站系统维修手册，依次对一键开关站系统监测终端、应用服务器、接口服务器、ISCS 服务器重启，检查系统网络通信状态，检查末端设备通信状态

续上表

四、评价反馈

(一)评价标准

项目	项 目 内 容
接受工作任务	明确工作任务,理解任务在企业工作中的重要程度
前置知识	本次实训前需要掌握的知识程度
能力评价	一键开关站系统操作
	开关站设备动作状态确认
	一键开关站故障应急处置
	故障处置后续措施
素养评价	工作计划性强,安排得当
	团队合作能力强,善于沟通合作
	自主学习能力强,勇于克服困难
	严谨认真,积极参与课堂
	演示文稿制作精美,汇报演讲能力强
评价反馈	自我评价:能对自身表现情况进行客观评价,能在任务实施过程中发现自身问题
	小组互评:客观、公正,能指出其他组的问题

(二)自我评价

请根据在课堂中的实际表现进行自我评价和自我反思。

序号	评 价 标 准	
1	接受工作任务	☆ ☆ ☆ ☆ ☆
2	前置知识	☆ ☆ ☆ ☆ ☆
3	能力评价	☆ ☆ ☆ ☆ ☆
4	素养评价	☆ ☆ ☆ ☆ ☆

自我反思:

续上表

（三）小组互评

请小组之间根据在课堂中的实际表现进行小组互评。

序　　号	评价标准	
1	接受工作任务	☆ ☆ ☆ ☆ ☆
2	前置知识	☆ ☆ ☆ ☆ ☆
3	能力评价	☆ ☆ ☆ ☆ ☆
4	素养评价	☆ ☆ ☆ ☆ ☆

（四）教师评价

项　　目	项目内容	分值	得分
接受工作任务	明确工作任务，理解任务在企业工作中的重要程度	5	
前置知识	本次实训前需要掌握的知识程度	5	
能力评价	一键开关站系统操作	10	
	开关站设备动作状态确认	10	
	一键开关站故障应急处置	10	
	故障处置后续措施	10	
素养评价	工作计划性强，安排得当	5	
	团队合作能力强，善于沟通合作	5	
	自主学习能力强，勇于克服困难	10	
	严谨认真，积极参与课堂	10	
	演示文稿制作精美，汇报演讲能力强	10	
评价反馈	自我评价：能对自身表现情况进行客观评价，能在任务实施过程中发现自身问题	5	
	小组互评：客观、公正，能指出其他组的问题	5	
得分（满分100）			

视野拓展

四两拨千斤

“四两拨千斤”之说最早见于王宗岳《太极拳论》一文，原文意指太极拳技击术是一种含高度功力技巧，不以拙力胜人的功夫。一键式开关有异曲同工之妙。

成都地铁17号线所有车站升级设置了“一键开关站功能”。该功能在既有线“一键开关站”功能的基础之上，优化了开关站的联动项目和流程，将原来需要人工前往现场开启或关闭的电扶梯及车站卷帘门联动至一键开关站的全流程，同时升级了自动售票系统、门禁设备自检功能和人机操作界面。

成都地铁17号线一键开关站

工作人员只需在综合监控工作站操作一键开站或关站控制指令，便可开启或关闭车站环控系统、照明、导向、电扶梯、卷帘门等设备，实现了远程化、智能化的车站运作新尝试，续航智慧运营新模式。

任务六 智慧车站换乘融合应用

学习目标

1. 区分智慧车站换乘融合与传统换乘站之间的差异。
2. 掌握智慧车站换乘融合架构及功能。
3. 掌握智慧车站换乘融合预期效果。
4. 智慧车站换乘融合设备出现异常情况时，会迅速进行应急处置。

任务导入

某城市轨道交通新建线路因建设需要，对先期建成的 1 号线车站部分进行了换乘改造，实现了该换乘车站的智慧化融合（图 2-51）。具体为，将原 1 号线车站部分的车控室监控功能集成至新建车控室中，设置车站值班员 1 名，其他岗位人员相应减少，做到了“减人不减服务”。例如，在完成改造后的第一个“五一”长假前最后一个工作日下班高峰期，1 号线站厅发生大客流现象，值班员立即在新线车控室启用人工广播，对客流管制信息进行全站通报，车站客流在广播通报下有序移动，有效避免了客流积压等异常情况的发生。

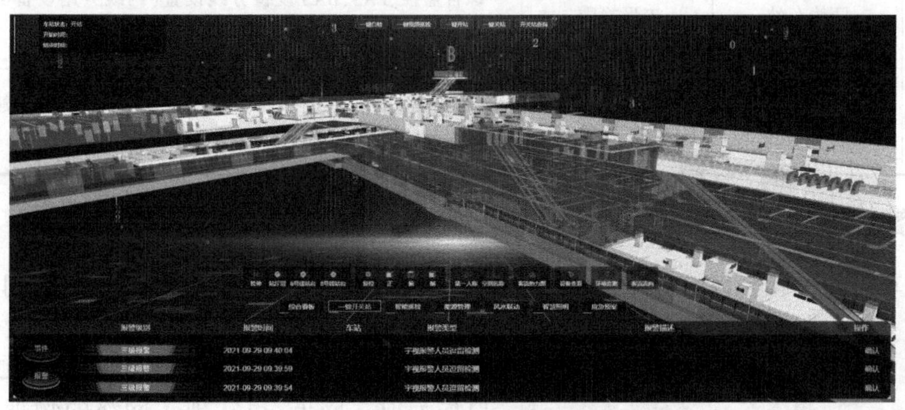

图 2-51　换乘融合界面

本任务需要掌握智慧车站换乘融合工作原理和作用，能根据融合后车站的架构和接口界面等信息对设备有效使用和维保，全面提高站务人员对全站状态感知，更有效指导设备的运维管理。

知识课堂

一、传统换乘站现状

传统换乘车站是以线路为单位，按规划建设线路分期分线独立建设。特别是综合监控系统不同集成商的组态软件出现在同一个换乘站中，使得客运管理部门针对换乘站实际需要不得不以线路为单位独立配置值班员。换乘站综合监控系统现状见表2-8。两线换乘站至少两个班组同时上岗，管理各自线路部分的业务，且两组人员不经过培训无法直接上岗，使得车站出勤人员较多，工作效率还有很高的提升空间。

换乘站综合监控系统现状 表2-8

序号	车站数量	换乘方式	综合监控系统
1	两线车站	站厅换乘	综合监控、FAS、BAS设备分线设置（两线共用设备由先建线监控），但有两线互联互通火灾信息的接口
2	两线车站	垂直换乘	综合监控、FAS、BAS设备分线设置（两线共用设备由先建线监控），但有两线互联互通火灾信息的接口
3	三线车站	站厅换乘	综合监控、FAS、BAS设备分线设置（三线共用设备由先建线监控），但有三线互联互通火灾信息的接口
4	两线车站	通道换乘	综合监控、FAS、BAS设备分线设置（两线共用设备由先建线监控），但有两线互联互通火灾信息的接口
5	三线车站	通道换乘/垂直换乘	综合监控、FAS、BAS设备分线设置（三线共用设备由先建线监控），但有三线互联互通火灾信息的接口
6	两线车站	T形换乘	综合监控、FAS、BAS设备分线设置（两线共用设备由先建线监控），但有两线互联互通火灾信息的接口
7	两线车站	L形换乘	综合监控、FAS、BAS设备分线设置（共用设备由先建线监控），但有线路间互联互通火灾信息的接口

二、智慧车站换乘融合架构

智慧车站换乘融合以综合监控系统为基础搭建，而各线综合监控系统又因分期建设而独立设置，所以网络相对独立。换乘站融合可充分利用FEP（前置通信处理机）实现，且FEP每个网口均为独立网卡，也实现了网络的物理隔离。为避免线路FEP数据处理能力以及数据接入能力有局限性，各线路集成商配置的FEP均不相同，功能也有所不同。为实现换乘站各线路监控系统的全部数据互通、互控功能，在换乘站每条线路增设1台接口服务器用于数据转发，同时将换乘站各线路网络打通，解决换乘站不同线路综合监控系统的通信问题。换乘站坐席值班控制室如图2-52所示。

图2-52 换乘站坐席值班控制室

1. 接口界面

接口界面如图2-53所示，每台接口服务器必须配置4张独立网卡，通过设置VLAN实现网络隔离，避免线路间网络干扰。

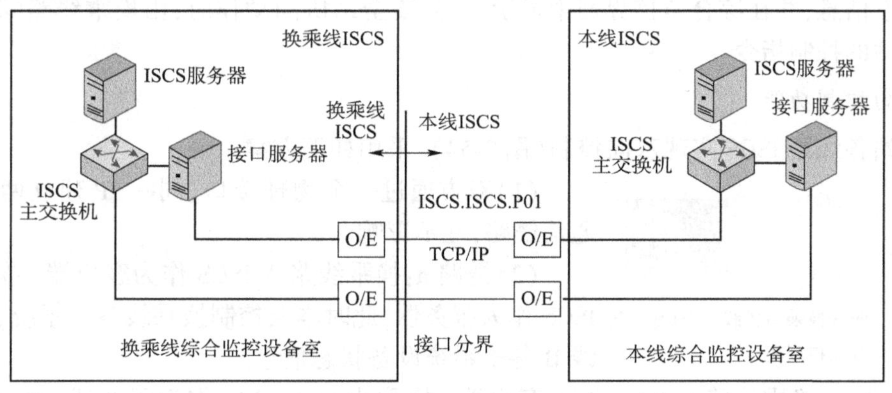

图2-53　两线换乘站接口界面

2. 物理接口

换乘站线路A（作为换乘站车控室功能整合线路）的ISCS与换乘站线路B的ISCS集成商按照以下接口要求一览表（表2-9）提供有关的接口设备。

物理接口表　　表2-9

接口编号	接口类型	数量	接口位置	换乘线路AISCS集成商	换乘线路BISCS集成商
ISCS. ISCS. P01	RJ45接口	2	换乘线路A ISCS服务器柜	提供网络电缆（带编号）、光纤及光电转设备，连接至换乘线ISCS综合监控设备房接口服务器，并完成端接。按规定协议配置本侧接口服务器，实现数据转发功能	提供接口服务器、光缆终端盒的安装位置；提供为光电转换器供电的220VAC电源。按规定协议配置本侧接口服务器，实现数据转发功能并配合调试

3. 接口协议

换乘站分期分线路建设。考虑到换乘站各线路综合监控系统集成商采用的软件平台不同，换乘站ISCS互联互通接口软件通信协议原则上应采用国际标准的、通用的、开放的软件通信协议，现普遍采用基于TCP/IP的Modbus标准协议（表2-10）。

软件接口协议表　　表2-10

网络及物理接口	推荐协议或标准
RJ45接口	标准Modbus TCP/IP

4. 接口功能

本线（被融合线路）与换乘线路（融合线路）综合监控系统互联，实现本线综合监控从换乘线综合监控系统获取各子系统设备状态信息（注：CCTV功能已通过互调终端方式实现，不在

ISCS 互联互通接口功能中实现),并在综合监控界面中显示。

当需要全站机电设备协同动作时,由本线综合监控系统转发换乘线路综合系统控制命令,指挥所属线路部分机电设备参与协同工作。换乘线综合监控从本线综合监控系统获取各子系统设备状态信息,并在综合监控界面中显示,当需要全站协同动作时,由换乘线路综合监控系统发送全站的控制指令。

5. 双向控制功能

换乘站各线路 ISCS 实现双向控制(图 2-54),采用如下方案。

图 2-54　两线换乘站各线路 ISCS 双向控制图

(1)双方通过一个物理接口、同一 IP 建立两条独立的通信链路,互不影响。

(2)链路 a:换乘线路 A ISCS 作为客户端,换乘线路 B ISCS 作为服务器,此时本线控制换乘线各子系统,读取换乘线 B 各子系统设备状态信息。

(3)链路 b:换乘线路 B ISCS 作为客户端,换乘线路 A ISCS 作为服务器,此时换乘线 B ISCS 控制本线各子系统设备,读取本线各子系统设备状态信息。

(4)配置线路对换乘线路控制权限获取及下发功能,按同优先级考虑(因管理需要而设置,默认为主从控制方式)。即任一线路均可主动获取换乘线路控制权,在紧急事件处理完毕后再下发控制权限。

6. HMI 展示及报警功能

由于换乘站融合后取消至少一个班组人员,将值班人员合并,所以换乘站工作站的 HMI 界面(人机界面)功能较单线路工作站 HMI 界面复杂,是将换乘站不同线路所属全部子系统中的所有设备图标、报警信息汇集并显示,被融合线路和融合线路的子系统设备在 HMI 界面用虚线框明确区分,以便于使用人员判断。换乘站站台门部分 HMI 如图 2-55 所示。

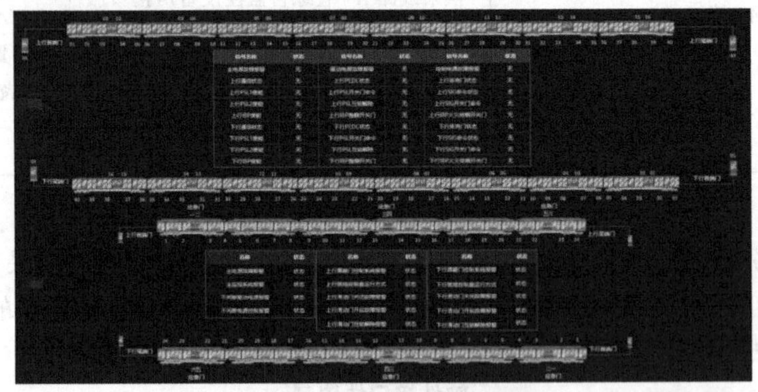

图 2-55　换乘站站台门部分 HMI

换乘站融合主要是在图形化显示和监控集中层面,报警级别划分及报警信息内容与既有线线路保持一致。通过在实时报警和历史报警中添加分线路筛选功能,实现按线路对各子系统过滤及报警信息查询。重点设备故障集中告警如图 2-56 所示。

7. 接口点表

为便于车站设备的故障排查和计划性维修,换乘站各线 ISCS(综合监控系统)集成商按车站、子系统提供线路 ISCS 使用的所有点位信息，所以接口点表按照既有线方式编制，即统一为一张接口点表，不再分线路编制，便于维保人员查询和检维修。

图 2-56　重点设备故障集中告警

三、智慧车站换乘融合功能

1. 机电设备全面监控

实现换乘站“一个平台、统一管理”的目标。将换乘站作为一个统一的车站管理，统一配置全景巡站、一键开关站、设备故障辅助决策系统、车站用电智能计量、综合监控集中控制全站等功能，如综合监控系统对全站机电设备下发统一模式控制命令、对 PIS 和 PA 一次下发后全站统一播放等。机电设备监控界面如图 2-57 所示。

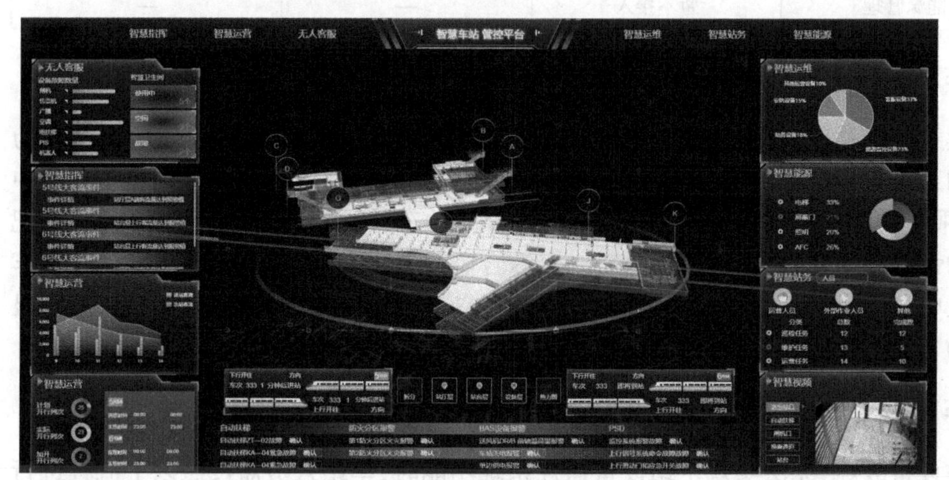

图 2-57　机电设备监控界面

机电设备全面监控

2. 状态判断自动化，减少人员干扰

从客运、站务使用部门的需求汇总梳理，可分为通信与非通信（主要由综合监控系统集成或互联）两功能块部分的设备实现互通，将换乘站的全部设备分为监控、监视与不接入三类，功能需求具体见表 2-11。

换乘站融合功能统计 表 2-11

序号	系统名称	功能需求	目的	备注
1	PIS	画面集中显示	具备监控功能	—
2	PA	画面集中显示	具备监控功能	—
3	CCTV	画面集中显示	具备监控功能	可 CCTV 互设终端
4	AFC	画面集中显示	具备监控功能	—
5	AFC IBP 释放	画面集中显示	AFC 全站释放	—
6	门禁	画面集中显示	具备监控功能	—
7	环控	画面集中显示	具备监控功能	—
8	给排水	画面集中显示	具备监控功能	—
9	照明	画面集中显示	具备监控功能	—
10	消防	画面集中显示	具备监视功能	—
11	站台门	画面集中显示	具备监视功能	—
12	防淹门	画面集中显示	具备监视功能	—
13	人防门	画面集中显示	具备监视功能	—
14	电扶梯	画面集中显示	具备监视功能	—
15	瓦斯探测	画面集中显示	具备监视功能	—
16	消防电源	暂不接入	—	—
17	电气火灾	暂不接入	—	—
18	能源管理	暂不接入	—	—

四、智慧车站换乘融合预期效果

智慧车站换乘融合是以“不同线路以一个车站运营”目标，将换乘站不同线路的设备作为一个站点整体的系统化设备考虑，对下位的机电、通信等专业设备纳入一个综合监控平台集中监控；经过对换乘站的多个车站控制室（尤其是线路分离的车站控制室）设备进行整合后，把站务人员操作的设备集中于一个车控室管控，一套综合监控系统 HMI 界面图形化显示换乘车站的全部受控机电、通信等专业设备状态，降低使用人员操作难度，加强人员的通用性，更明显地减少换乘站的人员数量。

五、智慧车站换乘融合故障应急处置措施

融合换乘站设备故障，无法实现全站设备监控系统功能时，车站人员需按照以下流程进行应急处置。

1. 故障判断

融合后的换乘站在站务使用端（放置于车控室的综合监控工作站）界面显示为一套系统，但下位设备以线路为单位分离；利用 HMI 界面显示的图标（或颜色）状态及报警信息初步判断。若一条线路的监控功能全部无效，则故障处于线路信息传输网络或通信网关（一般由于

软件接口通信失败造成)处,应重点查询。对于单线路所辖子系统或单设备故障,使用人员根据设备所属线路向机电调度提报故障,并如实填写工单,机电调度按设备所属专业指派维保人员修复。

2. 应急处置

当全部功能无法使用时,应立即回归传统的"单线路监控"模式,及时启用单线路的备用工作站,通过查看各线路的线路级综合监控掌握设备状态,保证车站的主要设备状态监控正常,即时联系生产人员维修恢复换乘站的融合集中监控功能。

3. 后续措施

按照换乘站各接入子系统的接口分界、接口通信数据进行检查,对综合监控系统的软件进程检查或重启、网络通信状态或服务器(或 FEP)重启(如出现宕机)等。

课堂交流

假如你是某车站的一名值班站长,现在新建线路 13 号线由于换乘改造的需要,要对换乘的 11 号线车站进行同步改造,以实现该换乘车站的智慧化换乘融合。作为值班站长,在"五一"长假放假前夕的下班高峰时期您将怎样做,能有效避免客流积压的情况出现。

刘小明同学作为值班站长,他提出解决方案如下:由于将原 11 号线车站部分的车控室监控功能集成至 13 号线车控室中,当 11 号线车站站厅发生大客流现象,车站值班员立即在 13 号线车控室启用人工广播,对客流管制信息进行全站通报,车站客流在广播通报下有序移动,这样可以有效避免客流积压等异常情况的发生。

请同学们讨论,这样做是否有效。

任务实施及评价

智慧车站换乘融合应用及故障应急处置

学院		专业	
姓名		学号	
小组成员		组长姓名	

一、工作任务场景

以机电设备检修工的身份配合项目改造单位开展换乘站融合施工,按照项目方案及接口设计原则,开展融合后的换乘站机电设备调试工作。

二、前置知识

1. 简述传统地铁换乘站机电设备现状。

2. 简述地铁换乘站融合的目的。

3. 简述换乘站融合后的预期效果。

三、任务实施

任务实施内容
1. 系统功能检测
1.1 使用账号和密码登录系统,并根据生产需要调出要求的功能操作界面
1.2 根据 HMI 显示,对换乘站内部监控网络状态进行判断
1.3 通过集中告警\专项巡查等检查重要设备状态
2. 重点设备故障集中告警操作
2.1 根据重点设备故障集中告警中的设备名称知晓设备的维保专业
2.2 在工作站调取重点设备故障集中告警页面,根据颜色显示,判断对应设备状态
2.3 根据显示异常的报警,快捷操作查看报警设备的详细信息
2.4 根据报警信息即时通知对应线路的机电调度人员处置
3. 各功能子系统页面查看
3.1 顺利操作查看换乘站全部的子系统,如 FAS\BAS\ACS\PSD 等页面
3.2 根据预设要求进行对应操作,如启动指定线路的水泵、选定区域的 PA 播放、指定区域的 CCTV 等
3.3 根据 ISCS 报警信息快捷进入设备所在子系统页面

续上表

任务实施内容
4. 故障处置及设备巡查
4.1 熟悉换乘站维保界面的线路划分
4.2 出现故障时,查看设备属性信息,特别是归属线路信息等
4.3 出现紧急情况时,按照信息推送要求,规范及时推送信息
5. 应急情况处置
5.1 熟悉机电专业常出现的应急事件和影响范围,知晓初期处置方案和要立即监控的设备
5.2 向维保人员正确完整表达故障信息,判断设备所属线路、故障信息等级,并根据等级要求推送至信息群
5.3 熟悉换乘站内重要设备的位置和就地操作方式方法,当控制命令下发失败时,立即组织现场操作
6. 故障的应急操作
6.1 当出现换乘站监控系统对下位设备监控失败时,应立即回归传统的"线路监控"模式,保证正常的生产工作有序进行
6.2 若某子系统功能无法正常使用时,则通过综合监控工作站显示状态进行预判,然后上报所属线路故障,正确填写工单等
7. 后续处置
7.1 按照换乘站各接入子系统的接口分界和数据进行检查,对综合监控系统的软件进程检查、网络通信状态或服务器(或 FEP、网关)重启等

四、评价反馈

(一)评价标准

项　目	项 目 内 容
接受工作任务	明确工作任务,理解任务在企业工作中的重要程度
前置知识	本次实训前需要掌握的知识程度
能力评价	换乘站融合的内容
	换乘站融合的目的
	智能导乘屏故障应急处置
	换乘站融合后的差异
素养评价	工作计划性强,安排得当
	团队合作能力强,善于沟通合作
	自主学习能力强,勇于克服困难
	严谨认真,积极参与课堂
	演示文稿制作精美,汇报演讲能力强
评价反馈	自我评价:能对自身表现情况进行客观评价,能在任务实施过程中发现自身问题
	小组互评:客观、公正,能指出其他组的问题

续上表

(二)自我评价

请根据在课堂中的实际表现进行自我评价和自我反思。

序　号	评 价 标 准	
1	接受工作任务	☆ ☆ ☆ ☆ ☆
2	前置知识	☆ ☆ ☆ ☆ ☆
3	能力评价	☆ ☆ ☆ ☆ ☆
4	素养评价	☆ ☆ ☆ ☆ ☆
自我反思：		

(三)小组互评

请小组之间根据在课堂中的实际表现进行小组互评。

序　号	评 价 标 准	
1	接受工作任务	☆ ☆ ☆ ☆ ☆
2	前置知识	☆ ☆ ☆ ☆ ☆
3	能力评价	☆ ☆ ☆ ☆ ☆
4	素养评价	☆ ☆ ☆ ☆ ☆

(四)教师评价

项　目	项 目 内 容	分值	得分
接受工作任务	明确工作任务，理解任务在企业工作中的重要程度	5	
前置知识	本次实训前需要掌握的知识程度	5	
能力评价	换乘站融合的内容	10	
	换乘站融合的目的	10	
	智能导乘屏故障应急处置	10	
	换乘站融合后的差异	10	
素养评价	工作计划性强，安排得当	5	
	团队合作能力强，善于沟通合作	5	
	自主学习能力强，勇于克服困难	10	
	严谨认真，积极参与课堂	10	
	演示文稿制作精美，汇报演讲能力强	10	
评价反馈	自我评价：能对自身表现情况进行客观评价，能在任务实施过程中发现自身问题	5	
	小组互评：客观、公正，能指出其他组的问题	5	
得分(满分100)			

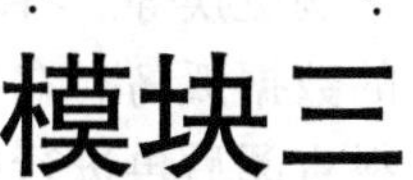

模块三

城市轨道交通智慧维保

任务一 城市轨道交通智慧健康检测及全生命周期监控系统应用

学习目标

1. 区分智慧健康检测及全生命周期监控系统与传统机电设备检测系统。
2. 掌握智慧健康检测及全生命周期监控系统业务需求及功能。
3. 知晓智慧健康检测及全生命周期监控系统预期效果。
4. 当智慧健康检测及全生命周期监控系统出现异常情况时，能迅速进行应急处置。

任务导入

某市城市轨道交通 1 号线自建成运营以来已超过 10 年，运维期间一直为掌控设备健康状态、备件采购数量缺少整体展示手段所困扰。例如，该线机电设备健康状态在书面描述时无准确数据支撑，备件采购完全依赖于上年度采购数量。该线路引入智慧健康检测及全生命周期监控系统，并耗时 6 个月将开通以来的海量数据完全迁移至该系统中，同步打通公司备件物资采购、故障维护更换及大中修更换部分的数据孤岛。在制订下年度的备件采购计划之际，刚转正定岗的机电工程师依据自动生成健康趋势图，结合历年设备更换数量和型号，在较短时间拟定了次年的采购数量和型号，并未因原岗位工程师离职及原设备厂家老型号停产等问题拖慢采购进程。制订的计划有翔实的数据支撑，有效避免了各职能部门审批采购计划时大量的解释工作。

本任务需要掌握智慧健康检测及全生命周期监控系统的应用范围和作用，能对不同设备的健康状态查询调阅，通过对系统内设备信息增删改查等综合分析与判断，全面提升维保人员对设备状态的掌控，更有效地指导设备的运维管理。

知识课堂

一、传统机电设备健康检测及全生命周期监控

对设备健康检测及全生命周期监控的传统方式是建立在手动录入“台账”之上，是不同

“台账”的集合体。以机电专业为例,涉及的资料有竣工图纸及设备履历、大中修材料及备件采购更换等。各环节分别由不同阶段的负责人员向档案管理部门归档造册,人为形成同设备的数据孤岛。在出现单系统性的设备停产更换时,需要多部门人员协同努力,对各孤立部分资料查阅后再进行拼接并做出判断。

虽然各机电专业设备的故障信息、派工出勤及更换件记录实现了电子化,但是各环节仍然需要人工介入,无法根据末端设备的健康信息实现自动记录、自动派工以及趋势生成、生命周期内数据统计等功能。因此,根据设备生命周期内的健康状态进行联动管控,如指导修程优化、备件仓储管理及状态管控提前介入等,就显得尤为重要。

智慧健康检测及全生命周期监控系统是“基于大数据的二次应用”,即利用专用工业软件对设备及相关子系统的静态和动态数据进行筛选、关联与组合。智慧健康监测及全生命周期监控系统通过收集各接入子系统的监控数据,采集机电设备的运行状态、故障数据,同时配合关联设备图纸、设备履历及仓储数据,实现自动派工、自动获取相关数据,掌握设备全生命周期状态。智慧健康及全生命周期监控系统构成如图 3-1 所示。

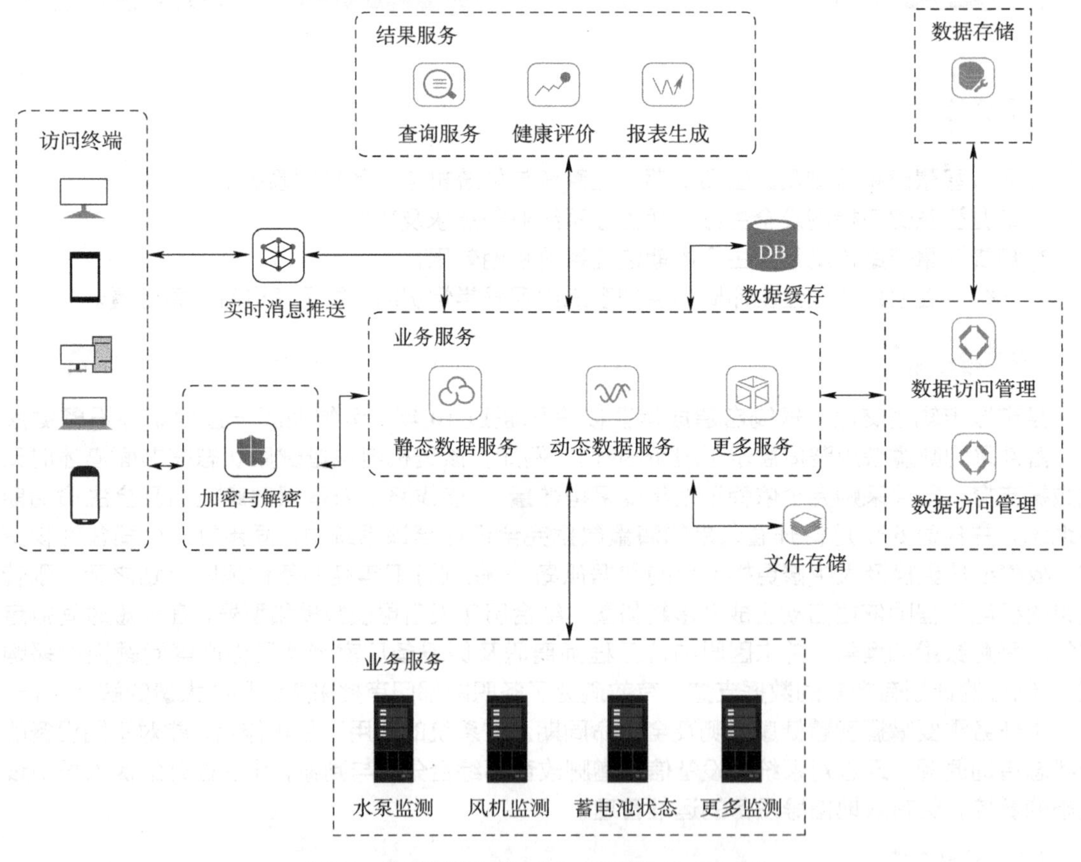

图 3-1　智慧健康检测及全生命周期监控系统构成

二、智慧健康检测及全生命周期监控系统业务需求

智慧健康检测及全生命周期监控系统是将各专业设备的相关信息全面纳入监控之中。监

控周期为自系统建成投用开始，完成运营后退出报废。智慧健康检测及全生命周期监控系统的业务需求如下。

1. 提升机电设备监控的全面性

智慧健康检测及全生命周期监控系统可对环控通风、低压动照、给排水、站台门等专业设备以及设备所涉及子系统软硬件的结构化和非结构化数据进行存储和归类分析。纳入监控的信息除机电设备实时运行参数状态、重要异常报警信息外，还包含该设备及子系统的视频分析资料、建设图纸、影像资料、法律、法规、标准等非结构化内容数据关联存储，突发事件记录或事件报告及相关音视频电子资料等数据的存储。目的是尽可能做到设备生命周期内数据信息全面精准，提升机电设备健康状态检测所需数据的实时性。

2. 自动化状态判断减少干扰

智慧健康检测及全生命周期监控系统能自动对机电设备上传的各标准信息进行全面判断，实现远程巡检、故障快速定位及预警，自动生成工单流转、换件联动物资采购、处置信息自动推送至各指定用户（如 OCC）。系统还能根据设备状态进行维修差异化推荐，如时间周期差异化（如夏季汛期、冬季干枯，水泵在雨季应采用增量修程，在旱季应采用减量修程）推荐，客流联动维修时间差异化（如客流大站即时修，反之则夜间修）推荐。

按照设备可靠度自动指导差异化维修，即同类设备/产品指标较好的可采用减量修程，反之则有针对性地增量调整。

上述功能均自动下发，降低了人工判断误差，规避了人员技能等因素对检修质量的影响。

3. 全系列业务自动闭环

全部机电设备自投用开始被赋予唯一编码（类似于身份证号，图 3-2），后期全部工作围绕设备的唯一编码开展，如出现故障或状态异常，将上传运营设备编码、故障信息、异常状态信息，自动判断故障等级高低，依据其结果自动触发故障修工单或状态修工单，实现故障修工单、状态修工单的自动派工或生产调度手工派工，完成派工后自动填入设备履历，同步完成仓储数据、绘制趋势图等，避免人为差错，节约设备维保成本。

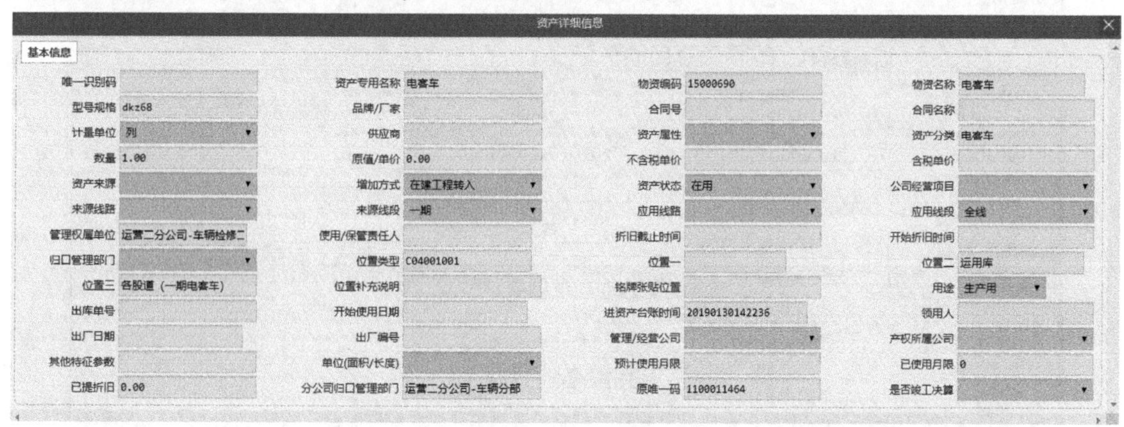

图 3-2　设备的唯一编码图示

三、智慧健康检测及全生命周期监控系统功能

1. 设备在线监测功能

智慧健康检测及全生命周期监控系统对设备状态的监控及实时数据获取，基于现有综合监控系统和各专业子系统的专用在线监测功能模块(如水泵在线监测、弓网状态监测)，涵盖信号、车辆、电扶梯、给排水等，涉及各专业设备，并预留后期扩容需求。

智慧健康检测及全生命周期监控系统可以对收集汇总的各类数据进行筛选和归类，经二次数据处理和跨专业分析后，打破各专业的数据壁垒，实现多重验证，自动联动相应业务功能，例如汛期监控不只限于给排水，还联动视频监控。

2. 基于在线监测的故障及修程管理

当设备出现故障或状态异常时，自动将运营设备故障信息、异常状态信息推送给智慧健康检测及全生命周期监控系统，系统根据接收到的设备故障信息、异常状态信息及其等级高低的不同，自动触发故障修工单或状态修工单，实现故障修工单、状态修工单的自动派工或生产调度手工派工。系统自动推荐不同的适应场景，全程记录故障处置所有流程；同步启动维修后设备结果及运行现状监测。针对各专业的计划性检修，系统通过图文表格方式定义计划维修周期和设备明细，根据修程项目和要求自动形成检修项目表格及步骤，减少对人员技能经验的要求。故障维修监控页面如图 3-3 所示。

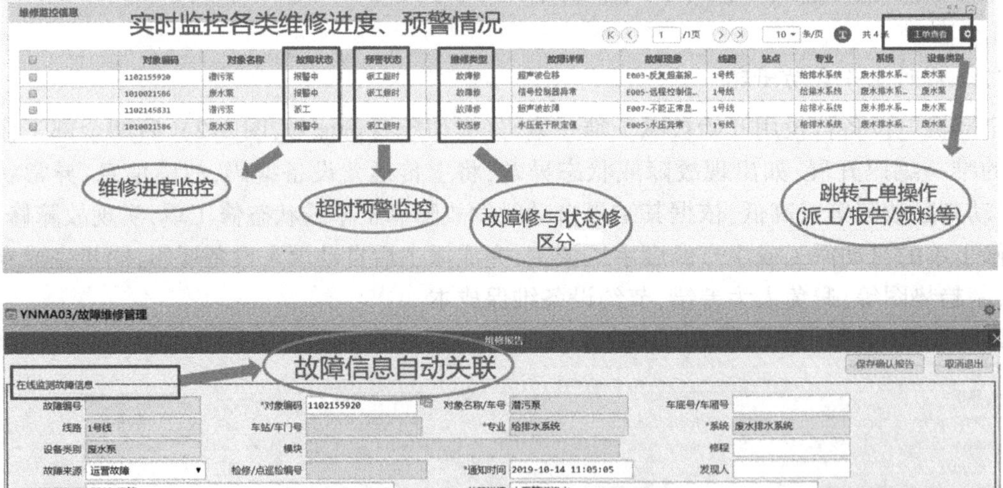

图 3-3 故障维修监控页面

3. 联动仓储数据更新

智慧健康检测及全生命周期监控系统能根据设备故障现象，自动抓取系统中同类故障的历史数据以供分析，提供工单领料的辅助建议，显示可能需要用到的物料、预计使用量和可选的物资库。维修完成后，系统自动同步备件消耗、仓储数据修改，为采购提供精准的数据支持，且所有故障产生的领料、现场物资库出入库记录，系统均记录相应操作日志。具体如图 3-4 所示。

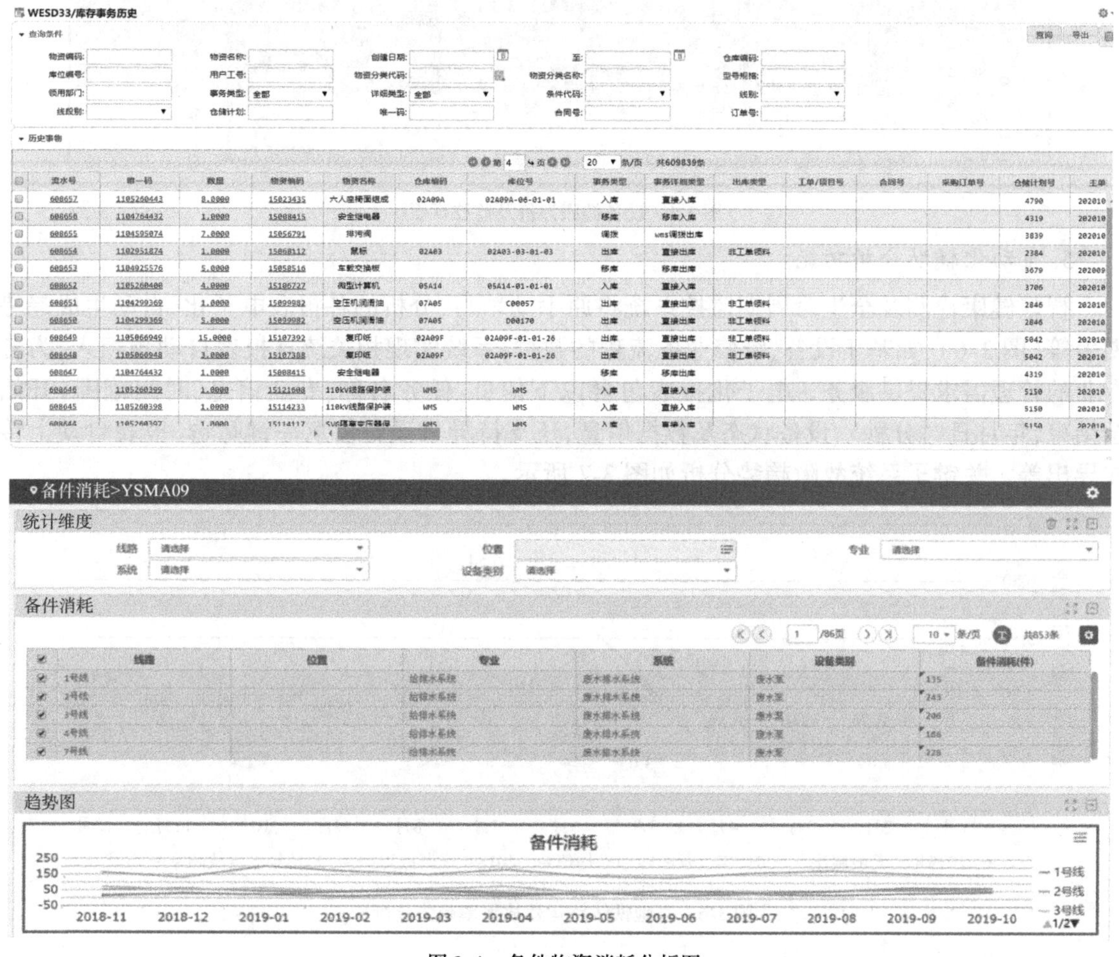

图 3-4　备件物资消耗分析图

4. 设备健康评价管理

智慧健康检测及全生命周期监控系统对各专业设备实施健康评价：对不同专业设备分类分级管理，并对健康状态进行评分，直观显示各专业设备的健康度。正常设备维持基础分值，当出现不同等级故障或状态异常时，智慧健康检测及全生命周期监控系统根据划分等级进行扣分，等级越高扣分越多，不同分数区间以颜色区分并排序显示，直观告知对运营造成的影响。设备健康评价及监控页面如图 3-5 所示。

例如，正常运行设备健康基础分预置为 100 分，出现一类故障、二类故障、状态修、三类故障时，分别扣 40 分、20 分、10 分、5 分，扣完为止。相应设备健康等级评分的颜色区分：60 分以下时显示红色，61 ~ 80 分时显示橙色，81 ~ 90 分时显示黄色，91 ~ 100 分时显示无色，被标记的数据按照红色、橙色、黄色、无色进行排序。

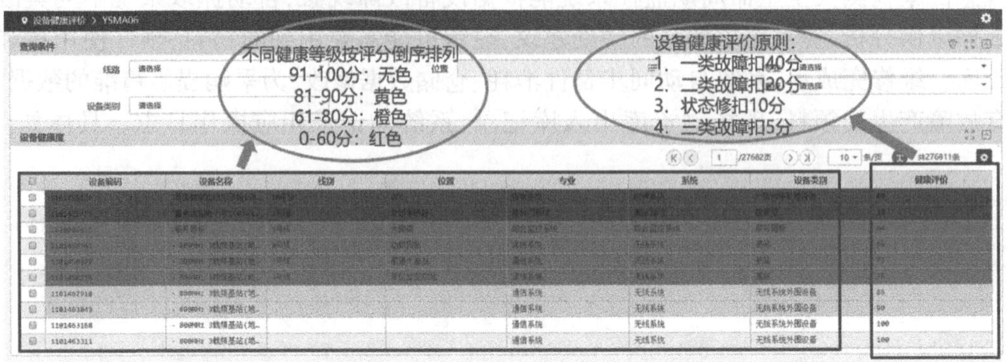

图 3-5 设备健康评价及监控页面

5. 自动化辅助分析功能

智慧健康检测及全生命周期监控系统将原手动填写、分析的各报表电子化，自动生成趋势图表等（图 3-6），如基于设备、维修业务流程的数据，系统实现相关统计报表自动预填入，为各专业的管理需求提供服务。电子化报表包含以下信息：任务名称、专业信息、时间范围（开始至结束，年月日时分秒）、设备状态及数据信息，还支持异常设备信息一键筛选，报表自动上传或导出等。关键子系统故障趋势分析如图 3-7 所示。

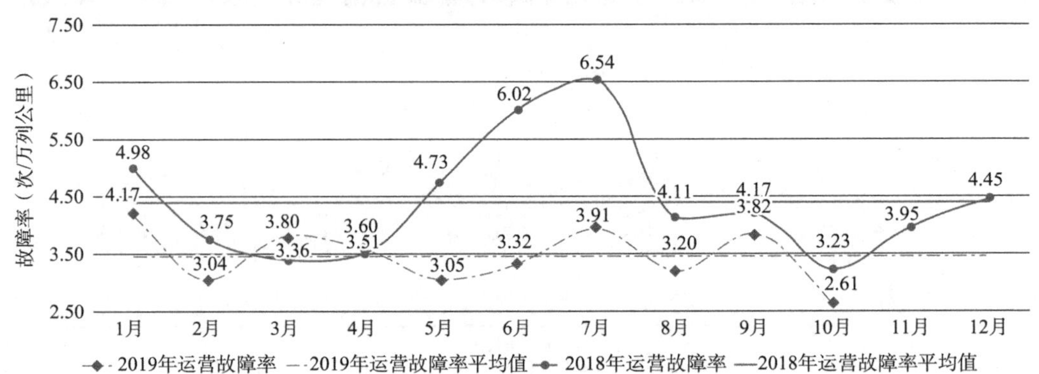

图 3-6 某地铁线路运营故障率趋势分析

四、智慧健康检测及全生命周期监控系统预期效果

智慧健康检测及全生命周期监控系统主要是利用综合监控系统、各专业设备专用的在线监测系统提供基础数据，待全部专业数据汇聚形成运营相关设备数据库后，抓取指定设备（或指定子系统）的全部数据信息，在对抓取到的信息按时间和需求进行筛选、分析、关联的基础上，找到各设备间隐藏规律（如天气与设备故障的关联），对设备自投用伊始至退出的全生命周期内状态全面掌控，依据各阶段状态量化形成设备的状态信息。向维保人员展示的信息通用直观，易于设备信息的传递，不重度依赖维保经验，亦减少物资采购、成本核算的专业知识要求。

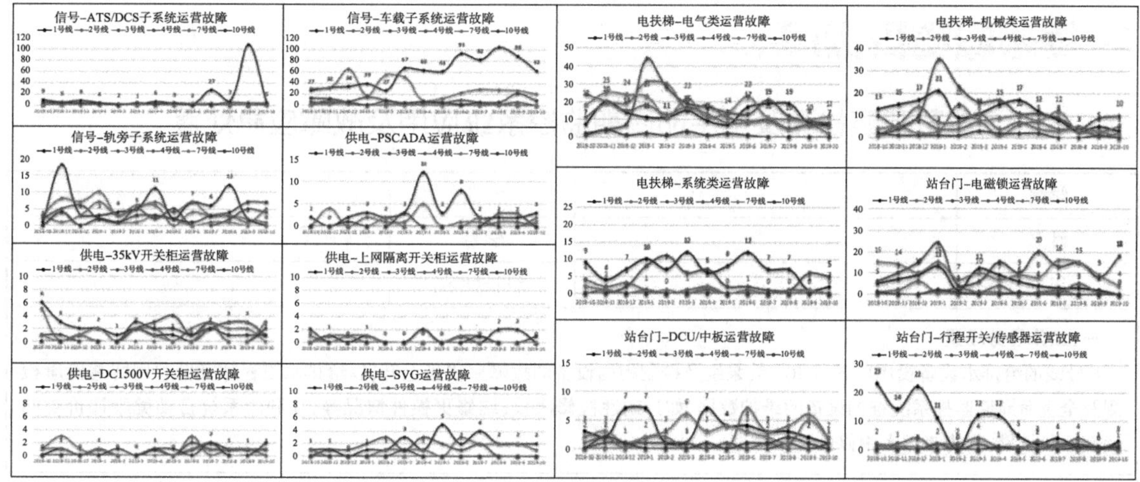

图 3-7　关键子系统故障趋势分析

五、智慧健康检测及全生命周期监控系统应急处置措施

智慧健康检测及全生命周期监控系统不直接参与一线生产，仅用于生产辅助决策。因此，系统故障造成的影响范围可控，当无法实现系统功能时，使用人员可根据下述办法处置。

1. 故障判断

智慧健康检测及全生命周期监控系统主要依据综合监控系统、各专业在线监测系统数据二次利用形成，除本系统的服务器、交换机或工作站等硬件故障外，故障原因多为系统传输网络、应用软件进程卡滞、数据库异常与服务器宕机等。当出现故障时，可通过显示界面的图标初步判断各接入子系统处于运行或故障状态，比对子系统与检测系统的参数差异，确定故障位置。反之，则很大可能是本系统的软件或硬件故障。

2. 应急处置

当智慧健康检测及全生命周期监控系统全部功能无法使用时，除必要工作需通过“纸质查询、人工判断”等传统手段保障正常运行外，可使用综合监控系统和专用在线监测系统指导生产工作，还应即时联系生产人员和维修资源调度。

3. 后续措施

按照系统使用维修手册，依次检查智慧健康检测及全生命周期监控系统与综合监控系统、各专业在线监测系统等子系统的接口数据状态，还可以检查本系统应用软件进程运行、网络通信状态或重启服务器等。

课堂交流

某地铁 1 号线自建成运营以来已超过 10 年，运维人员一直为掌控设备运行状态和备件采购数量多少所困扰，希望有整体展示的手段。如该线机电设备健康状态无准确数据支撑，备件采购完全依赖于上年度数量采购。请思考，如何改善优化此生产问题呢？

任务实施及评价

智慧健康检测及全生命周期监控系统应用及故障应急处置

学院		专业	
姓名		学号	
小组成员		组长姓名	

一、工作任务场景

1 号线的给排水设备投用已超过 10 年,泵组及控制柜内设备的故障率明显上升,以给排水工程师身份利用智慧健康检测及全生命周期监控系统查询设备的维护数据,如计划性检修次数、维修更换件情况等,并利用系统自动健康评价功能生成评价结果,作为来年大中修的基础数据。

二、前置知识

1. 简述传统机电设备智慧健康检测及全生命周期监控方式。

2. 结合防汛要求,简述给排水设备的检修维护工作。

3. 简述故障工单生成、流转到关闭的全过程。

三、任务实施

任务实施内容
1. 智慧健康检测及全生命周期监控系统功能检测
1.1　了解系统构成和运行方式,根据生产需要快速调出所需功能的操作界面
1.2　熟悉图标及颜色表达的信息,从图标显示判断各功能模块的实时状态
2. 智慧健康检测及全生命周期监控系统的操作
2.1　根据指令逐一调取各专业设备在线监测功能界面,判读显示的子系统数据,理解表示的含义
2.2　根据显示异常的报警,快速查看报警设备的详细信息,正确通知对应专业的维保人员处置
2.3　查询各专业设备修程修制信息、故障维修记录,判读故障原因及处置措施是否符合修程修制要求
2.4　通过查询设备的实际维修报告,结合设备显示的参数信息,判断维修质量是否达标
2.5　熟悉维修工单运转全流程,熟练查询任一设备的历史维修工单
2.6　根据显示颜色和健康评价分数判断设备状态,利用系统筛选功能筛选符合参数值的信息,并生成报表
2.7　熟练查看选取专业设备仓储信息(设备参数、性能及库存等),故障与仓储数据联动变化信息,故障产生的领料、出入库记录与操作日志
2.8　根据任务名称、专业信息、时间范围(开始至结束,年月日时分秒)、设备状态及数据信息查询,自动生成表格和趋势图,对生成的图表做出简单判断,完成电子报表按需导出和转存操作

续上表

3. 故障的判断
3.1 能根据界面显示判断故障大致范围，并准确描述故障现象，通过观察智慧健康检测及全生命周期监控系统界面显示状态，判断故障类型和故障子系统
3.2 调取子系功能失败、子系统设备显示异常（无数据、无状态变化等），能初步判断为接入的下位单系统或单设备故障
3.3 系统无法使用（无法进入系统、宕机、请求超时等），能初步判断为本系统故障
4. 应急处置
4.1 单个子系统故障，查询通信端口状态判断故障位置，重启该子系统进程、重启子系统末端设备等情况处置
4.2 当智慧健康检测及全生命周期监控系统全部功能无法使用时，除必要工作通过"纸质查询、人工判断"的传统手段保障系统正常运行外，即时联系生产人员和维修资源调度
5. 故障处置后续措施
5.1 按照系统使用维修手册，依次检查智慧健康检测及全生命周使用期监控系统与综合监控系统、各专业在线监测系统等子系统的接口数据状态，定位查找故障具体原因，检查软件进程、重启网关、重启服务器等

四、评价反馈

（一）评价标准

项　目	项 目 内 容
接受工作任务	明确工作任务，理解任务在企业工作中的重要程度
前置知识	本次实训前需要掌握的知识程度
能力评价	智慧健康检测及全生命周期监控系统功能检测
	智慧健康检测及全生命周期监控系统的操作
	故障的判断
	应急处置
	故障处置后续措施
素养评价	工作计划性强，安排得当
	团队合作能力强，善于沟通合作
	自主学习能力强，勇于克服困难
	严谨认真，积极参与课堂
	演示文稿制作精美，汇报演讲能力强
评价反馈	自我评价：能对自身表现情况进行客观评价，能在任务实施过程中发现自身问题
	小组互评：客观、公正，能指出其他组的问题

（二）自我评价

请根据在课堂中的实际表现进行自我评价与自我反思。

续上表

序　号	评 价 标 准	
1	接受工作任务	☆ ☆ ☆ ☆ ☆
2	前置知识	☆ ☆ ☆ ☆ ☆
3	能力评价	☆ ☆ ☆ ☆ ☆
4	素养评价	☆ ☆ ☆ ☆ ☆
自我反思：		

(三)小组互评

请小组之间根据在课堂中的实际表现进行小组互评。

序　号	评 价 标 准	
1	接受工作任务	☆ ☆ ☆ ☆ ☆
2	前置知识	☆ ☆ ☆ ☆ ☆
3	能力评价	☆ ☆ ☆ ☆ ☆
4	素养评价	☆ ☆ ☆ ☆ ☆

(四)教师评价

项　目	项 目 内 容	分值	得分
接受工作任务	明确工作任务,理解任务在企业工作中的重要程度	5	
前置知识	本次实训前需要掌握的知识程度	5	
能力评价	智慧健康检测及全生命周期监控系统功能检测	10	
	智慧健康检测及全生命周期监控系统的操作	10	
	故障的判断	5	
	应急处置	10	
	故障处置后续措施	10	
素养评价	工作计划性强,安排得当	5	
	团队合作能力强,善于沟通合作	5	
	自主学习能力强,勇于克服困难	5	
	严谨认真,积极参与课堂	10	
	演示文稿制作精美,汇报演讲能力强	10	
评价反馈	自我评价:能对自身表现情况进行客观评价,能在任务实施过程中发现自身问题	5	
	小组互评:客观、公正,能指出其他组的问题	5	
得分(满分100)			

詹天佑:用“工匠精神”筑就中华铁路

2005年10月12日,纪念京张铁路开工100周年时,“中国铁路之父”詹天佑的铜像在张家口南站揭幕。在人们的记忆中,詹天佑是和京张铁路、青龙桥紧紧联系在一起的。而设计、修建京张铁路仅仅是詹天佑生平成就的一部分。詹天佑为规划中国铁路路网、为设计和修建中国铁路锲而不舍,奉献了毕生所学和全部精力,在他身上体现出的民族精神与科学精神高度融合的品质,以及以敬业坚守、追求卓越、精益求精、严谨专注为主要内涵的“工匠精神”在100多年后的今天,仍旧给人们带来无限的启示。

詹天佑,字眷诚,号达朝,1861年生于广东南海,中国近代铁路工程专家,原籍安徽婺源(今属江西)。1890年开始,詹天佑参与修建京沈铁路;1895年,詹天佑负责修建京津铁路。1901年,詹天佑被任命为铁路总工程师,负责修建萍醴(萍乡至醴陵)铁路。1905—1909年,詹天佑主持设计修建了我国自建的第一条铁路——京张铁路(北京到张家口)。1912年,詹天佑兼任汉粤川铁路会办,负责兴建粤汉、川汉铁路。詹天佑为我国培养了第一批铁路工程人员,为修筑和管理铁路制定了科学周密的行车、养路、机车、电报、巡警等规程。经詹天佑建议,全国铁路统一采用4英尺8英寸(1435mm)标准轨道,统一工程标准,为我国自行设计修建铁路打下良好基础。詹天佑还编著有《铁路名词表》等。詹天佑的一生,与中国铁路建设相伴始终,因其设计修建铁路的成就被称为“中国铁路之父”“中国近代工程之父”。

詹天佑视铁路事业为自己的生命,对所从事的事业具有可贵的担当精神,在专业领域技艺精湛。京张铁路作为中国近代科技发展的里程碑,体现了詹天佑具有的以敬业坚守、追求卓越、精益求精、严谨专注为主要内涵的“工匠精神”。1905年5月,京张铁路总局和工程局成立,詹天佑任会办兼总工程师,后升任总办兼总工程师。1906年9月30日,施工难度最大的第二段工程南口到康庄开始建设。在这一段,必须打通居庸关、五桂头、石佛寺、八达岭4条隧道,其中最长的八达岭隧道长达1092米。当时没有开山机、通风机和抽水机等施工设备,只能靠工人的双手和简单工具开掘隧道。詹天佑通过精确计算和正确指挥,与施工工人齐心协力,克服了重重困难,终于在1908年9月完成了第二段工程。在第三段工程康庄到张家口施工过程中,詹天佑科学设计、正确指挥,建成了怀来大桥和鸡鸣驿矿区隧道,胜利完成了整条铁路的建设。在京张铁路施工过程中,詹天佑以精湛的专业素养攻克了一个个技术难关,以无畏的开拓精神长了中国人的志气。经过全体施工人员的不懈奋斗,京张铁路在1909年9月全线通车,比原计划提前两年完工。

任务二 城市轨道交通智慧调度系统应用

学习目标

1. 区分智慧调度系统与传统调度。
2. 掌握智慧调度系统业务需求及功能。
3. 掌握智慧调度系统应用预期效果。
4. 当智慧调度系统出现异常情况时，能迅速进行应急处置。

任务导入

某城市地铁线路调度指挥中心紧跟科技进步发展需要引入智慧调度系统（图 3-8）。在主干线路的某站下班高峰时段因室外降雨引发车站进水，调度人员及时启用智慧调度系统，根据系统内置的车站设备重点故障卡控表目录选择启动“车站进水”事件处置流程，按照事件关键节点信息表指挥抢修。结合系统对高峰值守考勤打卡位置信息、应急事件处置响应分级等，根据打卡专业人员的定位情况就近通知相关专业人员快速到场，及时分级分类推送事件处置信息和处置措施，汇总整合现场的反馈信息。众人合力、各司其职，在较短时间内完成全部处置，期间未对车站客运服务造成较大影响，一切工作处于控制之中。

图 3-8 智慧调度系统界面

本任务需要掌握智慧调度系统中智慧生产调度大屏显示系统功能、重点设备状态监控功能及应急处置功能等，通过智慧调度系统的多重现场信息先期感知功能、多类信息综合分析与处理功能，全面提升调度人员的远程查看、实景指挥、综合处置能力。

知识课堂

一、传统运营调度模式

调度人员使用的工具总体概括为“电脑 + 电话”，电脑设置于调度室内的复视工作站显示终端，用于查询故障信息，电话用于（或采用对讲机）通知维保人员到场处置。故障信息查询依赖于调度人员的技能水平高低，经验占较大成分；电话通知人员无法实时掌控现场人员动态，尤其是现场实景信息，只能依靠现场人员的描述进行二次判断；同样，现场人员的信息描述归纳水平不一，经验也占较大成分。

在完成多项调度指挥任务时，传统调度模式效率不高，尤其是在应急值守抽查、CCTV 应急处置监控、设备状态监控效率等方面。如暴雨应急值守人员抽查时，通过座机电话人工拨号开展防汛值班人员在岗抽查，辖区所有站点全部完成用时约 30min。在点名抽查过程中还可能会接到其他来电业务，对单件事务的顺利执行造成不便且执行效率低下。在应急处置过程中无法操作 CCTV 查看现场故障处置，对现场情况无法做到实时掌握；调度人员对不同专业的重点设备监控时需反复切换综合监控页面，效率较低。传统调度工作内容见表 3-1。

传统调度工作内容

表 3-1

事　件	调度职责	内　容
日常工作	故障接报	查询生产管理系统（或其他办公系统）中的故障，对提报单位录入的故障信息进行判断，电话指派故障所属专业维保人员到场处置
	故障记录关闭	故障处置结束后，在系统中录入处置记录，调度人员通过综合监控复视工作站显示信息或报警记录验证结果，确认故障修复
	人员查岗	电话通知现场维保人员，要求按规定上传照片或使用车站座机回复等方式验证
	设备状态初期巡视	通过综合监控复视工作站的图标显示或报警记录，查询重要设备的故障告警信息和状态信息
应急处置	通知人员	利用座机电话手动拨号，逐一通知维保人员、管理人员及委外单位等
	信息记录	根据现场人员的电话描述或即时通信软件（如微信）发送的照片判读并记录现场信息
	先期指挥	先根据故障类型人工区分所属专业，手动查阅应急处置预案，电话告知现场负责人或通过即时软件发送至指定通信群中
	资源调拨	按照描述的现场情况调动物资或支援机械到现场，但无法实时掌控资源数量
	时间卡控	根据即时通信系统中发出的人员或物资出发时间信息和到达时间信息，手动计算过程时间

二、智慧调度系统业务需求

调度主要职能包括生产调度、应急指挥及安全监控三大方面。随着城市轨道交通线路数量增加、线网化程度提高，调度原则依旧遵循“高度集中、统一指挥、逐级负责”，实现各级单位协同、安全、高效的调度指挥工作。智慧调度系统的业务需求如下。

1. 列车运行计划编制系统(图 3-9)

结合客流预测结果及列车数量、设备能力、人员配置，协调客流需求与供给能力，实现线网列车运行计划自动编制、调整、模拟、导入、下达、评估等全过程，有效提高列车运行计划编制效率。

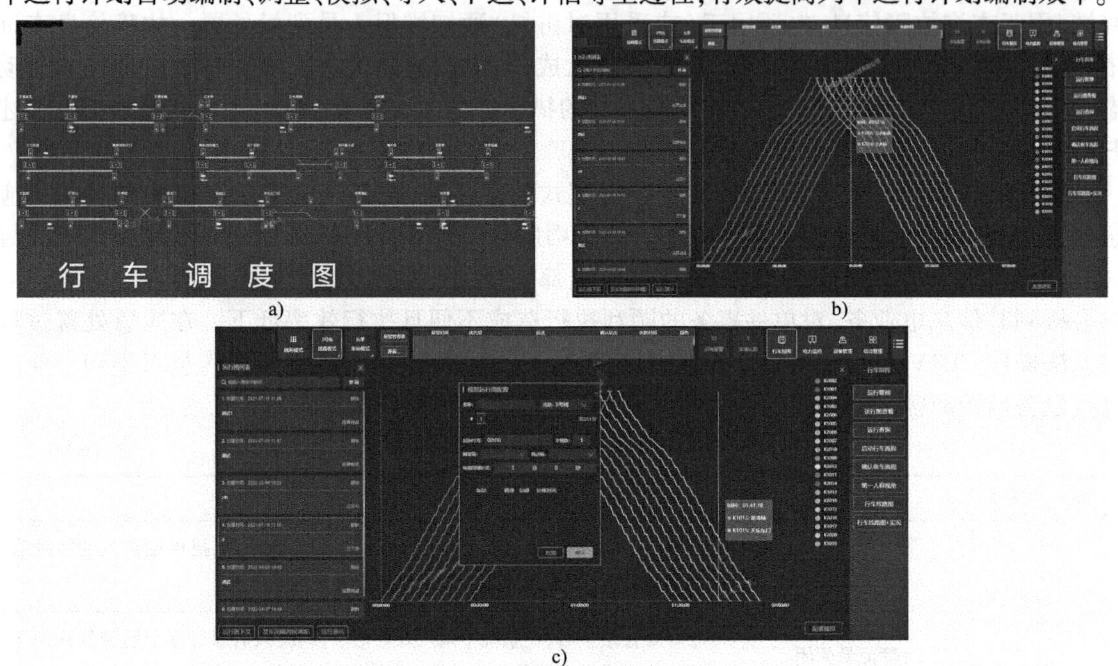

a) b) c)

图 3-9 列车运行计划编制系统

2. 列车运行监控系统(图 3-10)

由于地铁使用的设备庞杂，单纯依靠综合监控系统，生产调度需花费大量精力对各设备状态进行查看，而且还存在遗漏重要报警信息的可能。为解决上述问题，需在已建立的综合监控系统基础上，对其监控的信息进行有机整合与分类处理，以实现对地铁重要设备整体情况进行实时监控。

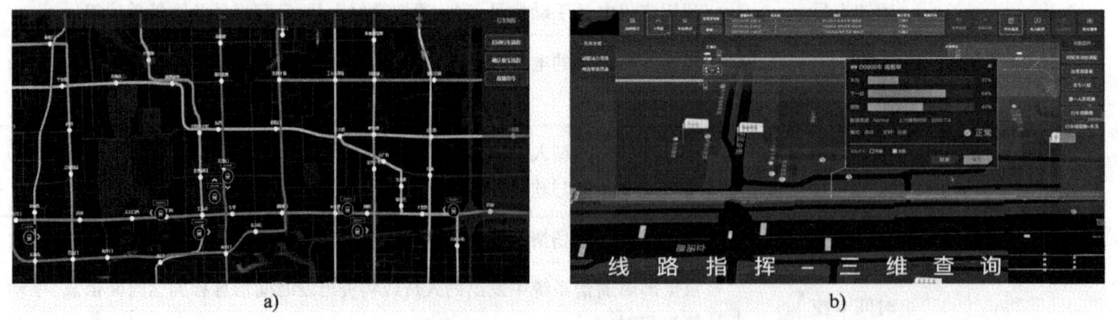

a) b)

图 3-10 列车运行监控系统

列车运行监控系统能减轻生产调度人员的全局性监控工作强度，能通过获取 ATS、ISCS、车辆故障报警及列车运行异常信息告警并提示行调，同时联动 ATS、CCTV、调度通信设备快速定位至故障地点，缩短调度人员人工查找故障点及设备操作时间。系统还能根据不同监控重点预设各种筛选条件，将重要的报警以更直观、突出的方式展示，能将筛选后的重要报警信息便捷推送，让维修人员直观方便地远程了解设备运行状态和重要参数指标，预判故障、提早解决，避免设备故障给运营造成影响。

3. 列车运行调整系统（图 3-11）

列车运行调整系统可根据客流变化情况，协助调度人员动态调整当日列车运行计划，快速实现运能与客流的精准匹配；故障情况下协助行调进行扣车、越站、掉线、变更列车运行交路等行车调整，包括联动 ATS 及发布行车调整电子调度命令至列车司机、车站，减少因人员配合不当或工作疏忽造成行车调整失误，提高列车运行调整效率。

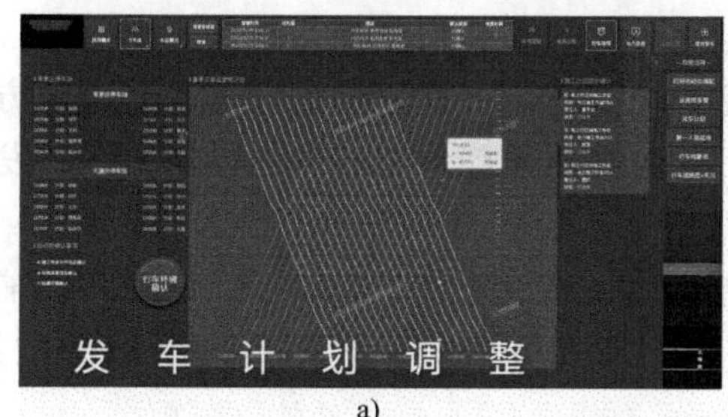

a)

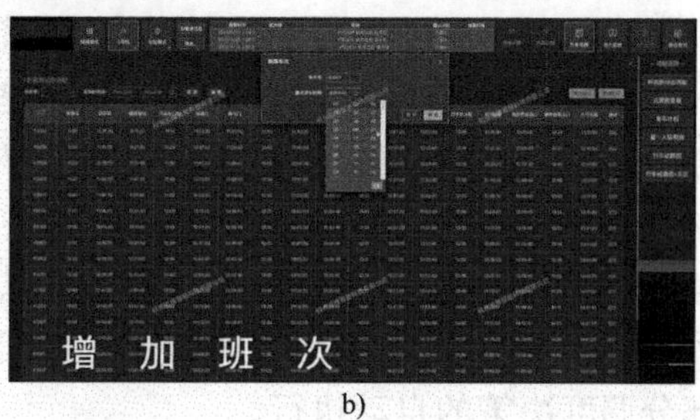

b)

图 3-11 列车运行调整系统

4. 应急调度指挥系统（图 3-12）

应急调度指挥系统用于协助调度判断信号、车辆、供电、站台门等故障对行车的影响，并提供行车应急调整策略、联动相关系统或设备、卡控应急决策启动时机等，分担部分调度应急处置工作，提高调度应急处置的安全性、准确性。

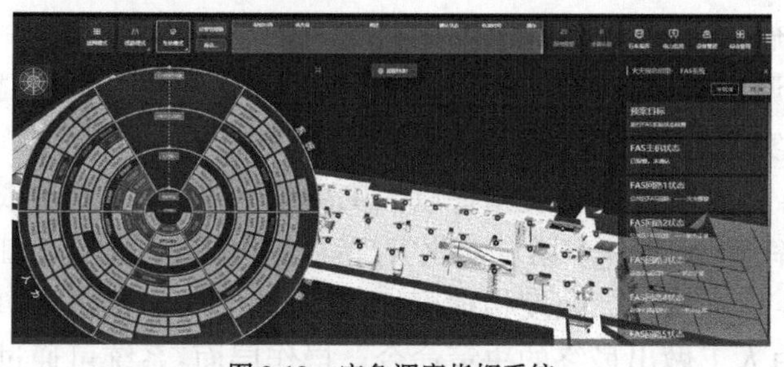

图 3-12 应急调度指挥系统

应急调度指挥系统

针对地铁设备故障告警信息数量多且需稳妥应对，尤其是发生大型故障，故障信息量大且信息源多时，需要智慧调度系统的多源信息融合技术、经典数据挖掘优势，辅助生产调度快速做出精准判断，向各级单位推送正确故障恢复指令，提高指挥质量和效率。

例如，汛期车站进水可能造成设备浸水引发故障的紧急情况下，生产调度一方面要配合客运部门优化车站运营模式；另一方面需要组织维保单位开展抢修。生产调度若缺乏对大量信息快速处理和分析的手段，将延长精准判断故障时间，进而影响应急抢险工作的快速开展。

天津地铁智慧调度

5. 信息采集与发布系统

随着信息技术的发展，应加强智慧调度系统与其他信息系统的融合。利用智慧调度功能完成调度日常业务中维修工单派发与接转，自动进行报表和记录制作等重复性工作，可以节省调度员及其他专业人员的精力，更能避免人为差错，达到减员增效的效果。

三、智慧调度系统功能

1. 智慧调度系统功能划分

(1)划分原则

基于城市轨道交通智能调度系统执行行车调度任务的智能化和自动化程度，可将智能调度系统的功能按初期、近期、远期划分为三个阶段。

①调度智能化评估要素

一般根据以下三种实现手段对调度功能智能化实现的难易程度进行评估。

人工：调度人员在决策过程中人工识别提取决策所需相关信息，根据经验制定决策方案并预估方案效果，再由调度人员根据事件类型人工联动相关部门或系统下发调度命令、发布信息、执行调度决策。

辅助：系统为调度人员在决策过程中提供决策信息、建议方案、方案评价等服务以辅助调度人员做出合理的决策，系统在决策过程中可提示调度人员(或自动)联动相关部门或系统，实现部分调度决策的自动执行。

智能：系统通过自主学习、人工智能等技术在决策过程中提供优化后的决策方案，经调度人员审核后由系统自主联动相关部门或系统完成调度决策的执行。

②调度智能化评估类别

按照列车运行计划编制、列车运行监控、列车运行调整、应急调度指挥、信息采集与发布等五个功能类别，对以行车为主的调度功能进行智能化程度评估。

(2)智能调度系统功能分期(表3-2)

经过对目前行车调度相关系统功能的梳理，并结合调度智能化发展趋势，按以下三个阶段对智能调度系统功能实现进行分期。

初期：人工决策+系统辅助。调度指挥以人工决策为主，调度人员依据规章和经验发布行车命令、进行行车指挥，由ATS和车场自动化管理系统等辅助完成部分工作。

近期：辅助决策+自动执行。调度指挥层面：系统能够初步给出简单的调度决策方案和指令供调度人员参考，由人工做出最终的决策命令。操作层面：系统可通过联动相关系统实现部分决策指令自动执行。

远期：辅助决策+自主执行。系统通过对近期阶段中人工决策的自主学习，基本实现决策智能化，能够依据经验做出可操作性强、可实施的调度方案，经人工审核确认后，通过系统联动智能执行决策指令。必要时人工可依据实际情况对决策指令进行适当调整。

智能调度系统功能分期表

表3-2

阶　段	列车运行计划编制	列车运行监控	列车运行调整	应急调度指挥	信息采集与发布
初期(人工决策+系统辅助)	人工	人工	人工	人工	人工
近期(辅助决策+自动执行)	辅助	辅助	辅助	辅助	辅助
远期(辅助决策+自主执行)	智能	智能	智能	辅助/智能	智能

表3-3为城市轨道交通行车智能调度需求功能表。

城市轨道交通行车智能调度需求功能表　　表3-3

功　能	初期（人工决策+系统辅助）	近期（辅助决策+自动执行）	远期（辅助决策+自主执行）
列车运行计划编制	人工输入基础编制参数，确定简单运力配置计划；系统辅助进行冲突检测，并基于运行图导出的指标参数进行简要评估	系统获取列车运行计划编制基础数据，可对列车运行图时间参数进行计算、处理和维护，以“系统为主，人工确认”方式完成列车运行计划的编制、调整、评估与优化	系统接收客流预测相关数据，为运营日或运营时段投放精准运力和“定制”列车运行计划，实现“按需发车”。同时，基于运输效率和运输经济目标，融入换乘衔接和能耗管控优化措施，实现网络化高质量列车运行图计划目标
列车运行监控	系统辅助调度人员进行列车运行监控工作，对异常情况进行报警/提醒，调度人员及时人工介入进行后续处理	系统辅助调度人员进行列车运行监控工作，对异常情况做出智能判断，并联动行车设备动作，语音报警提示，调度人员及时人工介入进行后续处理	在近期功能实现基础上，列车运行监控工作将依靠系统进行，系统可对上线列车进行智能化监控，出现异常情况时进行语音报警、下发电子调度命令并联动相关设备进行智能判断及处理
列车运行调整	人工确认具体调整措施，通过ATS等系统操作执行	系统可结合客流变化或故障影响情况，提供运行调整的建议方案，人工确认具体调整措施，系统依据人工决策联动ATS操作，并下发电子调度命令至车站、列车司机及车辆基地调度等	系统结合客流及列车运行情况能够自主生成行车组织调整方案，自主联动信号系统根据调整方案执行相关操作，完成行车组织调整工作
应急调度指挥	依据规章制度、运营经验判断，系统辅助人工确定应急行车组织方案，并联动外部、内部资源进行应急处置	系统精准判断突发故障类型并确定影响范围，辅助行车调度人员确定故障处置方案，提示关键性处置操作、联动ATS指令、生成及下发电子调度命令至车站、列车司机及车辆基地调度等	在近期功能实现基础上，系统部分完成应急运营模式下的调度自主化作业，包括突发应急或故障情况下的信息自动获取、处置过程自动判断、调度命令自动下发、自动联动ATS设备执行相关操作
信息采集与发布	通过系统日志、统计报表等方式收集信息，人工进行信息上报、传达及指令生成和下发	系统采集设备故障、人员汇报、列车调整、气象信息并自动生成信息内容，人工确认后，系统按照事先设定的信息发布等级进行信息推送	在近期功能实现基础上，系统基本实现运营单位内部及外部信息的自主发布

2. 智慧调度系统接口功能

(1)大屏显示装置功能

大屏显示装置的作用及工作原理类似于OCC设置的大屏显示系统，区别在于显示内容更侧重于生成管理需要，主要用于集中显示所属线路重点设备故障集中告警信息、各站电梯安全状态实时监控信息、实时上线的车辆数量信息、隐患部位重点排查画面及打卡人员位置信息等,如图 3-13 所示。分屏软件将屏幕划分成不同显示区域,使得调度人员对不同信息一目了然。在特定时间可取消分区显示,将紧急信息切换至全屏显示,方便调度人员根据实景开展应急指挥。

图 3-13 调度大屏示意图

(2)重点设备状态监控功能

①重点设备故障集中告警

在监控告警界面将机电专业设备故障情况集中显示,如图 3-14 所示。显示内容包括:PSD 电源、水泵状态、消防稳压泵状态、人防门与防淹门、温湿度传感器、区间联络通道门、自动售检票 AFC 设备状态、电扶梯状态。以不同颜色区分显示设备运行状态,如设备正常状态显示蓝色,设备故障状态显示红色。

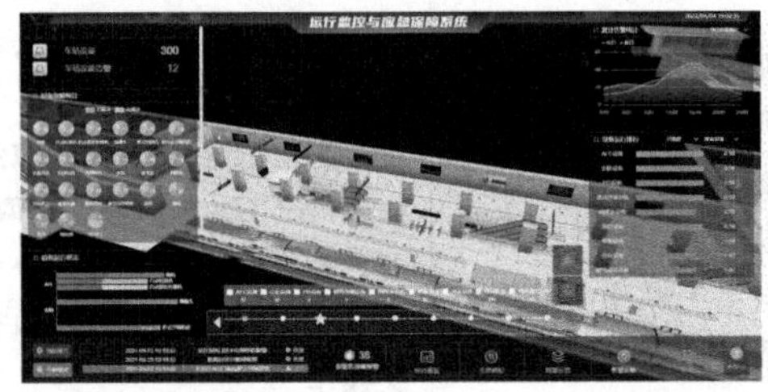

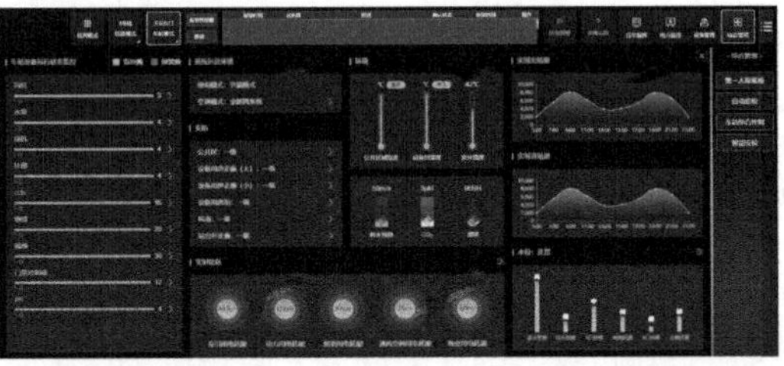

图 3-14 故障设备告警界面

调度人员一键操作定位查看故障具体情况,安排人员处理,当日处理完成后界面则用绿色标记。相较于报文信息描述,集中告警界面更有助于生产调度发现故障信息与组织维修。

②电梯安全状态实时监控

智慧调度系统可对电梯安全状态进行在线监测,掌握电梯实时运行状态,总体判断电梯故障大小及处置时间,便于组织技术力量进行支援,如图 3-15 所示。当车站电扶梯出现异常停梯时,总览界面自动发出报警及按需显示电扶梯故障信息(如故障代码、检修记录、故障历史记录、备件信息等),调度人员精准向维修人员告知故障代码,指导维修人员进行维修操作,甚至可细化到携带工具和备件种类。相比于传统"等、靠、要"故障处置模式,智慧调度系统能更好发挥设备预警及先期指挥作用。

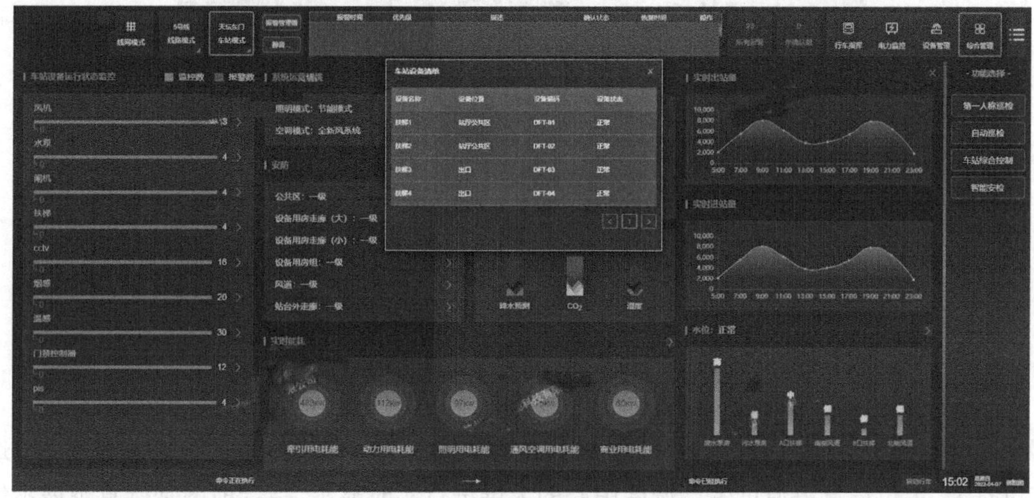

图 3-15　电梯安全状态实时监控图

③实时上线车辆监控(图 3-16)

利用系统间接口自动获取线路当日上线运行车辆和备用车辆数量信息并实时显示,当出现应急情况时,安排备用车辆上线运行后实时更新并同步调度大屏显示,自动生成专项记录,及时掌握备用车数据,随时做好应急情况车辆替开准备。

图 3-16　实时上线车辆监控图

(3)隐患部位重点排查及人员定位功能

①重点隐患部位定时巡查

在系统内置的重点隐患部位梳理统计表基础上,智慧调度系统定时自动开启巡查,避免人为因素遗漏(如遗忘)。在汛期等特殊阶段,生产调度可充分利用中央大屏的多屏显示功能,全面监控防汛重点隐患部位实时状态,如图 3-17 所示。发现隐患部位发生异常,生产调度立即组织专业人员前往现场进行应急处置,避免安全隐患扩大。每日对重点隐患部位进行远程监控,能够尽早掌握现场情况,方便快速组织人员前往处置。

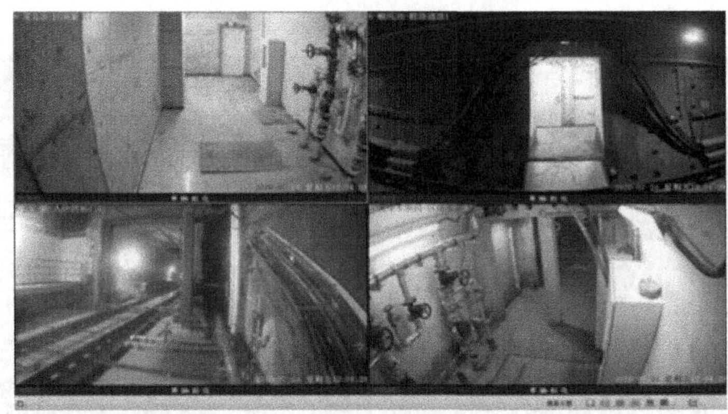

图 3-17 隐患部位监控

②早晚高峰及应急处置人员定位

当早晚高峰值守(或应急处置)人员到达位置后通过企业微信(或其他管理软件)模块进行定位打卡,定位信息将通过生产调度中心的大屏进行实时显示,结合地图基础直观展示值守人员到位情况(图 3-18)。该功能的优势:一是生产调度在早晚高峰期间对现场值守人员到位信息清楚掌握,避免虚报位置;二是发生紧急故障时,生产调度可通过值守信息调配就近人员及时前往现场进行故障处置。

早晚高峰及应急处置人员定位

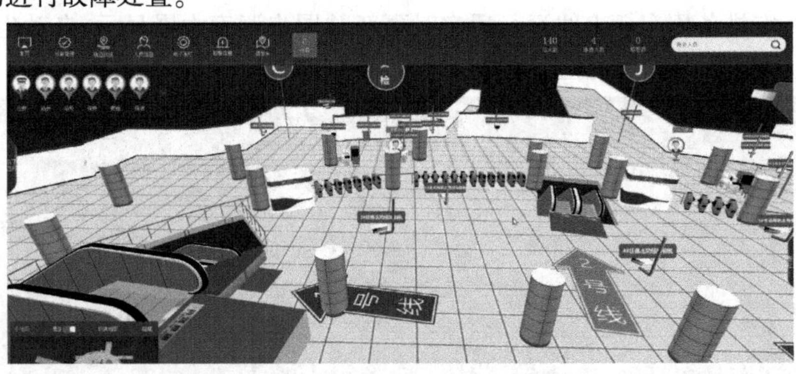

图 3-18 应急处置人员定位功能

(4)应急处置功能

①关键设备状态专项监控

在系统内置的关键设备梳理统计表基础上,系统定时自动开启设备专项巡检并将结果生成报表,如按照汛期制定水泵专项巡检场景,在发布汛期暴雨预警时,系统按不同的预警等级预设或手动输入巡检频次,周期内自动(或手动)开启水泵远程巡检工作,系统的关键设备状态专项监控功能以水泵界面为主。在应急情况下,能实时掌握关键设备状态,及时发现问题、处理问题、反馈问题。

②关键信息卡控表实时推送

将各专业应急事件梳理、归类后形成关键信息卡控点,应急事件涉及的每项关键点信息内容均固化,用于程序化指导现场事件处置。如机电专业梳理的应急事件为:车站进水、车站爆管、区间爆管积水、站台门不联动、火灾冒烟、AFC 误联动、气灭误联动、400V 进线开关失电。车站进水事件关键节点信息表如图 3-19 所示。

车站进水事件关键节点信息表

图 3-19　车站进水事件关键节点信息表

发生应急事件时，当班调度利用智慧调度电话、即时联络群收集关键点信息，及时确认至系统中，流水式显示处置进程，每完成一项勾选一项，界面及时更新，直观展示事项处置完成状态。当所有固定事项确认完毕，表明事件处置完毕。调度人员全面掌握应急事件实时处置进度，可提升生产调度的应急指挥效能。

③应急地点 CCTV 专项监控

该功能主要用于应急情况下的远程视频现场监控。发生应急事件时，调度人员将 CCTV 显示画面切换至应急事发站点区域，实时显示现场情况，处于远方的指挥人员能根据画面显示，动态调整、修正布置安排，合理调配有限的抢险资源。

④应急物资定位监控

在重点抢险设备运输车辆已安装定位系统的基础上，发生应急情况及时将车辆定位信息打开并投至大屏，实时掌握抢险物资动态位置，定时自动将位置信息推送至指定人员共享群，做好系统性抢险工作。相比于传统电话询问司机位置，该功能提升了防汛应急抢险中对物资设备的实时掌握，也避免了司机在行车途中接打电话报送位置而产生的安全隐患。

⑤智慧运营调度电话应用

以企业微信/钉钉（或其他即时通信软件）平台为基础，发生紧急情况时，智慧运营调度电话以语音电话与事件看板两种方式同步下发应急信息。如暴雨预警、突发事件、设备抢修发生时，智能调度语音电话向所有人员一键发布应急事件信息，亦可一键拨号，以语音方式将应急信息通报至值班领导、各职能分部负责人及区域抢险队员。该功能较传统人工电话逐一拨号通知，提高了信息传递速度，能更好地统筹安排应急抢险工作。

表 3-4 为智慧调度系统接口功能。

智慧调度系统接口功能　　表 3-4

序号	项　　目	功　能			
		智慧调度系统	内容	接入单元系统	内容
一、大屏显示装置					
1	显示单元	大屏显示及工作站	分屏显示各功能模块信息	接入智慧调度系统各子系统	通过综合监控系统（或其他系统，如 PMS）提供设备状态信息

续上表

序号	项　　目	功　　能			
		智慧调度系统	内容	接入单元系统	内容
二、重点设备状态监控					
1	重点设备故障集中告警	集中告警单元	以线路为单位集中显示重要设备的告警信息，生成集中监控记录	接入系统（BAS、PIS、AFC、PSD、消防给水、人防门等）	提供PSD电源、水泵状态、消防稳压泵状态、人防门与防淹门、温湿度传感器、区间联络通道门、自动售检票AFC设备状态、电扶梯状态
2	电梯安全状态实时监控	电梯安全状态实时监控单元	实时监控线路（或线网）电梯信息，异常时报警，读取设备故障代码，生成故障维修记录	电梯	通过BAS系统或物联网上传电梯自身实时状态信息，异常时反馈提交故障代码
3	实时上线车辆监控	车辆信息单元	实时显示当日备用车数量，备用车上线后实时更新、生成记录	ATS系统	上传当日线路用车数量和备用车数量，以及备用车上线状态信息
三、隐患部位重点排查及人员定位					
1	重点隐患部位定时巡查	专项监控单位元	按周期自动开启巡查功能，根据读取设备状态信息进行判断，巡查结果生成报表	接收监控的重点设备	通过综合监控系统（或其他系统，如PMS）上传设备实时状态信息（本体具备判断功能的则上传判断结果）
2	早晚高峰及应急处置人员定位	应急人员调度单元	接收定位信息并配合地图基础实时显示	手持终端（如手机）	根据预设功能定位打卡，向系统发送定位信息
四、应急处置功能					
1	关键信息卡控表实时推送	关键信息卡控单元	内置各应急事件关键信息卡控点，流水式显示各关键点完成情况、生成处置进度条	关键信息卡控表	预置各紧急事件的处置流程、处置关键点，具备“逐项打钩（类似的其他方式）”确认结果
2	应急地点CCTV专项监控	CCTV单元	通过现场摄像头获取指定位置的实时现场画面并按需显示	CCTV	预置关键区域（易发生紧急情况区域）摄像头，视频信息实时传输

续上表

序号	项目	功能			
		智慧调度系统	内容	接入单元系统	内容
3	应急物资定位监控	应急物资定位监控单元	读取应急物资定位信息并按需显示，供指挥人员实时掌握动态位置	应急物资(设备)	安装定位系统末端设备，接收定位监控
4	智慧运营调度电话应用	智慧运营调度电话	紧急情况时，以语音电话与事件看板两种方式同步进行应急信息下发	手持终端(或手机)	接收应急调度系统发布的应急事件信息及语音电话

四、智慧调度系统预期效果

智慧调度系统抽取综合监控系统(主要获取渠道)中各设备历史报警数据，分析确定对设备运行及运营服务影响重大的报警种类，将这类报警信息导入重要设备故障集中预警子系统，以“红闪+声音”加强提示，集中在一个画面以一览图方式投放于智慧调度大屏直观展示。利用声光同步显示，更便于生产调度人员查看。同时向维保人员的手持终端推送报警信息，维保人员通过设备报警一览图的设备报警链接一键跳转至车站综合监控系统的设备状态页面查看故障详情，简化操作流程，降低操作难度。

1. 方便快捷推送生产信息

在深度融合的企业微信(或钉钉)等具备生产功能的即时通信工具基础上，智慧调度系统利用人员身份、权限信息，按照预设流程通过企业微信、钉钉平台向各级人员推送生产信息。根据生产信息的划分级别，智慧调度系统分级分类推送，达到“低级别故障通知全覆盖抄送”“高级别故障精准推送”的效果。

2. 直观显示应急信息

利用智慧调度系统中配置的应急大屏作为集中显示终端，借助应急显示大屏控制工作站运行的分屏显示软件，将实时采集的应急事件关键信息全面显示在大屏上，实现应急调度系统各项组织流程全程可视化管理。

3. 精准抽取人员信息并语音通知

发生应急事件时，智慧调度系统按照内置的应急事件响应通讯录，自动触发已安装的调度值班智能电话，并将预置的文字转换为语音，电话通知通讯录中的相关人员。

4. 应急预案导读，提高人员抢险技能

将原应急预案体系中各专业纸质应急预案电子化后，分专业、分级别导入系统，使用人员可系统查阅学习，在应急抢险时还可利用手持终端快速查看后比照执行，辅助员工提高应急事件处置能力。

五、智慧调度系统故障应急处置措施

针对智慧调度系统故障，无法实现系统功能时，当班人员按照以下流程进行应急处置。

1. 故障判断

智慧调度系统大部分功能建立在综合监控系统上，除本系统硬件故障外，故障原因多为应用软件故障、系统传输网络故障、接入子系统的接口故障等。出现故障时，应排除本系统硬件故障（如工作站物理损坏）后，利用智慧调度系统的显示图标（或颜色）状态、异常报警信息初步判断故障范围。若全部程序功能无法使用，则故障点在智慧调度系统；若部分功能无法实现，则故障点在接入的下位子系统。

2. 应急处置

当出现智慧调度系统全部功能无法使用时，应立即回归传统"电脑 + 电话"调度模式，保证调度生产工作有序进行。若单项子系统或单设备功能无法正常使用，调度人员应立即使用综合监控工作站显示状态进行二次判断故障状态，并及时联系维修人员。

3. 后续措施

根据智慧调度系统维修手册，按照"先软件后硬件"的方式排除故障，依次检查智慧调度系统应用程序进程是否卡滞（关闭与重启）；检查网络通信端口数据是否正常；检查与下位子系统的通信状态；检查服务器宕机与否（如宕机则重启）。

课堂交流

2021 年 7 月 20 日，郑州地铁因特大暴雨导致全网停运，一辆列车迫停隧道，造成人员伤亡。请思考，假设郑州地铁线路调度指挥中心使用了智慧调度系统，会有不同的结果吗？具体怎么操作呢？

温馨提示：在下班高峰时段发生车站进水事件后，调度人员根据系统内置的车站设备重点故障卡控表目录选择"车站进水"事件；再结合系统对高峰值守人员信息、应急物资信息的实时定位功能，按照就近原则通知人员快速到场处置，及时推送事件处置措施信息。

任务实施及评价

智慧调度系统应用及故障应急处置

学院		专业	
姓名		学号	
小组成员		组长姓名	

一、工作任务场景

结合区间爆管应急处置流程，操作智慧调度系统完成抢险人员调度、实景指挥和信息逐级或一键下发等。

二、前置知识

1. 简述传统生产调度工作模式。

2. 调取综合监控水泵界面，完成全线水泵状态查看。

3. 简述车站进水的应急处置过程。

三、任务实施

任务实施内容
1. 智慧调度系统操作
1.1 通过告警信息、页面显示等检查重要设备状态，按需操作调出功能界面，判断各功能子系统是否正常工作
1.2 熟悉大屏各单元的显示信息，按需操作大屏工作站，将重要信息投送至大屏显示
1.3 在工作站调取重点设备故障集中告警页面，根据图标状态、颜色显示判断设备状态；针对显示异常的报警，快速操作查看报警设备的详细信息
1.4 通过重点设备故障集中页面的告警设备名称判断所属维保专业，建立维修工单并开启工单流转
1.5 调取电梯安全状态实时监控页面，根据颜色显示判断电梯状态；出现异常时，读出显示的故障代码，熟悉急停代码含义
1.6 出现急停、困人时，熟悉应急预案，及时调派站务人员安抚乘客，并即时通知维保人员，推送信息
1.7 调取车辆信息页面，检查系统状态，读取线上用车数量、备用车数量和位置
1.8 熟悉重点隐患部位定时巡查功能及特殊时段的全部隐患部位；使用巡查功能，并根据视频画面，判断安全隐患点是否出现异常情况；出现异常时，能根据巡查结果判断隐患点情况是否扩大；生成巡检结果报表，检查报表的准确性
1.9 熟悉机电专业重要应急事件和影响范围，以及初期的处置方案、需调派的处置人员和物资；检查早晚高峰人员打卡及应急处置人员定位信息

续上表

1.10　发生应急事件时，将调度中心大屏画面快速切换至应急事发站点相应区域；判断故障信息等级，正确推送信息；利用智能调度语音电话一键拨号功能，语音通报相关人员；根据事件类型快速调出对应事件关键信息卡控表，根据现场信息卡控流程进度
2. 故障的判断
2.1　通过终端显示的故障现象初步判断故障点位和所属维保专业
2.2　若部分功能无法实现，则故障点在下位子系统
2.3　若全部程序功能无法使用，则故障点在智慧调度系统
3. 故障应急处置
3.1　当出现智慧调度系统全部功能无法使用时，应立即回归传统的“电脑 + 电话”调度模式，保证调度生产工作有序进行
3.2　若单一子系统功能无法正常使用，通过综合监控工作站显示状态进行预判，然后进行生产人员和维修资源调度
4. 故障处置后续措施
4.1　按照智慧调度系统使用维修手册，依次对智慧调度系统应用程序进程重启、应用服务器重启，检查系统网络通信状态，检查末端设备通信状态

四、评价反馈

（一）评价标准

项　　目	项 目 内 容
接受工作任务	明确工作任务，理解任务在企业工作中的重要程度
前置知识	本次实训前需要掌握的知识程度
能力评价	智慧调度系统操作
	故障的判断
	故障应急处置
	故障处置后续措施
素养评价	工作计划性强，安排得当
	团队合作能力强，善于沟通合作
	自主学习能力强，勇于克服困难
	严谨认真，积极参与课堂
	演示文稿制作精美，汇报演讲能力强
评价反馈	自我评价：能对自身表现情况进行客观评价，能在任务实施过程中发现自身问题
	小组互评：客观、公正，能指出其他组的问题

（二）自我评价

请根据在课堂中的实际表现进行自我评价与自我反思。

续上表

序　　号	评 价 标 准	
1	接受工作任务	☆ ☆ ☆ ☆ ☆
2	前置知识	☆ ☆ ☆ ☆ ☆
3	能力评价	☆ ☆ ☆ ☆ ☆
4	素养评价	☆ ☆ ☆ ☆ ☆
自我反思：		

(三)小组互评

请小组之间根据在课堂中的实际表现进行小组互评。

序　　号	评 价 标 准	
1	接受工作任务	☆ ☆ ☆ ☆ ☆
2	前置知识	☆ ☆ ☆ ☆ ☆
3	能力评价	☆ ☆ ☆ ☆ ☆
4	素养评价	☆ ☆ ☆ ☆ ☆

(四)教师评价

项　　目	项 目 内 容	分值	得分
接受工作任务	明确工作任务，理解任务在企业工作中的重要程度	5	
前置知识	本次实训前需要掌握的知识程度	5	
能力评价	智慧调度系统操作	10	
	故障的判断	10	
	故障应急处置	10	
	故障处置后续措施	10	
素养评价	工作计划性强，安排得当	5	
	团队合作能力强，善于沟通合作	5	
	自主学习能力强，勇于克服困难	10	
	严谨认真，积极参与课堂	10	
	演示文稿制作精美，汇报演讲能力强	10	
评价反馈	自我评价：能对自身表现情况进行客观评价，能在任务实施过程中发现自身问题	5	
	小组互评：客观、公正，能指出其他组的问题	5	
得分(满分100)			

视野拓展

责任在肩，统筹协调

调度，常用作动词，意为调动；安排人力、车辆。用作名词时，可以指担负指挥调派人力、工作、车辆等工作的人，即调度员。

下面让我们来了解成都地铁调度员繁忙、紧张、充实的一天。

00:10：成都地铁最后一列车回停车场，调度员开始了新一轮的忙碌。

04:30：调度员确认线路施工结束、线路出清，确保安全后，中环控制中心行车调度员开始对车站发布运营检查命令，同时监控、配合车站工作人员进行运营前最后一步检查。

05:10：调度员组织首列轨道车开出，确保首班车正点、安全运营。

07:00：调度员紧盯监控大屏，确认线上每一列车的位置与时刻，控制行车间隔与安全，确保准点运行。

19:00：调度员白班与夜班交接。

地铁运营管理是一项复杂的系统工程，每个岗位都是系统中不可分割的部分，各个岗位联动协作，才能有效完成系统任务。任何一个环节出了问题，可能会影响整个系统的效率。这就需要各岗位人员忠于职守，团结协作，以整体目标为目的，发挥团队精神，上传下达，信息互通，形成巨大的合力，提高工作效率，完成地铁运营系统中的各项任务。未来，通过安装卫星导航终端设备，可进一步缩短列车行驶时间间隔，降低运输成本，有效提高运输效率。

任务三 城市轨道交通全景巡站系统应用

学习目标

1. 区分全景巡站系统与传统巡站系统。
2. 掌握全景巡站系统业务需求及功能。
3. 掌握全景巡站系统预期效果。
4. 当全景巡站系统出现异常情况时，能迅速进行应急处置。

任务导入

某城市连接市内主要旅游景点的城市轨道交通线路，引入并全面使用全景巡站系统。在端午小长假各站陆续启动大客流预案运行的关键时期，车站人员在全景巡站系统工作站的报警提示下，及时发现某站站台 A 端一台电扶梯自动停梯，且产生客流拥挤，此时站台岗在站台 B 端，车站值班员立即通知附近的电扶梯维保人员赶赴处置，并及时调配车站各岗位人员加强对站台客流引导，有效避免因设备故障引发大客流拥挤现象。

本任务需要掌握全景巡站系统监控内容、异常状态预判报警后应急处置等，通过全景巡站系统的多重现场信息先期感知、多类信息综合分析与处理，全面提升车站人员对车站运行状态的全面掌控能力。

知识课堂

一、传统巡站工作

传统巡站是指车站人员根据岗位工作制度要求，定时、定点对特定区域环境或设备状态目视检查。简言之，巡检人员在拟定的巡检时间和巡检路线开展目视巡检工作，并手动填写表格信息。其缺点是，通过表征发现异常并做出正确判断，要求巡检人员具有较高的业务技能水平，特别是个人经验占较大成分；巡检期间监督人员对现场人员动态无法掌控。当发现异常时，只能依靠现场人员描述进行二次判断，人员的经验也占较大成分。

车站作为多专业、多设备的复杂集合体，加之处于特殊环境中，巡检时要多项工作并行，如在车站巡视时，需要观察售票机前人员排队情况、出入口处人员密集程度、防火卷帘下方是否有杂物等，巡视任务繁杂且效率不高。如出现大客流，巡视人员既要引导乘客有序乘车，保障客运服务质量，还要按时按点完成巡视工作，两者很难有效兼顾，对现场情况无法做到全面的实时掌握。表3-5为巡站工作内容。

巡站工作内容　　表3-5

巡视范围	对车站站厅、站台、出入口、票务中心(客服中心)、设备区通道、管理用房等车站属地管理区域巡视，巡视周期不超过2小时
巡视内容	消防设备设施的状态，检查消火栓、灭火器箱上的封条是否完好；对于封条损坏的箱体，检查内部设备设施是否齐全
	电扶梯运行状态，包括扶梯有无异响，梯级上有无异物等
	帮助乘客，特别注意帮助老、弱、病和有困难的伤残乘客，回答乘客询问，给予乘客正确指引
	留意乘客携带的物品，发现携带违禁物品("三品"，超长、超重物品等)的乘客，要及时劝其改乘其他交通工具，并对乘客耐心解释
	留意是否有精神异常、酗酒的乘客，禁止其进站乘车，及时向车控室汇报，必要时请求警务人员或其他同事协助，并注意自我保护
	留意是否有故意损坏或偷窃车站设备设施的人，发现后及时制止，留下肇事人
	巡视各种设备设施、告示、贴纸、宣传栏等状态，发现问题及时报车控室
	留意地面卫生，通知保洁人员及时清理水渍、杂物等，设置警示牌，防止乘客摔倒

二、全景巡站系统业务需求

全景巡站系统利用车站安装的各类高清摄像头，使车站范围内视频覆盖无死角，进行全站视频信息汇集处理，改变了传统的"现场巡视 + 个人经验"的巡站方式。该系统的主要职能包括日常巡视、安全监控与异常预判三大方面。某地铁车站全景巡站系统架构如图3-20所示。

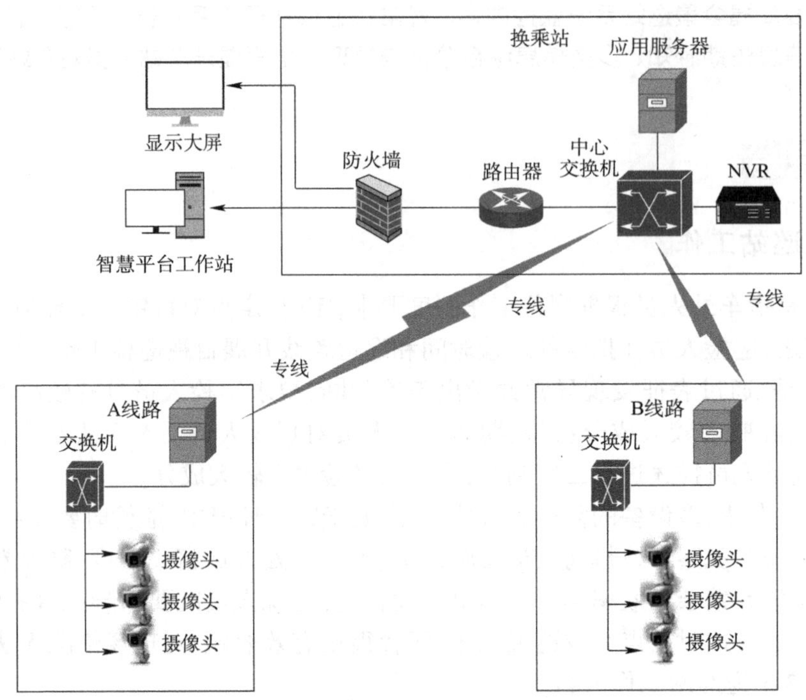

图 3-20 车站全景巡站系统架构

1. 视频替代人工巡视

全景巡站系统利用车站视频监控系统(CCTV)监控功能,针对巡站内容和范围组合分配后生成不同的应用场景,各场景对应配置路线(即根据需要将不同位置摄像头与视频图像组合),做到可视化远程巡站,结合声、光、电等提示方式,达到代替人工目视巡站,降低巡站工作对经验的要求。

例如,大客流时若某出入口出现偶发性客流密集现象,如此时离下次巡站时间点的间隔较长,无疑会延缓该异常情况的发现时机,进而导致单个出入口乘客排队时间长,容易引发客服投诉、不安全事件等,而视频巡站则只需调看该区域的摄像头获取实时视频即可。

2. 全站状态精准监控

全景巡站系统利用大数据处理和人工智能技术,根据预设筛选条件对获取的视频图像进行处理,自动判断发现异常并以直观、突出方式向使用人员展示。全景巡站系统代替了传统的“现场目视检查+视频人工判断”方式,消除了车站 CCTV、机电设备分属于不同专业的管理,消除了车站人员需要花费大量精力去现场查看、视频调取等弊端,减少了遗漏重要信息的可能。全景巡站流程如图 3-21 所示。

图 3-21 全景巡站流程

3. 日常业务自动化办理

全景巡站系统与其他信息系统融合将提升自动化效果。利用 GIS、BIM 等技术,将车站实景虚化后向使用人员提供更直观、更清晰的信息展示,减少现场无关的环境因素干扰;自动进行报表和记录制作等,省去重复性工作以节省使用人员精力,避免人为差错,达到减员增效的效果。

三、全景巡站系统功能

全景巡站系统

1. 车站三维总览

全景巡站系统以车站 BIM 模型进行三维建模，将空间位置信息、重要设备信息及工况信息内置，结合运营权限实现不同岗位人员对车站场景的差异化展示，便于根据名称、属性等关键词快速搜索定位到所需要的空间和设备。将车站直观显示在使用者眼前，实现人员对车站的全景总览，如图 3-22、图 3-23 所示。

车站三维场景总览

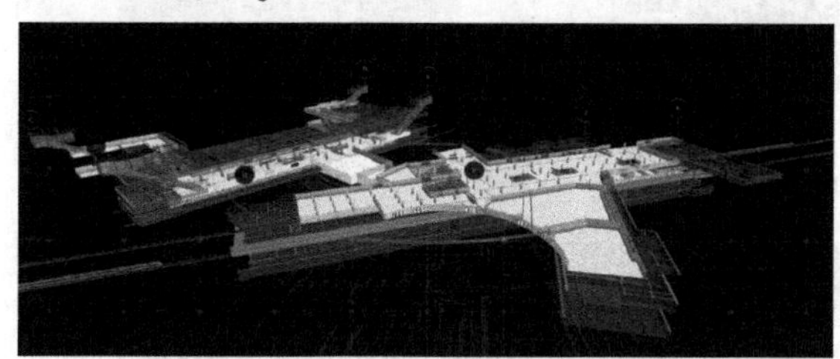
图 3-22　车站三维模型

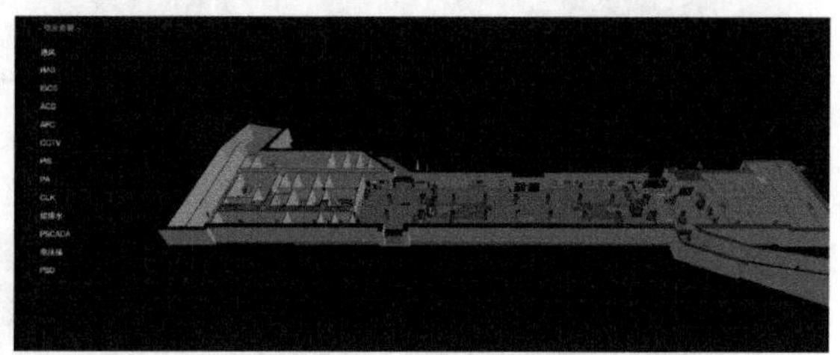
图 3-23　设备空间分布

2. 巡检路线配置

通过对摄像头进行整体规划并形成预设巡检路线(图 3-24)，对自动售票机、闸机、自动扶梯、站台门等现场情况远程巡视，掌握自动售票机、人工票亭、站台门处人员排队情况及出入口人员滞留情况，了解自动扶梯、闸机等设备运行情况，并结合图文方式进行直观显示。通过在平台中根据需要建立巡检任务，可以按照预定路线、时间，对车站手动操作一键视频巡检和无人值守的视频自动巡检。主要功能概括如下：自定义巡检路线并配置摄像头，实现分层、分区域进行巡检；设置待显示的设备状态信息，结合场景漫游以弹窗方式显示现场视频；自定义巡检速度并以第一人称视角，按照路线进行巡检，巡检过程中视线范围内的设备将以弹窗方式显示其状态信息。

巡检路径配置

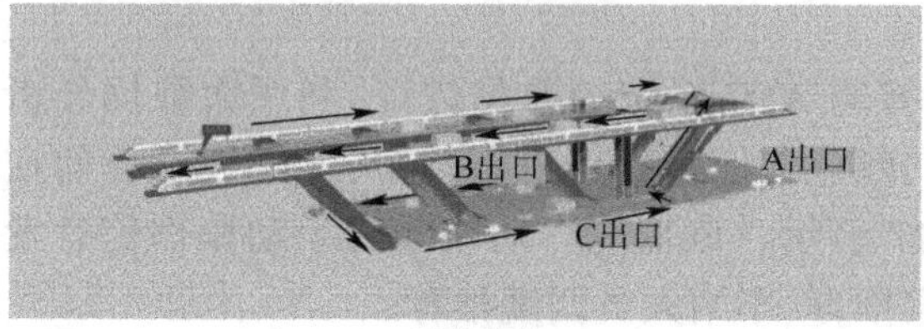

a)巡检路线

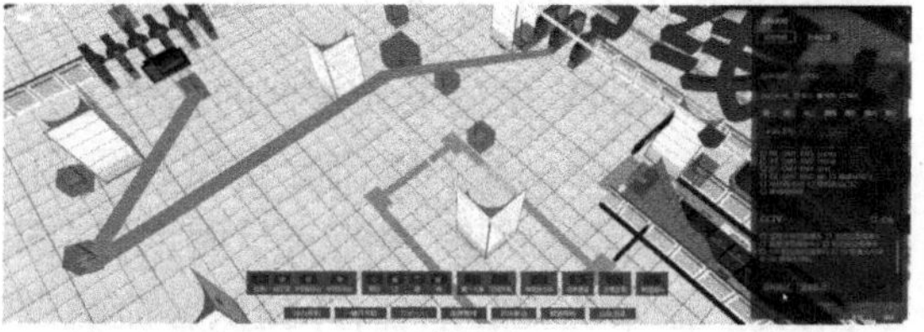
b)路线配置

图 3-24　巡检路线示意与路线配置

3. 视频分析与辅助功能

利用图像判断与视频分析功能(图 3-25、图 3-26)，对 CCTV 视频数据进行实时分析和监视，如摔倒、扶梯逆行、异常侵入、站台门过线、卷帘门附近人员停靠、遗留物、积水、奔跑、隔栏递物、吸烟等。在异常时产生告警弹出实现突出显示，并自动截取推送发生区域视频，保存异常发生区域的视频/图片证据，预防恶性事件发生，辅助运营管理并第一时间通知监测人员关注该视频信息。

视频分析与辅助功能

摔倒

扶梯逆行

异常侵入

站台门过线

摔倒

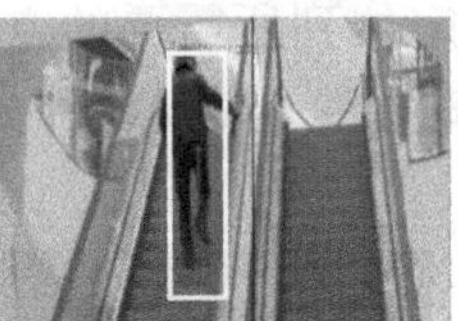
扶梯逆行

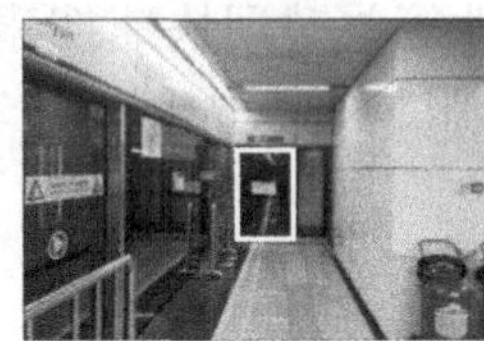
侵入

卷帘门下异常

图 3-25 判断图像

图 3-26 视频分析

4. 客流状态感知及提示

在车站 CCTV 视频采集数据的基础上，结合智慧 AFC 系统的数据佐证，利用大数据分析得出客流数据，绘制车站客流分布热力图，用不同颜色与图形标记进行区分，动态展示目前在公共区分布的客流状态、客流人员密度，如图 3-27 所示。该功能自动联动或手动操作信息发布、语音广播系统提醒乘客，并提供客流疏散预案推荐、车站人员调度推荐。

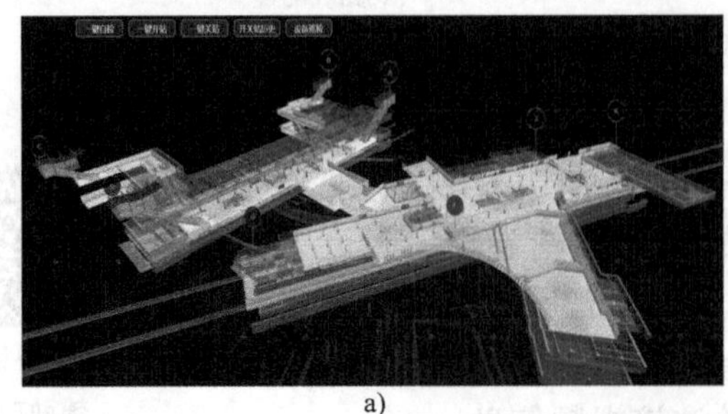
a)

b)

图 3-27 车站客流热力图

5. 车站三维定位功能

车站三维定位

全景巡站系统车站三维定位功能主要分为上岗人员定位与车站设备定位两部分，其中车站设备的精确定位为主动搜索定位功能。使用者输入名称、关键字等信息，系统搜索设备所在区域视频并显示，如图 3-28 所示。

图 3-28　主动搜索定位

报警定位一键直达功能是指当影响运营、行车安全的设备发生故障并声光告警时，利用告警信息进行一键查询，自动定位故障设备位置，并同步调用故障设备处的监控摄像头，便于使用者查看现场情况。被动报警定位如图 3-29 所示。

图 3-29　被动报警定位

上岗人员精确定位是利用在车站固定位置预置传感器与车站各岗位上岗人员穿戴的无线设备，结合车站全景三维场景实时显示上岗人员在车站的具体位置，以利于车站管理人员对上岗人员的实时管控，以及异常情况下人员就近调度等。人员定位系统架构如图 3-30 所示。上岗人员定位如图 3-31 所示。

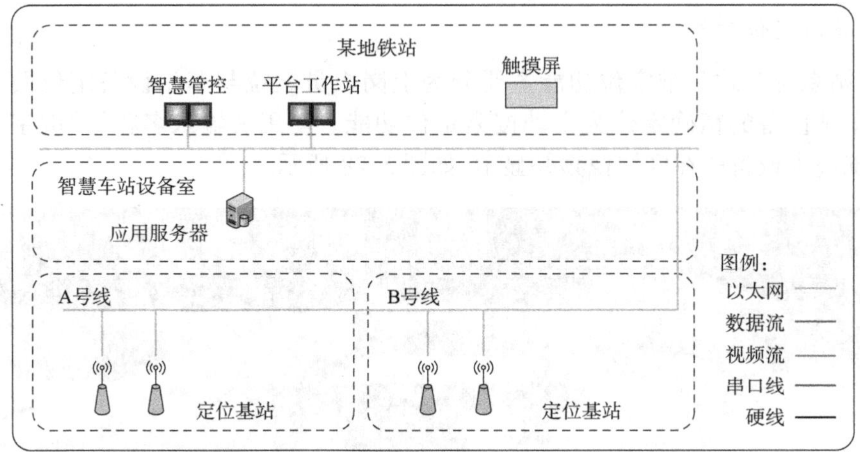

图 3-30 人员定位系统架构

图 3-31 上岗人员定位

6. 自动化辅助功能

自动化辅助功能即巡检报表电子化，自动生成巡检任务名称、巡检人员姓名信息、巡检时间(开始至结束，年月日时分秒)、设备状态及数据信息，自动上传或导出相关数据等。此外，还可实现电子交接班事项的跟踪，对车站内部/委外人员进行排班布岗，展示当日、当月工班岗位情况，如图 3-32 所示。

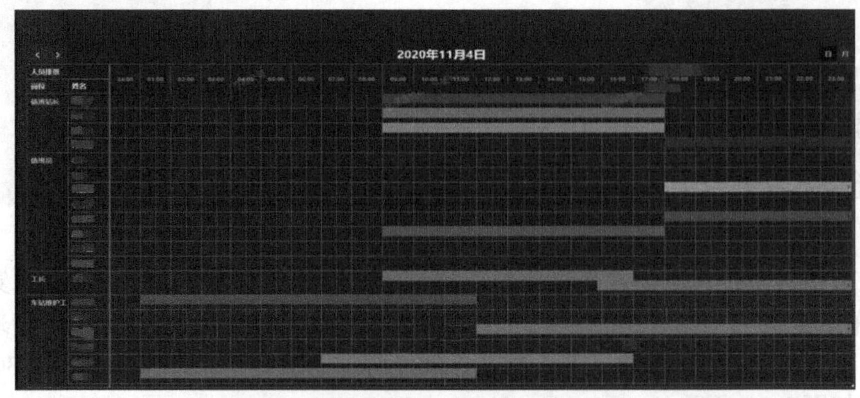

图 3-32 电子化排班

四、全景巡站系统预期效果

全景巡站系统主要是在车站CCTV数据分析基础上，将报警设备与具体位置以3D形式融合展示，辅以标记加声音提示、立体方式显示，便于使用者快速定位查找，减轻使用人员的判断、查找与分析压力。

(1)方便直观展示车站信息

车站人员及设备在三维模型下展示空间位置信息、工况信息，立体展现车站结构、机电系统设备，方便车站人员全局掌握站内环境变化、系统设备工作状态。

(2)直观显示客流信息

综合运用视频分析、智慧AFC系统数据，实时反映站内区域的乘客密度变化，可以实时掌控车站情况，合理配置资源，提高客运组织效率，保障运营安全，提升服务水平。

(3)巡检过程可视化

通过自定义设备巡检路线，对车站区域环境与设备远程进行可视化巡检，避免了人员巡检的弊端，提升了车站环境或设备巡检质量，实现从结果管控转换为过程实时管控。

五、全景巡站系统故障应急处置措施

全景巡站系统出现故障而无法实现系统功能时，当班人员按照以下流程进行应急处置。

1. 故障判断

全景巡站系统主要依据CCTV与综合监控系统数据，除本系统硬件故障外，故障多产生于系统传输网络、子系统设备等。当出现故障时，可通过全景巡站系统显示界面初步判断各接入子系统的故障点位置。若全部视频图像出现问题，重点关注传输线路或视频服务器；若其他故障，则很可能是本系统的点位故障，如单个摄像头故障、单画面卡滞等。

2. 应急处置

当全景巡站系统全部功能无法使用时，应立即回归传统的“人员定时定点巡检”模式，保证车站安全巡视检查工作有序进行，并即时联系生产人员和维修资源调度。

3. 后续措施

按照全景巡站系统使用维修手册，依次检查全景巡站系统与CCTV、综合监控等接入系统的接口数据状态，对全景巡站系统软件进程检查、网络通信状态或服务器进行重启等。

课堂交流

在国庆长假期间各站启动预案运行的关键时期，某站台重要点位的自动扶梯停梯，此时已产生客流拥挤。你作为车站人员如何能有效避免大客流，并及时推送事件处置措施信息？

任务实施及评价

全景巡站系统应用及故障应急处置

学院		专业	
姓名		学号	
小组成员		组长姓名	

一、工作任务场景

某地铁站邻近展览中心，因召开大型博览会，以值班站长身份结合车站大客流应急预案，利用全景巡站系统编制新的大客流现场处置方案。

二、前置知识

1. 简述传统巡站工作内容。

2. 以值班站长身份设置巡站路线。

3. 简述车站突遇大客流处置流程。

三、任务实施

任务实施内容
1. 全景巡站系统操作
1.1 熟悉车站的重要设备状态信息(面向站务人员查看的设备)，异常情况的处置流程
1.2 熟练调取全景巡站的功能操作界面，通过界面显示判断系统是否处于正常工作模式
1.3 熟练进入车站三维总览界面，依据说明书配置生成车站视频巡视路线；通过自动巡站和手动巡站工作模式设置功能，将系统切换至自动巡站模式，并启动自动巡站
1.4 通过巡站模式的场景漫游，查看区域摄像机视频图像；发现显示异常报警时，回放异常区域的视频，并即时通知对应人员处置；启动手动巡站功能，调取指定区域的视频图像
1.5 利用名称、关键字等信息搜索定位设备，判断显示区域的异常情况；熟悉故障设备显示标记，操作一键定位功能；操作多个视角切换，实现不同区域摄像头快速切换
1.6 使用人员定位功能，调取查看被定位人员信息
1.7 根据视频分析与辅助功能报警，熟练切换至对应区域视频，操作视频回放，并做出准确应对措施，尤其是客伤等情况的处置
1.8 调取客流状态感知及提示页面，根据提示内容顺利启动相应处置流程，尤其是大客流、人员密集的处置

续上表

1.9　熟练使用电子化交接班功能,对交接班事项进行跟踪;对车站内部/委外人员进行排班布岗,展示当日、当月工班岗位情况
1.10　按需生成各类自动化报表、趋势图等,下载转存生成的表格、报警记录等
2. 故障的判断
2.1　通过观察视频图像窗格的显示状态判断故障类型
2.2　单个摄像头故障、单画面卡滞现象,可初步判断为末端设备本体故障
2.3　全部视频图像出现问题时,重点关注传输线路或视频服务器
3. 故障应急处置
3.1　单个末端设备本体故障,可以通过调取相邻区域摄像头实现视频覆盖
3.2　当全景巡站系统全部功能无法使用时,应立即回归传统的"人员定时定点巡检"模式,保证车站的安全巡视检查工作有序进行,即时联系生产人员和维修资源调度
4. 故障处置后续措施
4.1　按照全景巡站系统使用维修手册,依次检查全景巡站系统与 CCTV、综合监控等接入系统的接口数据状态,检查全景巡站系统软件进程、网络通信状态,重启服务器等

四、评价反馈

(一)评价标准

项　目	项 目 内 容
接受工作任务	明确工作任务,理解任务在企业工作中的重要程度
前置知识	本次实训前需要掌握的知识程度
能力评价	全景巡站系统操作
	故障的判断
	故障应急处置
	故障处置后续措施
素养评价	工作计划性强,安排得当
	团队合作能力强,善于沟通合作
	自主学习能力强,勇于克服困难
	严谨认真,积极参与课堂
	演示文稿制作精美,汇报演讲能力强
评价反馈	自我评价:能对自身表现情况进行客观评价,能在任务实施过程中发现自身问题
	小组互评:客观、公正,能指出其他组的问题

(二)自我评价

请根据在课堂中的实际表现进行自我评价与自我反思。

续上表

序　　号	评 价 标 准	
1	接受工作任务	☆ ☆ ☆ ☆ ☆
2	前置知识	☆ ☆ ☆ ☆ ☆
3	能力评价	☆ ☆ ☆ ☆ ☆
4	素养评价	☆ ☆ ☆ ☆ ☆
自我反思：		

（三）小组互评

请小组之间根据在课堂中的实际表现进行小组互评。

序　　号	评 价 标 准	
1	接受工作任务	☆ ☆ ☆ ☆ ☆
2	前置知识	☆ ☆ ☆ ☆ ☆
3	能力评价	☆ ☆ ☆ ☆ ☆
4	素养评价	☆ ☆ ☆ ☆ ☆

（四）教师评价

项　　目	项 目 内 容	分值	得分
接受工作任务	明确工作任务，理解任务在企业工作中的重要程度	5	
前置知识	本次实训前需要掌握的知识程度	5	
能力评价	全景巡站系统操作	10	
	故障的判断	10	
	故障应急处置	10	
	故障处置后续措施	10	
素养评价	工作计划性强，安排得当	5	
	团队合作能力强，善于沟通合作	5	
	自主学习能力强，勇于克服困难	10	
	严谨认真，积极参与课堂	10	
	演示文稿制作精美，汇报演讲能力强	10	
评价反馈	自我评价：能对自身表现情况进行客观评价，能在任务实施过程中发现自身问题	5	
	小组互评：客观、公正，能指出其他组的问题	5	
得分（满分100）			

视野拓展

统筹与协同

[清]陈澹然《寤言二·迁都建藩议》:“不谋万世者,不足谋一时;不谋全局者,不足谋一域。”

不从全局的角度来筹谋的人,也不能在某一领域取得成就;不从长远的利益出发,不从一生的角度去考虑问题,也不能筹划好一时之事。这句话告诫我们要立足全局,树立发展观念。

这句话一是体现了整体和部分是辩证统一的关系,二者相互依存,只有从整体去考虑问题,才能明确各部分的职能,对每个部分在各阶段进行合理分配,才能促进整体的发展;二是体现了事物总是处于不断变化发展中,只有树立长远的发展观念,才能获得最后的成功,否则荣极一时也只是昙花一现。闯王李自成就是因为在推翻明王朝之后,没有统筹全局,没有树立长远的发展观,对部下只顾自己利益而耽于享乐之事置若罔闻,才被清军坐享胜利。

同时,我们也应该认识到“不谋一域者也不足谋全局,不谋一事者亦无法谋一世。”整体与部分是不能割裂的,部分的缺失同样会影响整体的发展,脚踏实地将每一阶段的事情做好才谈得上长远的发展。

任务四 机电设备远程巡检及自诊断系统应用

学习目标

1. 区分机电设备远程巡检及自诊断系统与常规日常巡检。
2. 掌握机电设备远程巡检及自诊断系统业务需求及功能。
3. 掌握机电设备远程巡检及自诊断系统预期效果。
4. 当机电设备远程巡检及自诊断系统出现异常情况时，能迅速进行应急处置操作。

任务导入

某城市轨道交通市域快线穿越待开发区域，配套不成熟，无市政排水设施等，特别是其区间风井周围甚至无市政道路进入。 在夏季防汛的重点时期，暴雨时维保人员及时通过机电设备远程巡检及自诊断系统对该市域快线的各站，特别是区间风井设备进行高频次远程巡检，通过系统的自诊断功能及时发现某大长区间水泵离线，维保人员按照汛期应急预案要求立即组织抢修，有效避免了区间积水影响，事件处置过程中同步推送事件处置措施信息。

本任务需要掌握机电设备远程巡检及自诊断系统的远程巡检功能使用、自诊断判断报警后的处置等，通过自诊断功能对现场设备进行先期感知和多类信息综合分析与判断，全面提升维保人员的远程巡检及综合处置能力。

知识课堂

一、传统机电设备巡检

传统机电设备巡检是机电专业维保人员依据作业指导书的规定定时、定点巡检，主要采用目视检查，从机电设备的外观、指示灯、HMI界面显示和运行声音综合判断设备状态。可概括为，对照检查条目，利用人眼目视检查并辅助声音判断。机电维保人员编制巡检表格、拟定巡检路线、计算可能花费的巡检时间。现场人员目视巡检、手动填写表格，通过待检设备外部表征发现异常现象，判断后采取处置措施。

由前述内容可知，传统的机电设备巡检特别依赖现场人员的工作经验、责任心及敬业精神，如维保人员漏检甚至故意不巡检，无法第一时间发现设备故障，只能在设备出现故障后才能组织处置。

很多机电设备(尤其是通风环控、低压动照、给排水、站台门)主要依靠人工进行现场巡视进行参数统计和设备检查，设备状态无法实时监控，潜在缺陷难以及时发现；机电各专业所辖设备种类和数量多，彼此间分散但又联系紧密，加之安装点位分散，其日巡检需要各专业并行推进，多方协作，以保障机电设备正常运行。因此，若设备运行状态异常，则其自诊断就显得尤为重要。

二、机电设备远程巡检及自诊断系统业务需求

1. 提升监测实时性

通过各类传感器及配套软件，对低压动照、通风环控、给排水、站台门设备运行状态进行实时监控、报警异常及时上传，实现重要的机电设备24小时不间断监控，避免漏检或不巡检现象，也避免巡检时间和路线限制，提升机电设备状态监测的实时性。

2. 提升巡检质量

在各类传感器实时监测采集并自动上传系统的数据基础上，利用大数据处理和人工智能技术对数据进行二次处理与统计，消除“现场目视检查+人员经验判断”的弊端，将异常用“提示声音+突出显示”提醒，直观地向维保人员展示，降低误差，规避人员等因素对人工巡检质量的影响。

例如，汛期时若区间联络通道出现水泵转速慢，引发集水坑水位缓慢上升，维保人员不能现场巡检此特殊位置，仅靠乘务员在行车时瞭望发现，无疑会延缓该异常情况处置的最佳时机，进而导致积水漫至道床影响行车安全。

3. 日常业务自动化办理

利用机电设备远程巡检及自诊断系统与机电各专业设备的互联功能，实现机电设备巡检状态报表、记录自动填入，避免人为重复性工作，既可以节省维保人员的精力，避免人为差错，又可实现减少维保人员数量，节约设备维保成本。

三、机电设备远程巡检及自诊断系统功能

1. 系统构成

机电设备远程巡检及自诊断系统主要是通过PLC和各类传感器组合，实现对机电设备的

运行状态、故障数据等完成采集，配合专用工业软件进行数据分析，再将系统所采集和分析后的数据根据需要上传至指定位置，系统构成如图3-33所示。

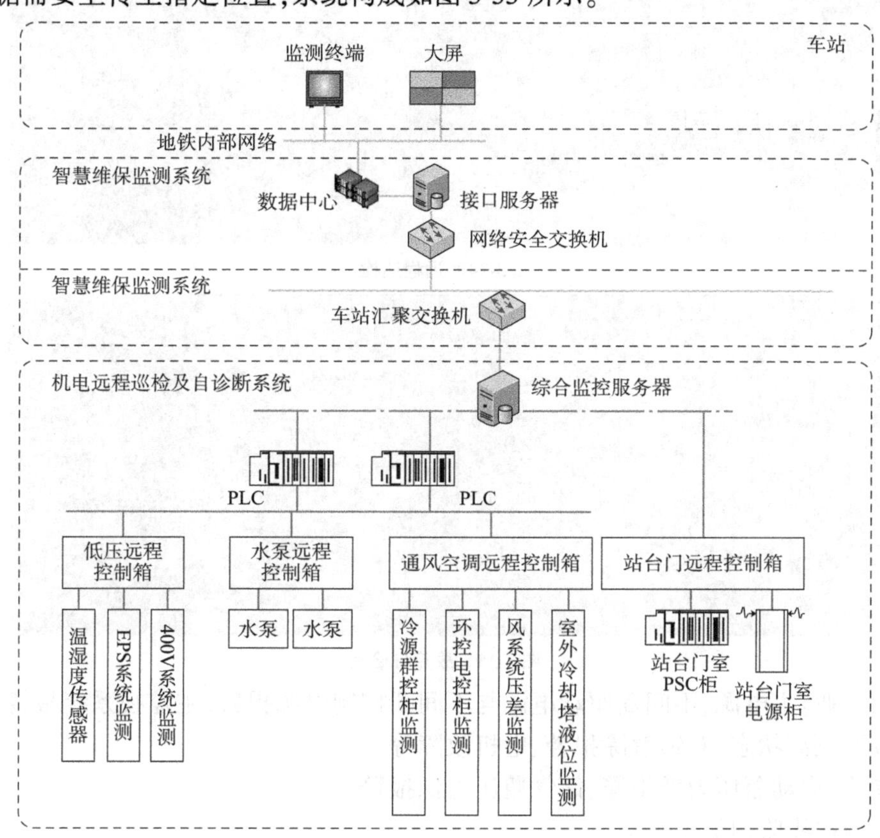

图3-33　机电远程巡检及自诊断系统构成

机电设备远程巡检及自诊断功能是针对低压动照、给排水、通风空调、站台门和消防等专业设备的重要功能部件利用传感器、自动化工业软件进行信息自动采集与上传，对所采集的信息经智能判断处理后生成巡检结果及诊断结论。

机电设备远程巡检及自诊断系统功能总览

(1)远程巡检功能(图3-34)

低压动照专业：400V进线电流/电压、开关状态、EPS蓄电池电流/电压等。

给排水专业：主要给排水管道压力、控制单元状态、水泵状态、超声波/浮球信息等。

通风空调专业：风机/空调器运行状态、风阀/二通阀开度、环控柜通信状态、模式执行状况等。

消防专业：气瓶实时压力。

(2)故障自诊断功能(图3-35)

低压动照专业：EPS蓄电池逆变模块温度信号反馈、400V开关故障状态、馈线开关状态信息反馈。

给排水专业：实现水泵远程巡检、排水能力测试、泵组状态自判断。

通风空调专业：实现环控电控室上传风机运行数据(频率、故障等)、冷水机组故障信息反馈，冷却塔液位情况反馈。

图 3-34 远程巡检

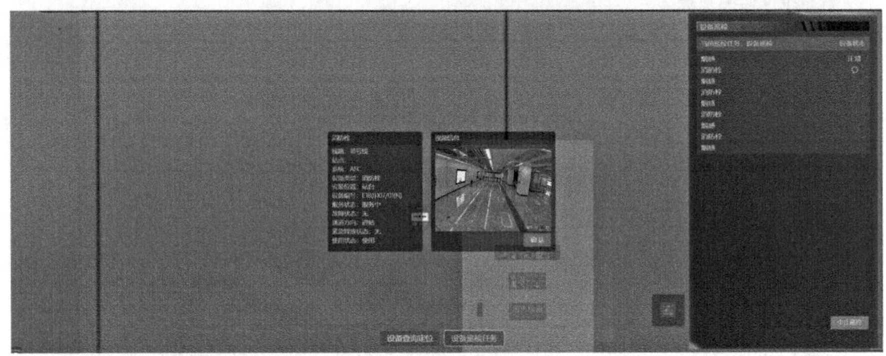

图 3-35 故障自诊断

站台门专业：主电源、不间断驱动电源与不间断控制电源报警，主监视系统报警，滑动门开关故障、手动/隔离状态、互锁解除报警、电机故障等。

消防专业：启动瓶压力低报警、储气瓶压力低报警。

表 3-6 为在线监测信息表。

在线监测信息表 表 3-6

序号	机电设备	监测内容
1	低压动照	照明配电室温湿度
		EPS 蓄电池逆变模块温度信号
		400V 电能表计数值、五大开关故障代码、馈线开关状态信息
2	给排水	水泵运行状态、水泵排水流量、泵组定时自检结果
3	通风空调	风机运行数据（电流等）、冷水机组及重要部件故障代码信息
		冷水机组运行数据及故障代码，冷却/冷冻水泵运行数据（电流等）信息
		组合式空调器新增大小系统压差信号
		冷却塔液位情况
4	站台门	单体蓄电池温度、内阻、电压点位监测
		电源状态监测，电源空开跳闸报警信号监测
		整流模块状态监测
		信号安全回路、互锁解除、开关门命令输入信号监测，反馈电压监测
5	消防	气灭系统钢瓶压力实时监测

2. 低压动照设备监测

由于低压动照设备发热量高,设备异常多通过温度异常表现,对设备房的温度与湿度监控要求高,特别是 EPS 系统自带大量蓄电池,温度异常造成蓄电池寿命缩短,还易引起蓄电池酸化冒烟等问题。机电设备远程巡检及自诊断系统通过照明配电室内的温湿度传感器实时监测室内环境温度、湿度。低压动照在线监测架构如图 3-36 所示。

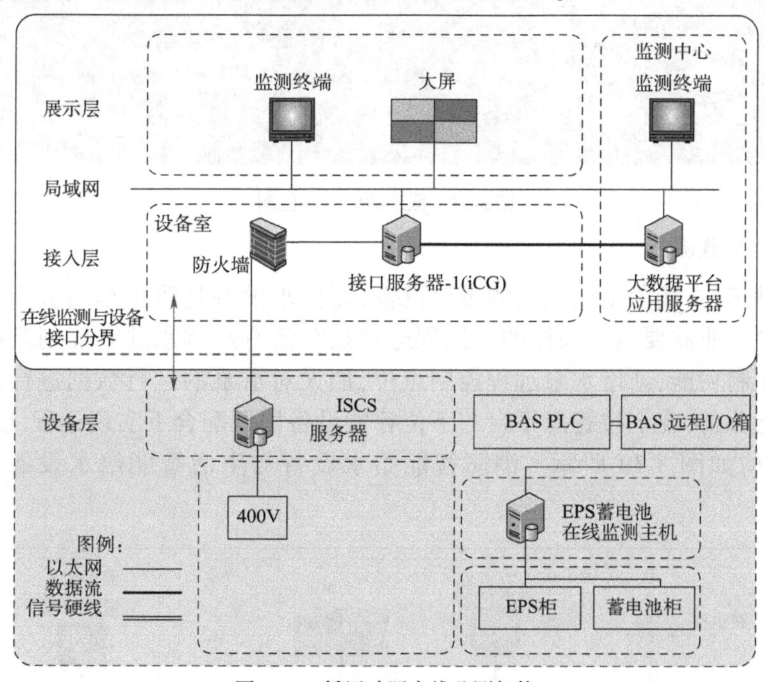

图 3-36　低压动照在线监测架构

通过 EPS 系统中蓄电池逆变模块温度来判断是否存在异常,是利用温度采集模块实时采集蓄电池温度数据并设置安全门限,超限立即报警。对 400V 开关柜室重要的表计数值、五大开关故障跳闸代码和馈线开关状态监控信息实时监控判断,如图 3-37、图 3-38 所示。

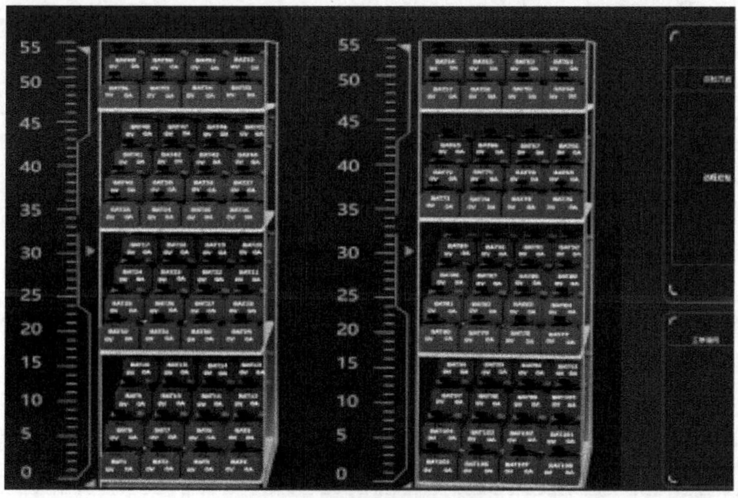

图 3-37　蓄电池在线监测

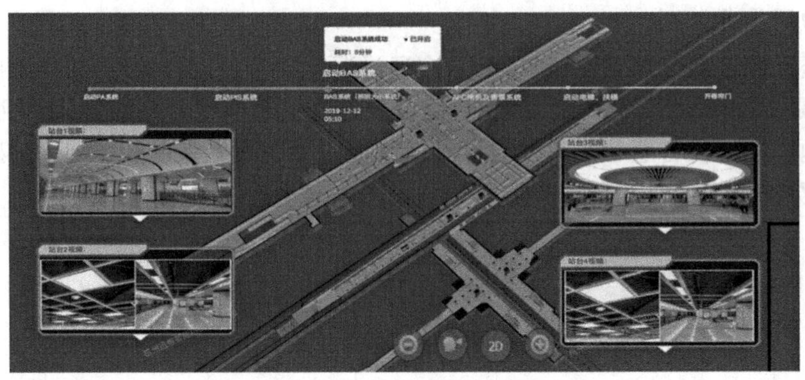

图 3-38 低压动照设备监测

3. 给排水设备监测

给水设备是车站、场段生活供水的重要设备，而排水设备是防止车站被淹的极重要设备，水泵状态是机电专业需要重点关注的。远程巡检是在已有给排水独立控制基础上，结合给排水系统的智能控制功能，新增水泵远程控制点位，加大对水泵的运行数据进行采集，并将采集数据进行智能化分析，在上位智慧平台与下位智能设备协调配合下实现远程、线网级的集中监视控制，系统架构如图 3-39 所示。消防智能给水设备与生活智能给水设备展示如图 3-40 所示。

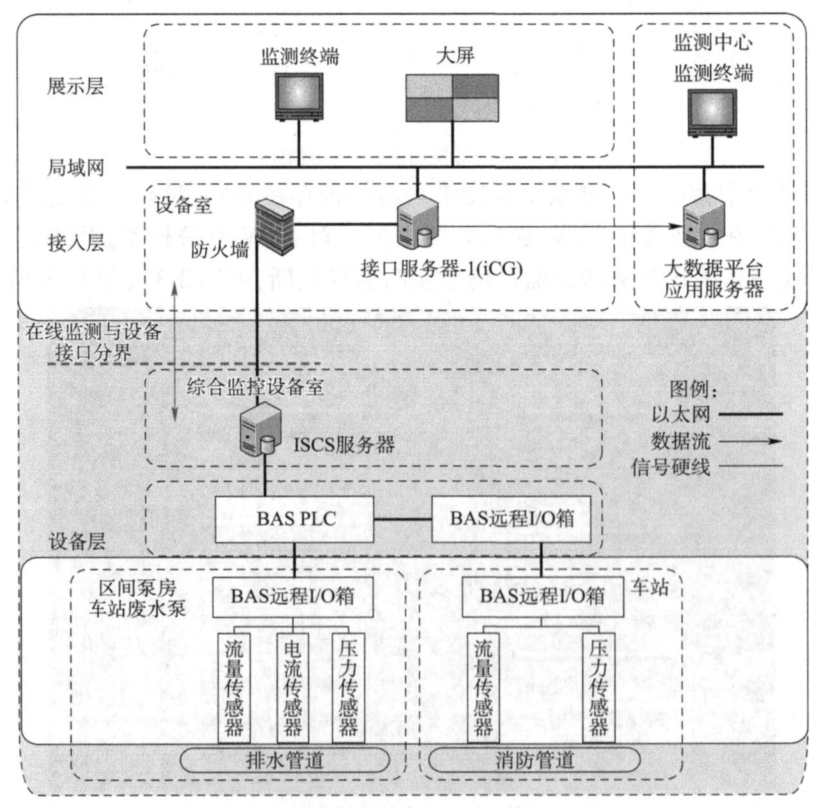

图 3-39 消防渗漏监测及给排水汛期预警子系统架构

a)消防智能给水设备

b)生活智能给水设备

图 3-40 消防智能给水设备与生活智能给水设备

给排水设备监测主要利用数据逻辑判断，如水泵全开但水位不降反升、水泵快速上升单泵运行等，实现对排水能力、设备状态信息监测及分析，代替传统的利用综合监控页面人工调取判读的功能。水泵在线监测及自诊断系统界面如图 3-41 所示。水泵巡检功能统计见表 3-7。

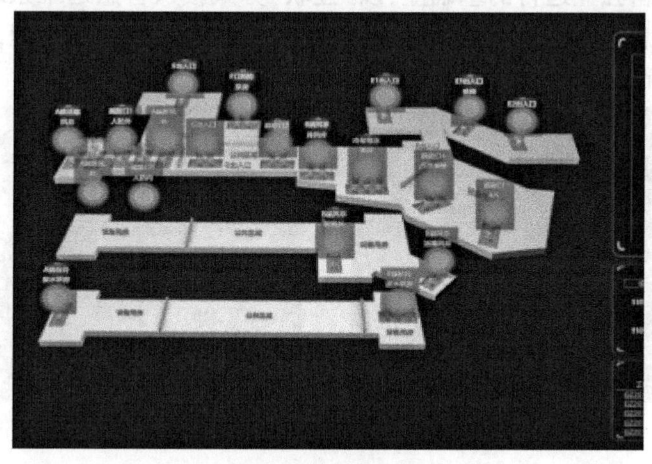

图 3-41 水泵在线监测及自诊断系统界面

水泵巡检功能统计 表 3-7

序号	专业	巡检内容
1	车站给排水系统	水位是否超高
2		水位是否上涨过快
3		水泵是否有故障(根据水位)
4		是否水泵全开水位不降反升
5		超高水位后是否满量程
6		水泵是否有漏水
7		水泵是否有过载
8		水泵是否有过热
9		水泵启动后水位是否无变化
10		水泵是否在超低水位状态下运行

续上表

序号	专　　业	巡 检 内 容
11	车站给排水系统	水位值是否异常，超声波是否故障
12		水泵是否频繁启停
13		水泵是否在手动位
14		排水能力是否正常
15		止回阀是否损坏（压力传感器）
16	消防水系统	区间电动蝶阀是否处于关状态
17		区间消防水管是否漏水压力低
18		区间消防水管是否爆管压力快速下降

对于基于物联网技术搭建且已建成的给排水设备专用监控系统，其软硬件较为独立，具有较大的灵活性，在保留独立运行的基础上，以“互联”方式接入智慧运维系统平台，上传泵组运行状态、设备告警信息等，对此智慧运维平台对收到的数据不做较多处理，仅对收集的信息转化显示，如图3-42所示。

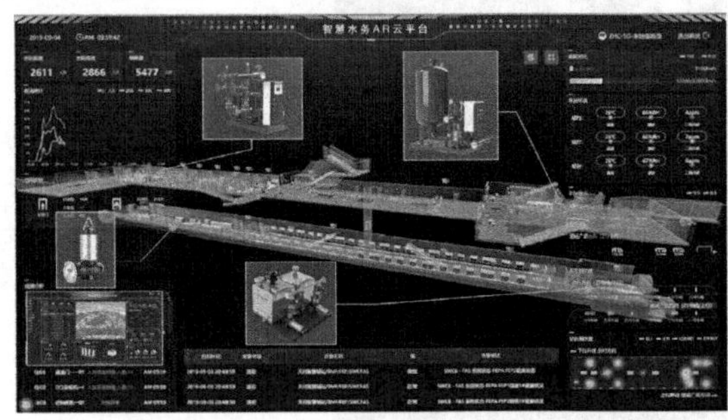

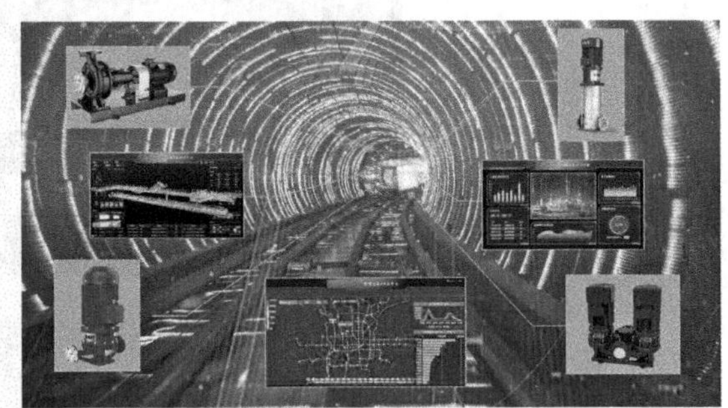

图3-42　智慧水务云平台示例

4. 通风空调设备监测

利用传感器采集风机运行数据（电流、位移、振动监测等）、冷水机组及重要部件故障信息；监控室外冷却塔新液位；集中采集冷水机房冷源群控柜的冷水机组运行数据及故障数据；监测组合式空调器的大小系统压差数据等，系统架构如图3-43所示。通风空调在线监测界面如图3-44～图3-47所示。

通风空调设备监测

通风空调远程巡检功能统计见表3-8。

通风空调远程巡检功能统计　　表3-8

序号	巡 检 内 容	序号	巡 检 内 容
1	公共区及设备区温度是否正常	6	MCC 通信状态
2	风阀开度及到位反馈信号是否异常	7	模式执行是否失败
3	风机风阀是否故障	8	模式号反馈
4	空调器是否故障	9	二通阀开度及到位反馈信号是否异常
5	空调器通信是否故障	10	冷水机组是否故障

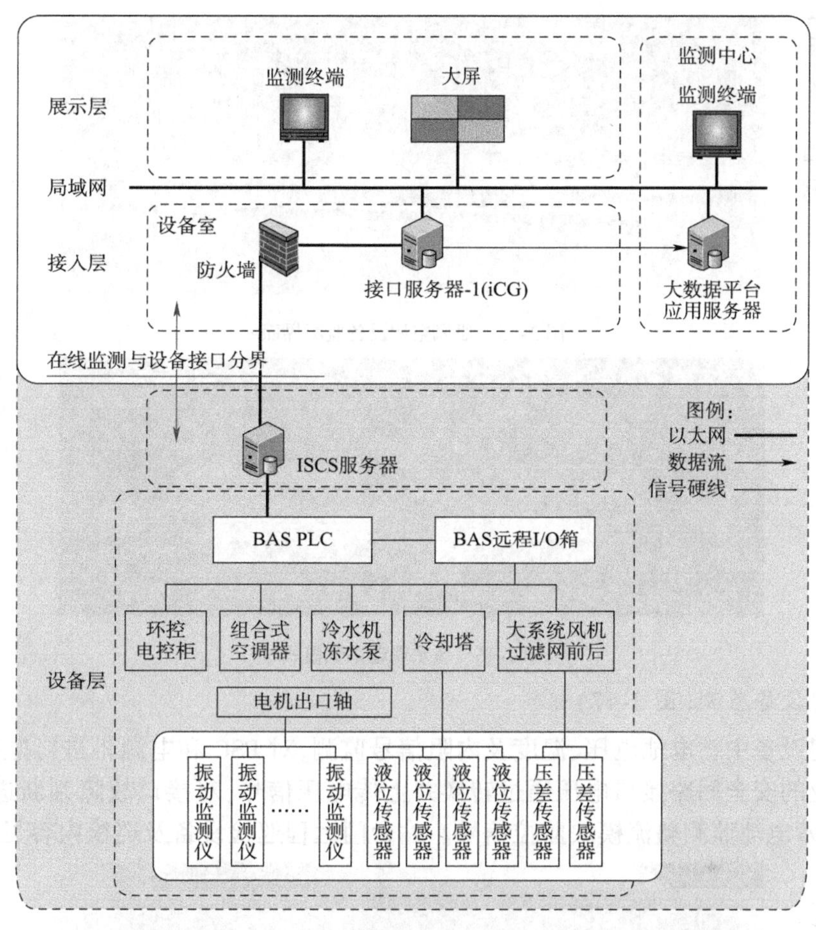

图 3-43　通风空调子系统架构

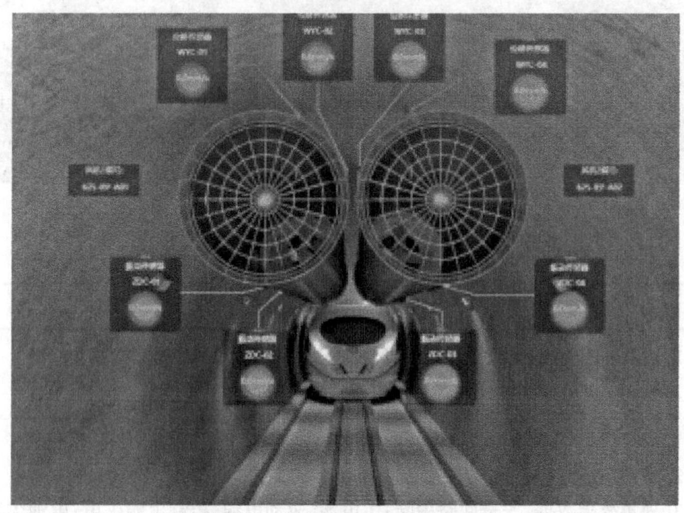

图 3-44　射流风机在线监测界面

传感器通过硬线的方式接入 BAS 模块箱，实现将现场信号传入 BAS PLC 中，最终到达 ISCS 服务器进行数据交互，实现线网级监控和自动巡检。

风水联动——通风空调设备监测

图 3-45 通风空调设备监测界面

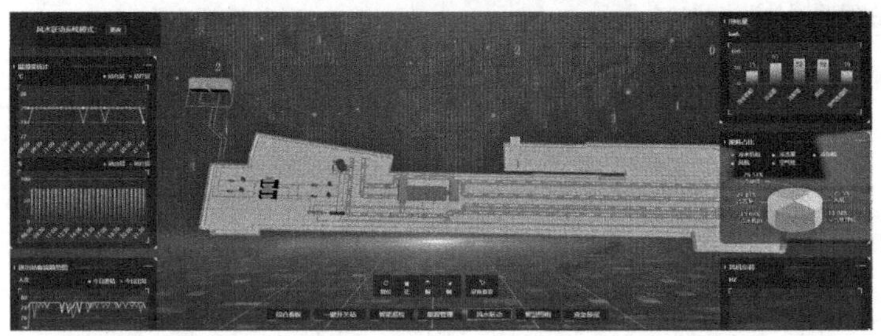

图 3-46 风水联动系统模式

5. 站台门设备监测(图 3-47)

对站台门设备中蓄电池电压、温度及内阻信号监测,对 PSC 和电源柜进行监测;针对站台门与信号专业的安全回路接口电压通过转换并上传电压信号,对接口故障判断进行程序化自动判断;上传蓄电池监测整流模块监控信号。站台门远程巡检设备及巡检内容见表 3-9。

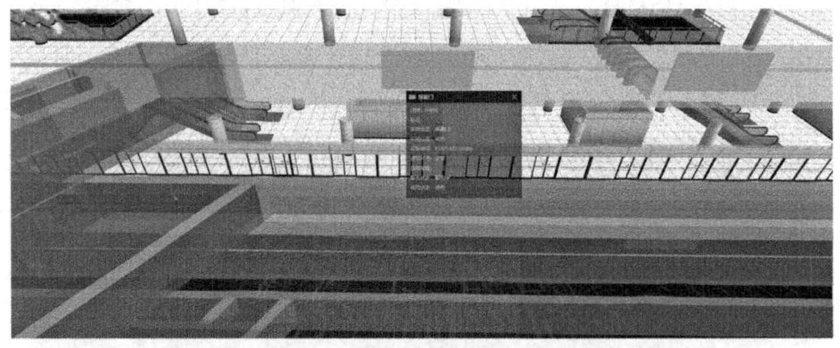

图 3-47 站台门设备监测界面

站台门远程巡检设备及巡检内容 表 3-9

设备名称	巡检内容
UPS	1. 监测 UPS 的工作状态,设备故障时应显示故障代码及故障描述; 2. 监测 UPS 的输出电压、电流及电池组电压
PSD	1. 工控机状态:系统温度; 2. 滑动门:开关门力; 3. 采集故障数据:安全回路中断;主电源、驱动电源、控制电源失电;电池欠压超压

6. 气瓶压力实时监测

城市轨道交通车站和区间风井内的重要设备房间设置气体灭火系统,高压气体灭火介质储存在无缝钢瓶中，气瓶压力是反馈瓶内灭火介质是否泄漏的重要指标。远程巡检系统是将原钢瓶瓶口安装的压力表更换为压力传感器，完成瓶内压力实时采集并上传，实现对全线网气体灭火系统钢瓶压力的实时监测，出现压力低时自动告警，并依据定检时间自动提示送检等。

7. 自动化辅助功能

自动化辅助功能主要是将原手动填写的巡检报表电子化。电子化报表包含以下信息：巡检任务名称、巡检人员姓名、巡检时间（开始至结束，年月日时分秒）、设备状态及数据自动填入，实现数据一键筛选、报表导出等功能。此外，将原检修规程预审的计划性检修时间电子化，实现检修工作无缝跟踪；实时展示当日、当月检修情况。

四、机电设备远程巡检及自诊断系统预期效果

通过增加实时监测设备，对低压、通风、给排水、站台门设备进行实时监测、报警，可对重要机电设备进行24小时监控，避免了人工巡检中巡检时间的限制，提升了监测的实时性。

机电设备状态远程诊断系统的数据通过远程监测的方式进行采集，降低了人工巡检误差，规避了人员等因素对人工巡检质量的影响，减少维保人员数量，节约设备维保成本。

五、机电设备远程巡检及自诊断系统故障应急处置措施

针对机电设备远程巡检及自诊断系统故障，无法实现系统功能的情况下，当班人员按照以下流程进行应急处置。

1. 故障判断

机电设备远程巡检及自诊断系统主要依据传感器采集数据进行二次分析判断，除本系统硬件故障外，多为系统传输网络、子系统设备故障等。当出现故障时，通过界面图标显示初步判断是各接入子系统故障还是现场终端故障。

2. 应急处置

当系统显示图标大面积异常时，应立即回归传统的“维保人员定时定点巡检”模式，保证机电设备的计划性巡查工作有序进行，并即时联系生产人员和维修资源调度，单子系统或单设备故障则不影响整体功能。

3. 后续措施

按照系统维修手册，依次检查系统与现场终端设备的数据状态，检查系统软件进程、网络通信状态或重启服务器等。

课堂交流

某城市轨道交通市域快线穿越该市待开发区域，市政配套不完善，无市政排水设施等，特别是其区间风井周围甚至无市政道路进入。在夏季防汛的重点时期，暴雨时间段内，你作为维保人员，按照汛期应急预案要求，如何立即组织抢修，并有效避免区间积水影响，且能同步推送事件处置措施信息呢？

任务实施及评价

机电设备远程巡检及自诊断系统应用及故障应急处置

学院		专业	
姓名		学号	
小组成员		组长姓名	

一、工作任务场景

9月处于防汛关键时期，以生产调度身份利用机电设备远程巡检及自诊断系统对全线防汛重点区域的水泵进行自动化巡检，并生成巡检记录和报表。

二、前置知识

1. 简述传统机电设备巡检工作内容。

2. 列举机电设备远程巡检中低压动照、给排水、通风空调和消防专业关注的重点信息。

3. 简述水泵巡检工作(不少于5项逻辑关系判断)。

三、任务实施

任务实施内容
1. 机电设备远程巡检及自诊断系统操作
1.1 熟练调取机电设备远程巡检及自诊断系统功能检测操作界面，通过显示图标显示的状态、颜色等检查重要设备状态
1.2 熟练调取逆变柜、充电柜和蓄电池柜界面，开启EPS、低压开关、应急照明巡检，查看巡检结果(重点查看逆变模块超温报警或故障、电池组电压异常、设备室温度过高)
1.3 通过401、402柜面显示状态，查看EPS充电模块电压、电流，蓄电池组电压、电流，直流母线电压、电流等；调取蓄电池界面查看显示的电池电压、电流；查看电池欠压报警异常等
1.4 熟练查看五大开关实时状态信息，合闸显示红色，分闸显示绿色。若发生五大开关开合闸及故障状态，快捷操作查看异常
1.5 熟练调取水泵监测界面，检查所选站点所有水泵位置信息，利用图标显示及颜色状态判断每台水泵实时状态；开启巡检(包含设备部件、实时在线监测内容、当前状态是否正常)功能，发现故障快捷查看异常
1.6 熟练调取消防监测界面，查询设备位置(流量计和电动蝶阀)；熟悉检修时间、检修功能项和检修内容等。根据异常显示判断管道是否发生爆管、电动蝶阀状态，知晓应急处置流程
1.7 调取风机风阀界面，查看风机风阀编号及位置信息，风机风阀状态、水系统及二通阀状态；查看模式指令的操作场所、执行状态、控制方式、灾害提示、执行的模式号等；通过射流风机位移传感器数值判读位移、振动监测信息；开启巡检(包含设备部件、实时在线监测内容、当前状态是否正常)功能，发现故障时会快捷查看异常

续上表

1.8　调取站台门单元界面,查看 UPS 输出电压、电流及电池组电压,工控机系统温度状态、滑动门开关门力等;开启巡检功能,发现故障时会查看异常情况,发现故障(如安全回路中断,主电源、驱动电源、控制电源失电,电池欠压超压),会查看故障代码及描述
1.9　调取气瓶压力单元界面,显示读取气瓶间位置、瓶体压力实时数据;开启巡检(包含实时在线监测压力状态、当前状态是否正常),发现故障时会快捷查看异常
2.故障的判断
2.1　通过观察故障异常报警、图标显示状态,判断故障类型和所属维保专业
2.2　单专业设备离线、子系统数据获取失败、末端设备故障和数据显示错误等,可初步判断为接入子系统或末端设备本体故障
2.3　全部功能出现问题时(如无法进入系统、权限获取失败、系统离线、大面积图标显示异常等),重点关注系统传输网络、系统本体故障等
3.故障应急处置
3.1　单个末端设备本体故障,视设备重要性,普通设备不影响运营,较重要设备利用综合监控系统获取数据补充判断
3.2　当系统本身异常时,应立即回归传统的“人员定时定点巡检”模式,保证机电设备的计划性巡查工作有序进行,并即时联系生产人员和维修资源调度
4.故障处置后续措施
4.1　按照系统使用维修手册,依次检查系统与现场终端设备的数据状态,检查重启系统软件进程、检查网络通信状态(网关重新导入配置或重启)或重启服务器等

四、评价反馈

(一)评价标准

项　目	项 目 内 容
接受工作任务	明确工作任务,理解任务在企业工作中的重要程度
前置知识	本次实训前需要掌握的知识程度
能力评价	机电设备远程巡检及自诊断系统操作
	故障的判断
	故障应急处置
	故障处置后续措施
素养评价	工作计划性强,安排得当
	团队合作能力强,善于沟通合作
	自主学习能力强,勇于克服困难
	严谨认真,积极参与课堂
	演示文稿制作精美,汇报演讲能力强
评价反馈	自我评价:能对自身表现情况进行客观评价,能在任务实施过程中发现自身问题
	小组互评:客观、公正,能指出其他组的问题

续上表

(二)自我评价

请根据在课堂中的实际表现进行自我评价与自我反思。

序　　号	评价标准	
1	接受工作任务	☆☆☆☆☆
2	前置知识	☆☆☆☆☆
3	能力评价	☆☆☆☆☆
4	素养评价	☆☆☆☆☆
自我反思:		

(三)小组互评

请小组之间根据在课堂中的实际表现进行小组互评。

序　　号	评价标准	
1	接受工作任务	☆☆☆☆☆
2	前置知识	☆☆☆☆☆
3	能力评价	☆☆☆☆☆
4	素养评价	☆☆☆☆☆

(四)教师评价

项　　目	项目内容	分值	得分
接受工作任务	明确工作任务,理解任务在企业工作中的重要程度	5	
前置知识	本次实训前需要掌握的知识程度	5	
能力评价	机电设备远程巡检及自诊断系统操作	10	
	故障的判断	10	
	故障应急处置	10	
	故障处置后续措施	10	
素养评价	工作计划性强,安排得当	5	
	团队合作能力强,善于沟通合作	5	
	自主学习能力强,勇于克服困难	10	
	严谨认真,积极参与课堂	10	
	演示文稿制作精美,汇报演讲能力强	10	
评价反馈	自我评价:能对自身表现情况进行客观评价,能在任务实施过程中发现自身问题	5	
	小组互评:客观、公正,能指出其他组的问题	5	
得分(满分100)			

视野拓展

一线人物故事:蓝衣背后的"硬核"实力

肖兵成,来自成都地铁的一名运维人员,被称为安全质量管理"智能运维的前行者"。"来到成都地铁,这一干就是十个年头。"十年间,肖兵成先后参与了地铁1号线南延线、2号线、3号线及9号线筹备与运营维保工作,坚持以知促行,践行"硬核"党员的初心使命和责任担当。肖兵成紧跟大线网运营时代的脚步,坚定走智能运维的路,先后获得国家级专利2项,发表国家级期刊论文1篇,完成技术革新6项,牵头或参与完成课题10项,参与编制公司级业务类制度5项、工艺标准文件20余项,把现场工作经验凝练进车辆维保工作规范化标准化中。"智能运维,党员先行",在经历了风雨兼程,在获得了诸多荣誉面前,肖兵成没有一丁点儿含糊,而是以更加饱满的热情、更加旺盛的精力、更加干练的作风投入到全自动运行线路运检融合工作中,为大线网运营安全助力。

任务五 城市轨道交通智慧能源管理系统应用

学习目标

1. 区分智慧能源管理系统与传统能源管理。
2. 掌握智慧能源管理系统业务需求及功能。
3. 掌握智慧能源管理系统预期效果。
4. 当智慧能源管理系统出现异常情况时，能迅速进行应急处置。

任务导入

某城市轨道交通车站协助举办大型展会活动，为烘托展会气氛，主办方在确保安全的前提下将展会主题元素引入车站，并对车站进行整体打造，增设了不少临时用电类照明装饰设施，也同步增加了临时用水需求。 本次展会结束后，双方依据该站的智慧能源统计（图3-48）数据，顺利地就临时用水用电费用进行了缴纳处置，提高了工作效率，避免了可能存在的纠纷，为下次合作奠定了友好基础。

本任务需要使用人员熟悉智慧能源管理系统的功能特征，能熟练操作能源数据的筛选、导出等操作；通过能源管理系统综合分析与判断，能全面提升车站节能降耗的能力。

知识课堂

一、传统能源管理

传统线路能源管理围绕"风、水、电"管理展开,其中"风"是简单调节车站大、小系统及空调水系统的相关环境参数,再通过 BAS 系统集中监视,执行有限 PID 与模式控制指令。“水”是在原使用机械计量表计基础上进行电子化替换升级,如远程抄表。“电”则是将低压动照系统的机械计量表计电子化,使其具有远程计量、统计等主要功能,还具有车站照明分区、分时控制机制等简单功能。从前述内容可知,传统的车站能源管理系统主要是通过电子化改造节约人力投入,通过预置控制命令等方式实现车站节能,但其控制灵活性和经济性较差。

图 3-48 智慧能源统计图

车站设置的“风、水、电”设备种类多、数量大,彼此间分散但又紧密联系,使得车站的节能工作有效执行需要能源管理系统从宏观层面统一实施,从而实现节能工作的有效推进,达到降低系统能耗及提高经济运行的目的。

二、智慧能源管理系统业务需求

1. 车站 LED 智能调光

智慧能源管理系统利用光感应传感器反馈信息,实现车站光源亮度自动控制,对受控区域不同场景下的照明精确控制;针对不同场景照明需求,自动下发指令对亮度实时动态调节,达到照明系统自适应、智能化控制目标。智能调光可避免人工方式控制粒度粗放,难以实现分区细化的精确控制,避免各区域实际照明的差异对服务品质产生较大影响。

2. 扩展用水用电智能表计范围

智慧能源管理系统能实现更精细化的智能化表计功能,如实现广告照明、商铺用电表电子智能化,生活用水总表电子智能化,全面代替人工抄表,提升工作效率。在用电数据、生活用水数据实时采集基础上,自动按日、周、月进行汇总并生成报表供维保人员使用,能自由筛选、自动生成趋势,具备异常预判报警提示功能,能自由打印及导出等。

3. 通风空调系统集中节能控制

智慧能源管理系统能基于车站大小系统及空调水系统的相关环境参数,利用系统建模、智能优化与变频调速等方式对车站组合式空调机组、柜式风机盘管机组、风机盘管机组、回排风机、空气幕组、冷水机组、冷却水泵、冷冻水泵、冷却塔、电动蝶阀、动态平衡电动调节阀、压差旁通装置、水处理装置等设备进行通风环控、车站冷源的全系统层面优化控制,形成车站的风、水设备联动配合，以降低大小系统及空调水系统的能源消耗，提高系统能源利用效率。

三、智慧能源管理系统功能

1. 系统构成

智慧能源管理系统由车站智能照明、用水用电电子智能表计及通风空调系统集中节能控制三大部分组成，如图3-49所示。利用PLC和各类传感器组合采集车站“风、水、电”设备运行状态、数据等，对采集获得的数据经筛选、过滤与分析后生成贴合现场实际的可执行命令，实现车站的“风、水、电”设备集中监视、管理和控制，并将数据上传并存储。车站能源趋势分析图、车站能源监控设备总图如图3-50、图3-51所示。

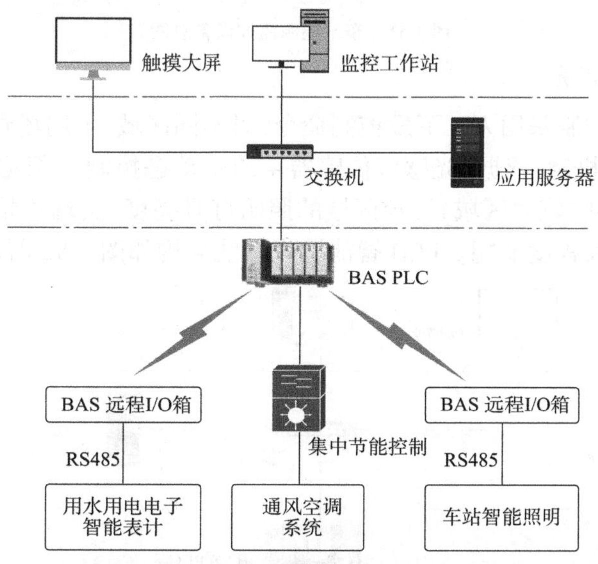

图3-49 智慧能源管理系统构成

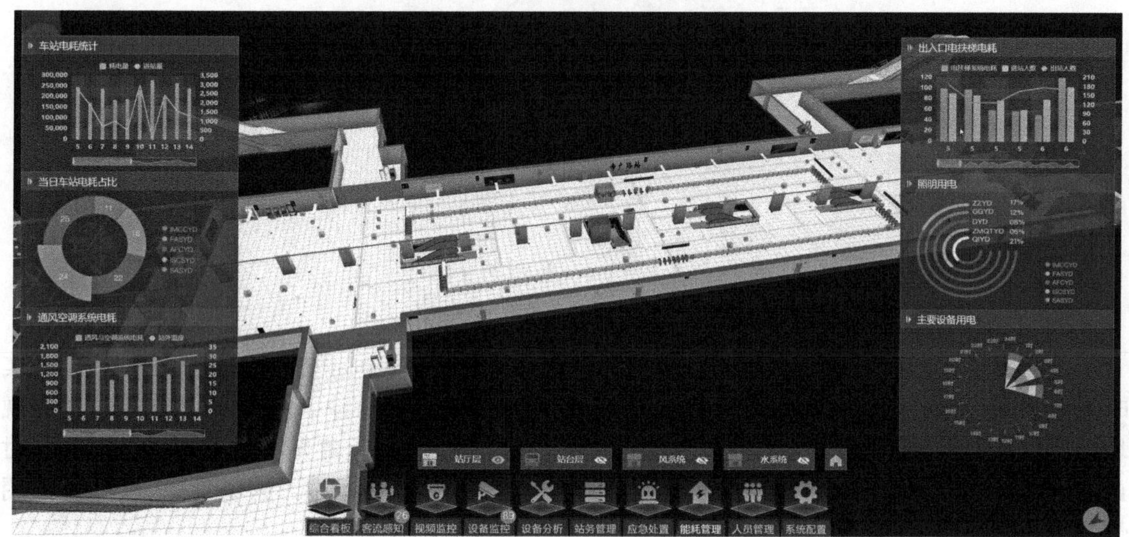

图3-50 车站能源趋势分析图

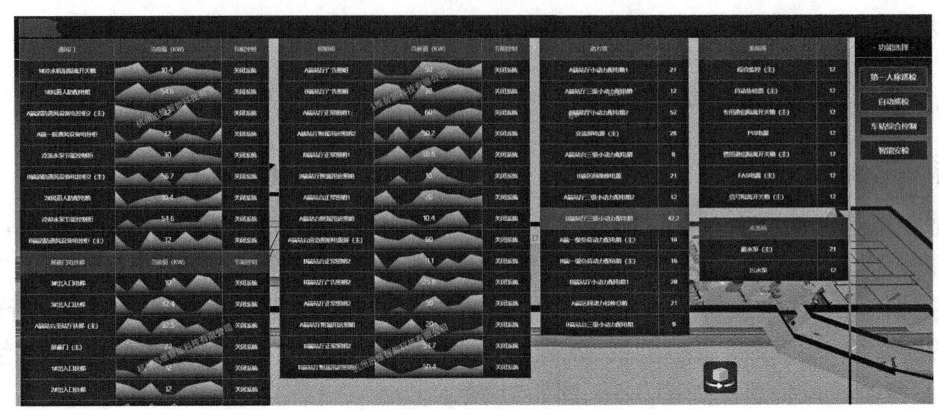

图 3-51　车站能源监控设备总图

2. 车站 LED 智能调光

车站的照明灯具控制采用人工下发控制命令,对不同区域、不同场景执行精确控制。在车站引入 LED 智能调光机制,依据“光感应传感器 + 照明动态控制”,根据室外光照强度自动调节(受周围环境光照影响较大区域)受控区域的照明灯具亮度,实现车站照明灯具在满足光照亮度需求的条件下最大程度节能。LED 智能调光系统架构如图 3-52 所示。

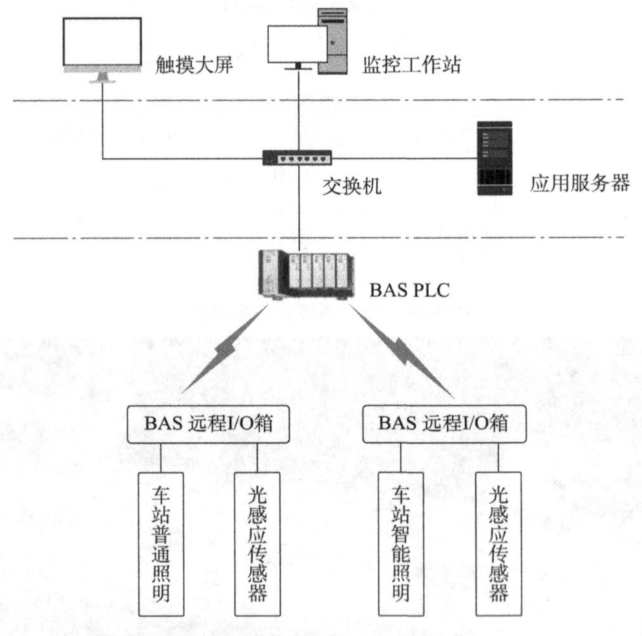

图 3-52　LED 智能调光系统架构

光照强度实时调节是根据平台接收到的布设于现场的光感应传感器采集的受控区域的实时光照强度信息,经系统比对匹配后生成最适宜的光照场景命令并下发,自动控制下位受控现场照明灯具回路(也可通过下发变频指令控制灯具亮度),满足运营光照强度需求标准的同时最大限度地实现节能,例如布设在设备区的灯具可设置为“人走灯灭”的场景控制(应急照明灯具不受该控制方式影响)。

不同场景下自适应调节是将车站运营对光照亮度的需求抽象建模为高峰时段、节假日、时间表模式等多种场景,并根据不同场景要求充分利用"光感应传感器 + 照明动态控制"的自动调节机制对受控区域的照明灯具亮度进行动态、实时调节,从而使受控区域的灯具亮度调节更加自动化、智能化。LED 智能调光界面如图 3-53 所示。

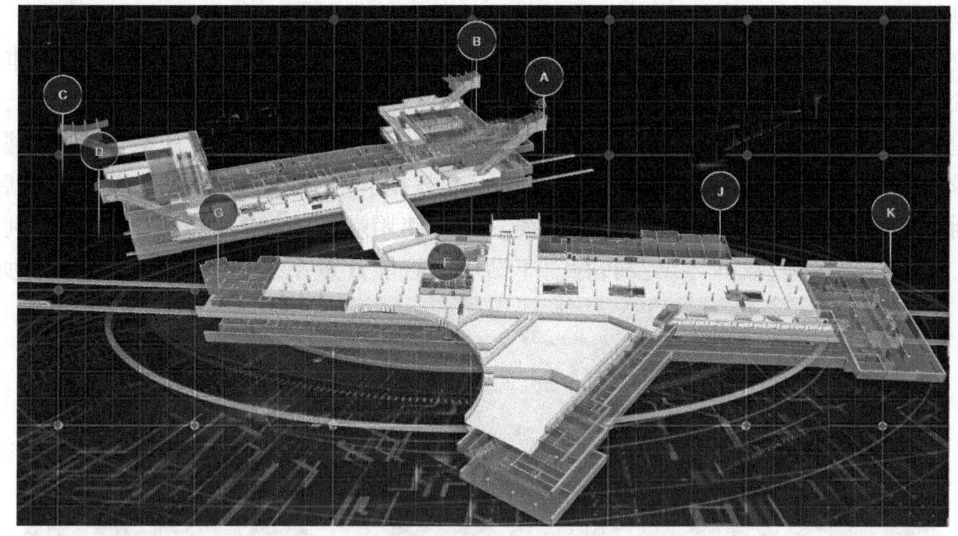

图 3-53　LED 智能调光界面

3. 用水用电电子智能表计

将车站的智能化表计以 RS485 接口等方式接入车站 BAS 系统,并最终与线网智慧管控平台联网,将原人工抄录的机械水电表计改为电子化自动采集,采集后的数据供后台集中处理。智能表计避免了先由人工现场抄录,再由能源管理人员汇总分析的传统模式所造成的不能及时发现表计的问题,减少了对现场人员数据抄取的依赖。用水用电电子智能表系统架构如图 3-54 所示。

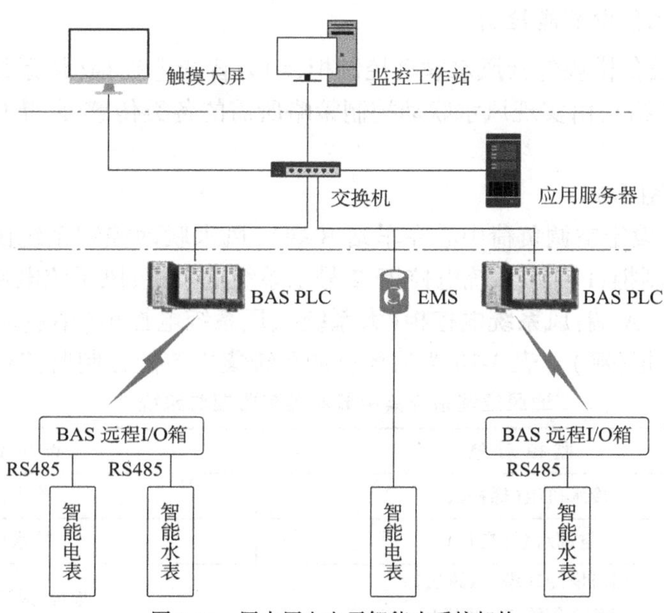

图 3-54　用水用电电子智能表系统架构

可利用 Modbus、Modbus-RTU 或 Profbus DP 通用协议建立与车站智慧能源管理系统数据通信，在实现车站准确记录设备用水用电的情况下，利用智慧化判断功能提前发现异常并报警提示，自动生成趋势曲线为车站节能工作提供导向性目标，解决用电数据准确性不足、预判能力缺失与人力抄表成本投入较大等现实问题。

用水用电电子智能表可实现的功能包括对车站站厅站台等区域的广告照明、商铺用电表计实现远程抄表，完全替代人工抄表。在生活用水总管处设置智能水表替代人工抄表，在车站出入口室外消火栓管道支管处设置智能水表，可发现室外消火栓管道埋地敷设段的渗漏问题。针对车站的广告、民用通信、商铺、银行等商业用电数据、生活用水数据进行实时采集后，自动按日、周、月进行汇总并生成报表及趋势曲线。根据使用端的各类管理需求进行异常判断和报警提醒，支持自主打印、数据导出及转存。车站用电智能计量系统显示界面如图 3-55 所示。

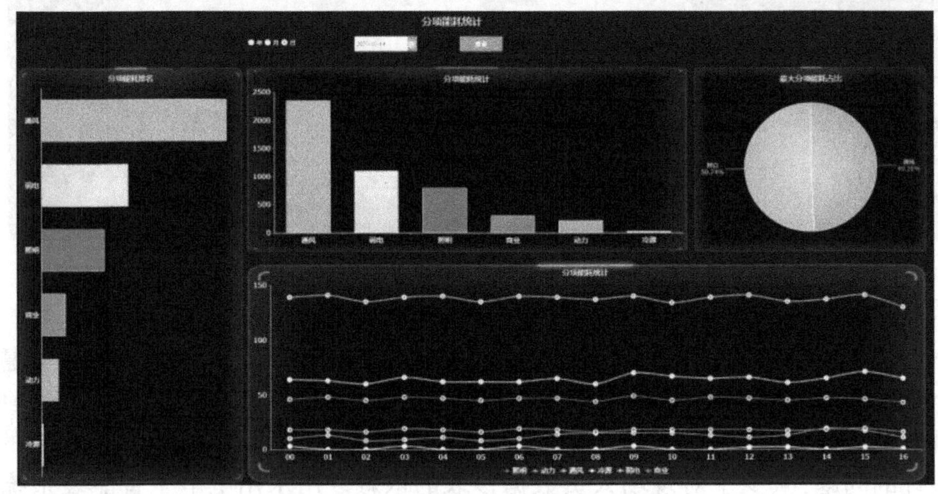

图 3-55 车站用电智能计量系统显示界面

4. 通风空调系统集中节能控制

通风空调系统设备模块包括风水联动控制柜、动力智能电控柜（风系统电控柜、水系统电控柜）、数据采集柜（箱），由实现风水联动控制策略所需的各类传感器、集中显示屏、接口模块及通信网关等组成。

（1）网络架构（图 3-56）

以地下站为例（设定空调负荷中心在车站 B 端），风水联动控制系统由以下设备组成。B 端：1 台风水联动控制柜；1 号水系统电控柜、2 号水系统电控柜；风系统电控柜（大系统）、风系统电控柜（小系统）。A 端：风系统电控柜（大系统）、风系统电控柜（小系统）、A 端数据采集柜（箱）、B 端数据采集柜（箱）。表 3-10 为通风空调系统集中节能控制监控对象统计。

通风空调系统集中节能控制监控对象统计 表 3-10

系统	监 控 对 象	设 置 位 置
水系统	冷水机组（螺杆机）	冷水机房
	空调水泵（变频）	冷水机房
	横流塔冷却塔（双风机） 蒸发冷凝（EC 风机）	地面/风道内设置

续上表

系统	监控对象	设置位置
水系统	水处理装置(旁流式、电子式、在线清洗)	冷水机房
	电动蝶阀	水管管路
	压差旁通阀	分集水器
	液位传感器	膨胀水箱
	温度传感器(变送器)	冷水管/冷却水管管路
	流量传感器(变送器)	集水器总管
	压力传感器(变送器)	冷水供回水总管、最不利点供回水总管
大系统	组合式空调机组(带粗、中效过滤及空气净化、变频)	车站通风空调机房
	回排风机(变频)	
	新风机	
	参与风水联动控制电动风阀(联锁风阀及新风、回风、排风)	
	温湿度传感器	新风道内、回风总管、送风总管、混合风室、站厅站台公共区、长通道
	CO_2 传感器	公共区
	PM2.5/PM10 传感器	公共区
	长通道风机盘管组	公共区
	空气幕组	公共区出入口通道
	动态平衡电动调节阀	末端回水管、风机盘管组回水总管
小系统	柜式风机盘管机组(变频)	车站通风空调机房
	柜式风机盘管机组(带粗、中效过滤及空气净化、变频)	
	回排风机(变频)	
	新风机	
	参与风水联动控制电动风阀(联锁风阀及新风、回风、排风)	
	温湿度传感器	回风总管、送风总管、设备区重点房间
	CO_2 传感器	设备区人员管理用房
	动态平衡电动调节阀	末端回水管

风水联动控制柜、风系统电控柜、水系统电控柜、数据采集柜(箱)中分别设置工业交换机,组建车站内工业以太环网,实现 PLC 控制器、远程 I/O、变频器、智能电机保护器、智能电力仪表等智能元件的连接。

(2)系统控制

系统控制由就地单体设备电动控制、模式控制、时间表控制等组成。主要控制策略(控制原理)如下。

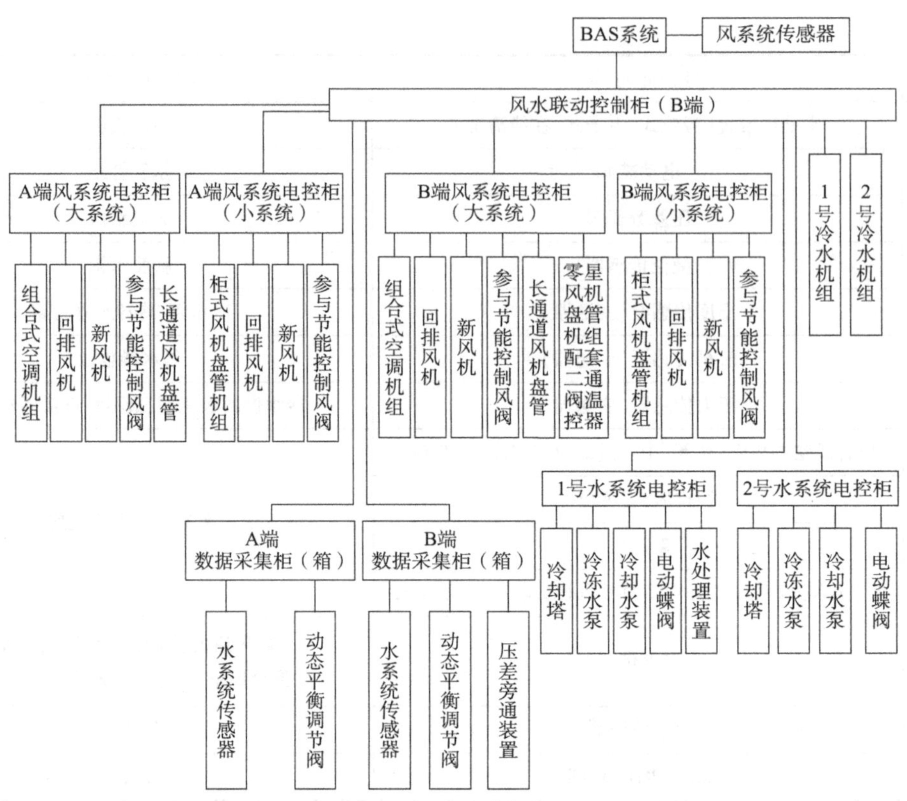

图 3-56　地下站通风空调集中节能控制系统网络架构

①空调大系统控制策略

小新风空调工况：依据室外温度的变化自动动态调节，通过比较回风温度与设定温度差异，实现调节目标，即回风温度 = 设定温度。当站内回风温度 > 设定温度时，需提高空调机组的频率；当站内回风温度 < 设定温度时，需降低空调机组的频率。车站温湿度监测界面如图 3-57 所示。

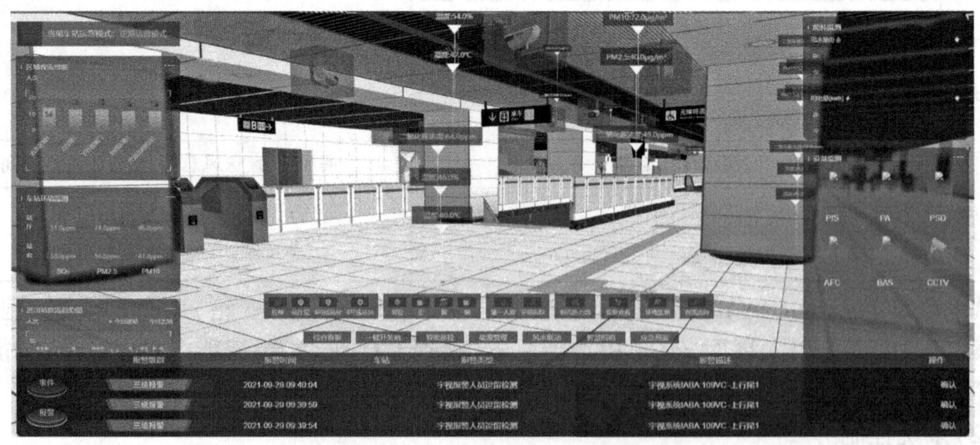

图 3-57　车站温湿度监测界面

全新风空调工况：站内平均温度（公共区）与设定温度进行比较，控制方式同小新风工况。

全通风工况：当 12℃ ≤室外温度≤送风温度时，站内平均温度与设定温度（25℃，可调）进行比较,站内平均温度(公共区)与设定温度(根据各站分别提供)进行比较,控制方式同小新风工况;当室外温度 <12℃时,组合式空调机组控制风机频率按室内外温差设定上限最小风量运行。

②空调小系统控制策略

除人员驻留的用房需新风控制要求外,其余控制策略参考大系统。

③空气品质控制策略

根据室内外新回风焓值及温度、送风温度、CO_2 浓度、PM2.5 及 PM10 浓度等参数进行优化判断,对空调箱送风机启停频率、回排风机启停频率、小新风机启停、新风阀、回/排风阀、水阀进行控制与调节,保障空气品质及室内舒适度标准前提下降低通风空调系统能耗。

梳理室外 PM2.5 及 PM10 浓度,以及对应的室内 PM2.5 及 PM10 浓度限定值之间的逻辑关系,调节相关风机频率以及新风阀、回风阀、排风阀的开度,实现车站室内空气颗粒度的控制,尽可能保障室内空气品质的要求。

④冷水机组控制策略

跟随冷负荷的变化动态调整冷水机组的加、减载,即依据车站主机具体能效曲线,计算台数增减的最佳负荷率值,并按最佳负荷率值控制台数增减。车站空调系统泵组控制方式如图 3-58 所示。

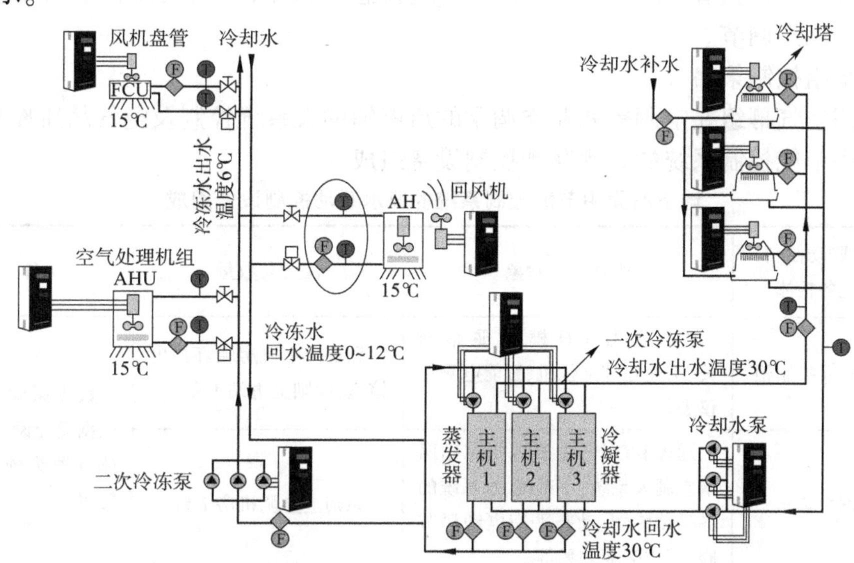

图 3-58 车站空调系统泵组控制方式

⑤冷冻水泵控制策略

根据冷水供回水温差,结合 PID 或其他智能算法控制冷冻水泵的运行频率,当实际温差大于设计值时,提高水泵频率;当实际温差小于设计值时,降低水泵频率。首台冷冻水泵启动时,初始运行频率为低频运行(一般为 30Hz)。多台水泵同时运行时,各泵同频运行。

⑥动态平衡电动调节阀控制策略

将流量、温度、开度等参数利用 Modbus RTU 标准协议反馈至控制系统,实现接口信息的即时通信,控制车站大、小系统与空调机组的冷冻回水管动态平衡调节阀,达到根据末端动态负荷变化按需分配流量的目的。

⑦压差旁通装置控制策略

利用压差旁通阀具备的压差控制开度功能控制压差旁通装置的开度。

当冷冻水泵运行频率未达到设定下限(一般为30Hz)时,压差旁通装置不启用自身调节功能,旁通阀保持全关。

当冷冻水泵运行频率达到设定下限且持续超过规定时间(一般为3min)时,启用压差旁通装置自身调节功能。

⑧冷却塔、冷却水泵控制策略

根据冷却水出水温度与湿球温度逼近度(逼近度可调节),结合PID或其他算法,控制冷却塔的风机开启台数,当实际温差大于设置值时,减少冷却塔风机运转台数,实际温差小于设置值时则增加风机运转台数。

通过对机房COP值(热泵循环性能系数,即空调制热时制热量与总输入功率的比值,制冷时制冷量与总输入功率的比值,本任务指制冷时的比值)寻优后控制冷却塔、冷却水泵运行工作台数,保证冷水机组的高效运行,实现机房COP值最高。

⑨长通道风机盘组控制策略

利用设置于风机盘管组的长通道处的温湿度传感器数据,对风机盘管组前端动态平衡电动调节阀进行动态调节。

⑩空气幕组控制策略

充分利用空气幕组在空调季和非空调季的启停辅助大系统控制及空气品质控制。表3-11为地下站集中节能控制系统的风水联动控制设备组成。

地下站集中节能控制系统的风水联动控制设备组成 表3-11

序号	风水联动控制系统各柜体	所含受控对象	位置与数量	备注
1	风水联动控制柜	PLC、远程I/O模块、通信网关、工业监控上位机、智能电测量仪表等	靠近冷水机房端环控电控室,原则上每站1台	数据采集柜(箱)旨在根据受控设备所处车站具体位置为便于数据采集配置
2	数据采集柜	远程I/O等,主要包括车站两端空调大系统、小系统、水系统的各类传感器、动态平衡电动调节阀、压差旁通装置等	原则上空调机房1台	
3	水系统电控柜	水泵配电回路,变频器、滤波器、电动蝶阀配电回路,冷却塔(含额外强排风机)配电回路,水处理设备配电回路,远程I/O、通信网关、智能电测量仪表等	靠近冷水机房端环控电控室(部分车站位于冷水机房),原则上每站2~3台	配电回路编号与下位辅机设备(水泵、电动蝶阀、水处理)编号对应
4	风系统电控柜(大系统)	服务于大系统的组合式空调机组(净化消毒装置、变频)、回排风机(变频)、新风机及参与风水联动控制电动风阀的配电回路及风机变频器、远程I/O、通信网关、智能电测量仪表等	车站环控电控室,原则上数量同动力照明专业包含受控对象的环控电控柜数量一致	

续上表

序号	风水联动控制系统各柜体	所含受控对象	位置与数量	备　注
5	风系统电控柜（小系统）	服务于小系统的各柜式风机盘管机组（变频）、服务于人员管理用房柜式风机盘管机组（净化消毒装置）、回排风机（变频）、新风机及参与风水联动控制电动风阀的配电回路及风机变频器、远程I/O、通信网关、智能电测量仪表等	车站环控电控室，原则上数量同动力照明专业包含受控对象的环控电控柜数量一致	

四、智慧能源管理系统预期效果

对车站的“风、水、电”进行24小时监控，避免了人工判断、手动操作下发节能模式的粗放性；水电表计电子智能化避免了人工抄表的误差，提升了数据采集的实时性、准确性。现场数据通过远程采集、后台数据处理，准确记录车站设备能耗情况，为车站节能提供导向性目标，还对各项节能措施进行细致量化，降低了人工巡检误差，减少了维保人员数量，节约设备维保成本。广州地铁18号线低碳节能实景如图3-59所示。

五、智慧能源管理系统故障应急处置措施

当智慧能源管理系统发生故障，无法实现系统功能时，车站人员需要按照以下流程进行应急处置。

图3-59　广州地铁18号线低碳节能实景

1. 故障判断

智慧能源管理系统主要功能是对前端设备收集的数据进行集中处理后生成相应控制命令，并下发控制命令。末端硬件设备设置有操作面板（又称就地控制装置），可进行状态查看与就地控制。因此，硬件故障可通过现场设备指示灯显示判断其状态，而硬件故障之外的故障原因多产生于传输网络或端口、软硬件接口位置等。

当出现故障时，利用各接入子系统设备图标判断是本体故障还是终端设备故障。如显示设备本体故障，则通知专业人员现场查看设备状态指示灯等，在排除设备硬件为故障点后则从网络端口、软件状态反向排查。

2. 应急处置

当能源管理系统无法对下位设备状态进行监控、控制命令下发不成功、表计数据不更新等情况时，应对节能控制与灯具照明控制两部分功能立即通过综合监控系统下发控制命令或通知专业人员就地操作设备；使表计数据抄录回归传统的“人工抄表”；即时联系生产人员和维修资源调度。

3. 后续措施

对智慧能源管理系统下位非末端设备故障，则应按照系统使用维修手册，依次比对系统显示数据与终端设备实时数据，按照“先软件后硬件”顺序，先检查网络通信状态确保传输网络畅通，再检查系统软件进程，按需执行退出应用程序或重启服务器等。

任务实施及评价

智慧能源管理系统应用及故障应急处置

学院		专业	
姓名		学号	
小组成员		组长姓名	

一、工作任务场景

因天气逐渐转凉，某高架站采用空调过渡季运行，利用智慧能源管理系统查询车站节能模式运行情况，调取用水、用电报表等。

二、前置知识

1. 简述车站照明的控制机制和分时分区控制原理。

2. 简述车站手动抄表的全部流程，判读机械表计数据。

3. 简述车站环控模式控制原理与分时控制机制。

三、任务实施

任务实施内容
1. 智慧能源管理系统操作
1.1 通过告警信息、页面显示等检查重要设备状态，按需操作，调出功能界面，判断显示内容是否正确
1.2 LED 自动调光的操作：熟练调取车站照明界面，查看界面图标显示是否正确；查看车站照明回路执行的控制模式；判断监控信息是否与节能系统一致
1.3 熟练调取车站用水、用电监测页面，检查电子智能表计信息；操作开启自动抄表(包含表计实时在线、当前状态是否正常、表计数据更新)功能，通过异常显示判断故障
1.4 熟练利用能源管理系统的筛选功能，筛选出选定表计、趋势图；调取商业用电、广告照明、商铺用电数据，生成报表、趋势图，并转存或下载报表
1.5 熟练调取通风空调系统集中节能控制界面；查看操作场所、控制方式、执行模式号以及模式描述
1.6 查看风水联动控制柜的控制参数，出现错位则手动改正；手动下发控制模式，判断命令下发是否成功；调取系统的操作日志，并对日志进行判读
1.7 对设备就地操作，在风水联动控制柜手动下发命令

续上表

2.故障的判断
2.1 通过故障现象判断故障类型,观察功能操作界面显示状态判断故障类型
2.2 通过现场设备的指示灯显示判断故障情况
2.3 利用各接入子系统设备的图标判断是本体故障还是现场终端故障
3.故障应急处置
3.1 车站照明的节能模式开启失败或无法自动调节时,通过综合监控系统手动下发开启照明设备设施
3.2 当能源管理系统无法自动监控、出现命令下发不成功、表计数据不更新等情况时,应立即通过综合监控或是设备就地操作,使表计数据抄录回归传统的"人工抄表",即时联系生产人员和维修资源调度
3.3 节能控制模式无法下发或下发失败时,采用设备就地操作在风水联动控制柜手动下发命令
4.故障处置后续措施
4.1 按照系统维修手册,依次检查系统与现场终端设备的数据状态,检查系统软件进程、网络通信状态或重启服务器等

四、评价反馈

(一)评价标准

项　　目	项 目 内 容
接受工作任务	明确工作任务,理解任务在企业工作中的重要程度
前置知识	本次实训前需要掌握的知识程度
能力评价	智慧能源管理系统操作
	故障的判断
	故障应急处置
	故障处置后续措施
素养评价	工作计划性强,安排得当
	团队合作能力强,善于沟通合作
	自主学习能力强,勇于克服困难
	严谨认真,积极参与课堂
	演示文稿制作精美、汇报演讲能力强
评价反馈	自我评价:能对自身表现情况进行客观评价,能在任务实施过程中发现自身问题
	小组互评:客观、公正,能指出其他组的问题

(二)自我评价

请根据在课堂中的实际表现进行自我评价与自我反思。

续上表

序　　号	评价标准	
1	接受工作任务	☆☆☆☆☆
2	前置知识	☆☆☆☆☆
3	能力评价	☆☆☆☆☆
4	素养评价	☆☆☆☆☆
自我反思：		

(三)小组互评

请小组之间根据在课堂中的实际表现进行小组互评。

序　　号	评价标准	
1	接受工作任务	☆☆☆☆☆
2	前置知识	☆☆☆☆☆
3	能力评价	☆☆☆☆☆
4	素养评价	☆☆☆☆☆

(四)教师评价

项　　目	项目内容	分值	得分
接受工作任务	明确工作任务,理解任务在企业工作中的重要程度	5	
前置知识	本次实训前需要掌握的知识程度	5	
能力评价	智慧能源管理系统操作	10	
	故障的判断	10	
	故障应急处置	10	
	故障处置后续措施	10	
素养评价	工作计划性强,安排得当	5	
	团队合作能力强,善于沟通合作	5	
	自主学习能力强,勇于克服困难	10	
	严谨认真,积极参与课堂	10	
	演示文稿制作精美、汇报演讲能力强	10	
评价反馈	自我评价:能对自身表现情况进行客观评价,能在任务实施过程中发现自身问题	5	
	小组互评:客观、公正,能指出其他组的问题	5	
得分(满分100)			

雪域高原上的天路——青藏铁路

青藏铁路格尔木拉萨段由北向南跨越青藏高原腹地，翻越唐古拉山，穿越多年冻土区路段，是世界上海拔最高、线路最长、难度最大的高原铁路。青藏铁路被称为"是有史以来最困难的铁路工程项目"，"它将成为世界上最壮观的铁路之一"。青藏铁路沿线生态环境有许多特点。一是具有独特的高寒生态系统。青藏高原内部水热条件的差异，使沿线形成了由高寒灌丛、草甸、草原和荒漠组成的高寒生态系统，其中，广泛分布的高寒草原在亚洲和世界高寒地区均具有代表性，至今还基本保持着原始的自然演变过程。二是具有丰富的珍稀特有物种。青藏高原上动物物种虽少，但珍稀特有物种多，种群数量大。三是具有多样的自然景观。沿线呈现出高寒灌丛、高寒草甸、高寒草原和高寒荒漠更替的自然景观。四是生态环境极具脆弱性。沿线海拔高，空气稀薄，气候寒冷、干旱，生态系统中物质循环和能量的转换过程缓慢，致使沿线生态环境十分脆弱。长期低温和短促的生长季节使寒冷地区的植被一旦破坏，恢复十分缓慢。青藏铁路从设计、施工建设到运营维护，始终秉持"环保先行"理念，如为保障藏羚羊等野生动物的生存环境，铁路全线建立了33个野生动物专用通道；为保护湿地，在高寒地带建成世界上首个人造湿地；为保护沿线景观，实现地面和列车的"污物零排放"；为改善沿线生态环境，打造出一条千里"绿色长廊"。这些独具特色的环保设计和建设运营理念，也使青藏铁路成为我国第一条"环保铁路"。

模块四

城市轨道交通智慧安防系统

任务一　城市轨道交通智慧安检系统应用

学习目标

1. 区分智慧安检系统与传统安检系统。
2. 掌握智慧安检系统业务需求及功能。
3. 掌握智慧安检系统预期效果。
4. 当智慧安检系统出现异常情况时，能迅速进行应急处置。

任务导入

某城市举办大型演唱会，因举办场馆附近交通管制，众多粉丝应主办方要求，将私家车集中停放在临时设置的停车场后，通过城市轨道交通前往演唱会举办场馆。为烘托现场的热烈气氛，粉丝们携带了大量气氛营造道具。有幸的是该站投入使用了智慧安检系统，在开场前一个小时集中进场时间内，加快放行效率的前提下，通过智慧安检系统的智能识图、人员携带金属违禁品识别等功能排查出大量违禁物品，并利用该系统的隔栏递物判断功能成功制止多起企图蒙混过关的行为，并同步完成过检人员的视频图像采集、温度测试等工作；将所查的危险物品图像集中上传至安防中心。较为先进的安检设备被动式太赫兹人体安检仪如图4-1所示。

图4-1　先进安检设备——被动式太赫兹人体安检仪

本任务需要掌握智慧安检系统的安检机设备智能判图功能，安检门的乘客随身金属违禁品的无感检测功能，人像识别与智能测温功能等。利用智慧安检系统的多重现场信息先期感知、多类信息综合分析与处理功能，全面提升安检人员的检验效率与准确性，提高大客流下的安检问题综合处置能力。

知识课堂

一、传统安检模式

城市轨道交通安检采用X射线等技术对乘客行包进行安全检查，防止乘客携带引起爆炸、燃烧、腐蚀、毒害或有放射性的物品及枪支、管制刀具等。根据需求采用"机检+人检"，操作时依据"逢包必检、液体必检、人机结合"运行，即使用固定式"X射线行李检查机"对大包行李逐一检查，防止隐藏的危险品进入车站；对小件物品采用手持安检仪检查，特殊时段增加安检系统的严密程度。实际安检过程中，安检员根据现场分工，负责引导乘客过检，操作安检机械对乘客携带的箱包、包装液体等进行检查。此外，还需对发现的管制刀具、可疑物品进行先期处置；再者，出于疫情防护的需要，安检人员还需对进站乘客进行测温等。

传统安检主要依靠现场人工组织，全过程大致为"引导乘客+卡控人数+过检检验+特殊抽检+异常处置"，主要工作内容见表4-1。这种方式的缺点，一是对人员的依赖性极强，针对现场特殊情况，无法有效预判，查出违禁物品时或出现异常后，大多通过眼神或手势等默契动作告知，信息传递依赖现场人员的口述或转发，不能做到图文同步传输，易引发乘客投诉；二是各项工作分离，如各类台账等需人工录入与提交，数据精准性不能有效保障，甚至出现无现场管理则无法开展工作的极端情况；三是安检区域设备分属于不同的维保部门，如视频采集归通信专业，安检设备归安全管理部门，测温设备等归车站管理，不能有效形成合力。

传统安检工作内容　　表4-1

事　件	调度职责	内　容
日常工作	引导乘客	维持安检区域乘客秩序，提醒和引导乘客将携带的箱包物品通过安检仪，观察可疑情况
	判断过检物品	通过X射线安检仪透视过检物品的特殊图片，发现违禁物品，如管制刀具、金属利器、盛装液体的容器等
	开包查验	针对X射线安检仪透视出的图片无法判定物品种类时，要求乘客开包检查物品
	手持检查	利用手持金属设备检查终端，对乘客进行补充检查和贴身物品检查，防止乘客随身夹带违禁物品
	测温	在无自动测温的安检区域，利用手持测温设备对过检乘客进行人工测温，发现体温异常的乘客并处置
异常情况处置	带包漏检、隔栏递物	立即制止，并要求乘客对携带的箱包进行过机检查或开包检查
	强行冲关	会同车站、公安人员对强行冲关乘客进行制止，并保障其余乘客的安全
	违禁物品	对携带违禁物品的乘客进行劝导，视违禁物品种类给予没收登记、让乘客换乘其他交通工具离开等
	灾害情况	与车站人员一起疏散引导乘客从就近疏散出口撤离到安全区域

二、智慧安检系统业务需求

1. 比传统安检内容更智能准确

(1)应具备智能识图功能:在行李箱包的X射线影像中自动识别出疑似管制刀具、枪支器械、可疑液体等常规违禁品,并提示告警;

(2)人员携带金属违禁品识别功能:对人员随身枪支、管制刀具等大件金属物体自动进行检测,发现异常时预警,能有效排除手机、手表、打火机等金属物品干扰;自动统计通过人数与告警次数;能分区探测并在发生告警时定位违禁品。

2. 安检功能自动化检测

智慧安检系统组成如图4-2所示。

(1)应具备隔栏递物检测功能:对安检区域的视频图像进行实时AI处理判断,实时检测隔栏递物行为,防止乘客在安检通道通行时人为避开安检环节。

(2)应具备人脸比对功能:对失信乘客或重点人员的比对、预警功能,能与智慧售检票系统联网实现人脸过闸联动,并自动对重点人物影像进行提取及记录;具备对视频的自动分析应用功能,对乘客异常行为进行判读。

(3)应具备冲关人员拦截功能:对乘客强行冲关行为即时判断,能自动将冲关乘客的影像传输至智慧售检票系统,实现强制关闭对应闸机不予放行。

(4)实现无感测温功能:对乘客体温无感测试,发现体温异常乘客及时发出告警且自动记录;可快速对多人同时完成测温及记录,满足14天(时间可调,最大期限为14天)内乘客体温记录的追溯。

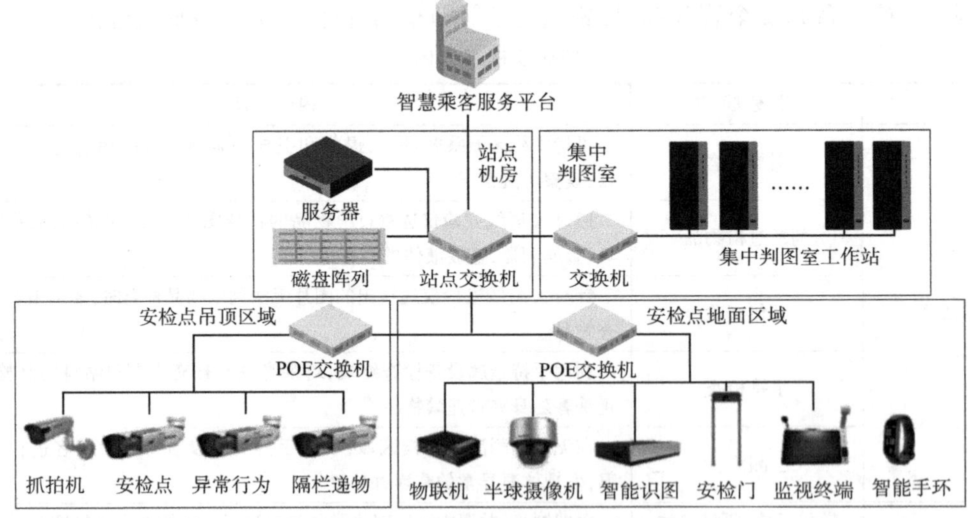

图4-2 智慧安检系统组成

3. 安检业务自动化办理

智慧安检系统能利用专用网络将线网的安检设备联网,如图4-3所示,实现集中融合使用。例如,将分布于某线路各车站的全部安检机联网,多处图像数据实时上传至一个点位进行集中判图；发现违禁品图像自动标识及告警提示；自动对违禁品与携带人员关联回溯，可生成人员、现场人数和报警趋势图表。

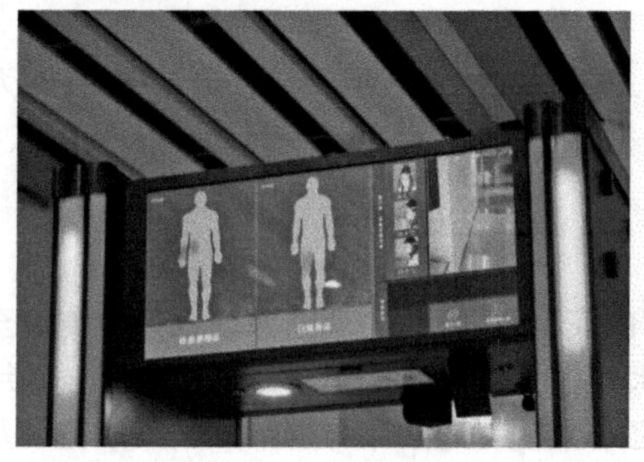

图 4-3 智慧安检设备自动化联网

三、智慧安检系统功能

1. 报警系统管理功能

对下位安检设备、视频判读子系统上传的报警信息进行分类、筛选并集中显示，包括：人员摔倒、隔栏递物、带包漏检等；发生异常行为时，系统自动截图并声响报警提醒，报警采用“视频截图 + 文字描述”展示，如图 4-4 所示。

图 4-4 报警展示

2. 智能检测功能

对既有 X 射线检测设备的图片进行 AI 图片判读，自动识别出乘客箱包中的疑似管制刀具、枪支器械、可疑液体等常规违禁品。当判断为违禁品时，自动添加标识提醒及告警提醒。安检人员根据报警信息对违禁物品确认操作：确认无问题则安全放行，有问题则分类处置。对于普通违禁品且乘客放弃，系统记录违禁品名称、违禁品类型、实物照片、乘客性别。对于严重违禁品，在完成普通违禁品记录基础上，还要以“图片 + 描述”的方式上传系统留存。智能判读后的 X 射线图片如图 4-5 所示。

对乘客随身携带的金属违禁品利用安检门识别，实现对人员随身枪支、管制刀具等大件金属物体的检测和预警，及时排除手机、手表、打火机等金属物品干扰；定位违禁品所在人体部位，引导安检人员及时介入确认。

系统利用AI人像识别功能对失信乘客或重点人员与数据库信息自动比对，与人脸过闸联动实现管控及信息传送至相关部门；具备数据存储功能，能自动统计特殊人员的人数、告警次数，并能有效传送相关数据。

3. 联网判图功能

充分利用网络化技术，将线路乃至线网的安检机联网，实现图像数据集中传输至安防中心进行AI图像处理，供判图员集中使用，加大违禁品的发现力度，减少对经验丰富判图员的需求，也便于遇到问题时集中力量快速处理；还可实现对违禁品与携带人员关联记录及时上传与回溯查询。集中判图客户端如图4-6所示。

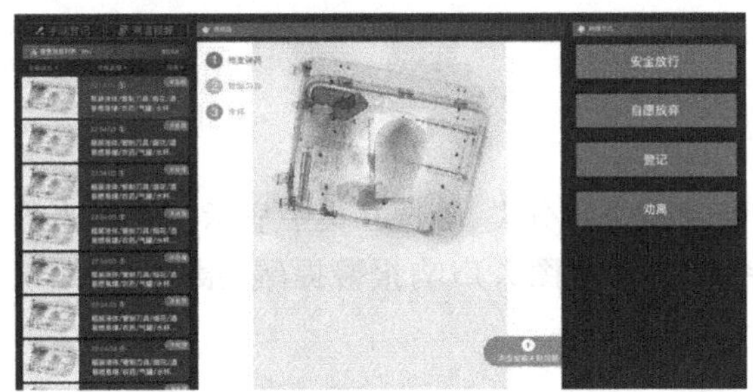

图4-5 智能判读后的X射线图片

图4-6 集中判图客户端

4. 隔栏递物检测功能

利用专用的安检图像采集设备，结合视频图像智能判读功能，对过检乘客进行实时视频判断，发现隔栏递物行为时立即语音提示，并将隔栏递物报警推送至事发安检点。安保人员根据报警提示，及时阻止乘客的隔栏递物行为，处置完成后根据实际情况选择处置结果，完成问题的闭环处置管理。隔栏递物检测图与隔栏递物识别如图4-7所示。

5. 带包漏检检测功能

利用安检点前后方的定制高清摄像头，在视频图像软件的智能判读功能基础上，替代了安检人员对带包漏检的目视监控。发现带包漏检行为时立即语音提示，并将报警推送至事发安检点，现场人员根据报警及时阻止该违规行为。处置完成后根据实际情况选择处置结果，完成问题的闭环处置管理。带包漏检检测如图4-8所示。

图4-7 隔栏递物检测图与隔栏递物识别

图4-8 带包漏检检测

6. 无感测温功能

利用具有测温功能的红外摄像头对过检乘客体温进行无感测试，当发现体温异常乘客时立即发出告警，并自动截图记录；针对多人过检时，可快速对多人同时完成测温，自动截图并标记体温异常人员后记录保存，以满足14天内乘客体温追溯。智慧安检系统增设遥控测温设备，主要是安装于安检门上或独立悬挂安装。无感体温检测如图4-9所示。

7. 人群过密报警及统计报表生成功能

利用安检摄像头对覆盖区域的视频图像智能判读，发现等待区域的待过检人群过密时，生成人群过密报警，并推送至相关人员，由多方人员协同系统处置并维持秩序。人群过密检测如图4-10所示。

图4-9　无感体温检测

图4-10　人群过密检测

此外，智慧安检系统软件能对过检人数进行统计，如图4-11所示，包含人员检测、箱包检测、特殊人员检测及体温检测等统计显示功能，支持报表及趋势生成，且支持所有过检图片存储调取，能通过联网实现线网级运作。

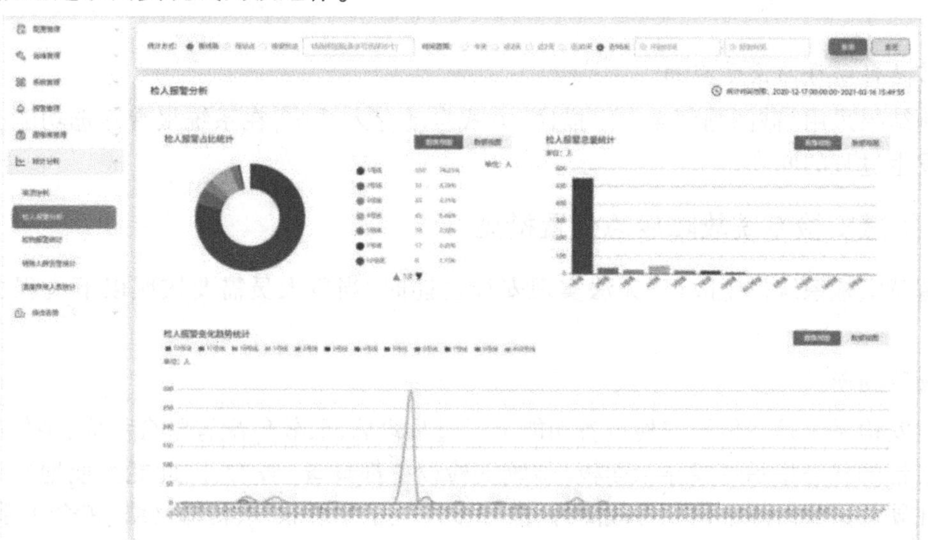

图4-11　人员检测统计

四、智慧安检系统预期效果

智慧安检系统是在传统的X射线安检机、安检门及手持设备等安检设备的基础上，整合加入视频采集设备、体温采集设备，并增加安检信息 AI 处置功能，更便于开展安检工作，也便于对过检乘客的信息进行实时监控。智慧安检实景如图 4-12 所示。

a)

b)

图 4-12 智慧安检实景

1. 直观明了显示安检信息

大量安检工作由系统自动完成，减少对安检人员的依赖；利用报警信息同步传输功能，使得信息以一对多的方式传输至各终端，借助手持终端，各安检岗位人员可各司其职，尤其是在异常情况下，实现安检现场整体流程的规范顺畅。

2. 精准抽取现场信息

通过图像 AI 判断标注与自动上传、重要信息突出显示加报警提示功能，在发生异常事件时，系统自动触发预置的异常处置指南并传输至各岗位人员手持终端，精准自动调度相关人员。

3. 信息自动存储便于回溯

检测结果采用“截图画面 + 文字描述”方式自动存入系统，在系统报警筛选功能支持下便于事件发生过程的回溯。

五、智慧安检系统故障应急处置措施

当智慧安检系统发生故障，无法实现安检功能时，当班人员需要按照以下流程进行应急处置。

1. 故障判断

智慧安检系统是在传统安检设备功能上通过物理联网、软件配置整合而成，硬件故障可通过设备自带的状态指示灯或显示面板（传统安检设备都具备）查看，因此能方便地判断本系统是否存在硬件故障。除下位硬件故障外，故障多产生于系统软件、传输网络、单个子系统等。

充分利用显示界面的图标与颜色等初步判断故障点。若全部功能无法使用时，显示图标会整体显示异常，容易得出故障点在智慧安检系统内部。排除传输网络故障后重点检查应用软件和网络接口。若部分功能（单站或部分站点）无法实现，则检查下位子系统（或故障的站点）。

2. 应急处置

应视问题的重要性分情况处置，当重要功能(如判图)无法使用时，应立即回归传统的“引导乘客 + 卡控人数 + 过检检验 + 特殊抽检 + 异常处置”安检流程，及时增加人员手持终端检查及疏导等以保证安检工作有序进行。若某部分功能无法正常使用，则启动该部分的人工功能，如测温模块，采用手持测温。

3. 后续措施

在判断故障点位为非下位设备硬件故障后，应从智慧安检系统架构出发开始处置，依次对智慧安检系统应用服务器进程、软件或服务器重启，检查系统网络通信状态。前述问题排除后则检查视频系统、测温系统、安检机与安检门等末端设备工作状态。

课堂交流

请同学们收集各城市轨道交通智慧安检的案例，分析智慧安检和传统安检的区别。

各小组分组进行智慧安检演练。

任务实施及评价

智慧安检系统应用及故障应急处置

学院		专业	
姓名		学号	
小组成员		组长姓名	

一、工作任务场景

以一名安检专业监管人员身份按照实物过检方式完成对智慧化安检系统的功能测试。

二、前置知识

1. 简述传统安检工作组织和工作内容。

2. 简述车站安检工作岗位的检查内容。

3. 简述安检遇到异常情况的处置流程。

三、任务实施

任务实施内容
1. 智慧安检系统操作
1.1 顺利登录智慧安检系统车站监控终端软件,通过图标显示与颜色,判断系统是否工作正常
1.2 开启安检功能,使用端收到违禁品报警时,点击报警图片,人工判断是否含有违禁品;如确认无违禁品,能顺利执行放行操作
1.3 经判读图片确认为违禁物品时,处置方式如下:普通违禁品种类,熟悉自愿放弃操作流程及相关记录、劝离办理流程及操作;严重违禁品,按处置流程登记违禁品名称、违禁品类型、实物照片、乘客身份信息等;对未识别的违禁品,启动人工处置流程
1.4 系统检测到隔栏递物时,熟悉隔栏递物的处置流程与拦截规范动作,并立即组织人员处置,完成处置后正确操作软件完成流程并结果记录
1.5 系统检测到带包漏检时,熟悉带包漏检的处置流程与拦截规范动作,立即组织人员处置,完成处置后正确操作软件完成流程并结果记录
1.6 熟练从实时视频监测画面顺利读取体温值,对体温异常人员进行复检或隔离处置,能顺利操作完成测温视频的开启与回放
1.7 系统检测到人员密集报警时,启动待检人员密集的处置流程,组织现场人员处置,处置完成后正确操作软件选项完成结果录入
1.8 调取客流状态感知及提示页面,能根据提示内容顺利启动相应处置流程,尤其是大客流、人员密集的处置
1.9 熟练操作报警信息管理功能,查看全部报警、按需筛选报警等

续上表

1.10　顺利登录客户端，进入集中判图功能操作界面，检查智能识图标记后的图片、违禁品等级设置标注和颜色区分等信息是否正确
1.11　登录安防中心客户端软件，按需调出功能操作界面，通过图标显示与颜色，判断系统（中心级）是否工作正常。熟练操作软件对线网安检点、线网安检设备进行增删改查；根据管理权限对安检账户进行增删改查
1.12　利用中心级软件报警管理查看全部报警状态或筛选、配置等；按需生成报警统计、趋势及表格导出
2. 故障的判断
2.1　利用中心级系统的图标显示状态、颜色等初步判断故障类型
2.2　单个安检点图像上传失败，经核对车站客户端软件智能判图功能不能启用等，可初步判断为车站级末端设备本体故障
2.3　中心级系统出现无法进入系统、多个安检点信息调取失败、显示离线等问题时，可初步判断故障点在中心级软件，应重点关注传输线路或视频服务器
3. 故障应急处置
3.1　某部分功能无法正常使用时，则启动该部分的人工功能，如测温模块，采用手持测温
3.2　单站安检系统全部故障时，立即回归传统的“引导乘客 + 卡控人数 + 过检检验 + 特殊抽检 + 异常处置”安检流程，增加人员测温、手持终端检查及疏导等确保安检有序进行
3.3　中心级软件故障，启用“电话管控”，针对重大事件做好电话指挥登记，同时利用 CCTV 工作站（综合监控）进行视频远程监控
4. 故障处置后续措施
4.1　按照系统维修手册，依次对智慧安检系统（中心级）应用服务进程、应用软件或服务器重启；检查系统网络通信状态、网络交换机工作状态等；检查视频系统、测温系统、安检机与安检门等末端设备的工作状态

四、评价反馈

（一）评价标准

项　　目	项 目 内 容
接受工作任务	明确工作任务，理解任务在企业工作中的重要程度
前置知识	本次实训前需要掌握的知识程度
能力评价	智慧安检系统操作
	故障的判断
	故障应急处置
	故障处置后续措施
素养评价	工作计划性强，安排得当
	团队合作能力强，善于沟通合作
	自主学习能力强，勇于克服困难
	严谨认真，积极参与课堂
	演示文稿制作精美、汇报演讲能力强
评价反馈	自我评价：能对自身表现情况进行客观评价，能在任务实施过程中发现自身问题
	小组互评：客观、公正，能指出其他组的问题

续上表

（二）自我评价

请根据在课堂中的实际表现进行自我评价与自我反思。

序　号	评价标准	
1	接受工作任务	☆☆☆☆☆
2	前置知识	☆☆☆☆☆
3	能力评价	☆☆☆☆☆
4	素养评价	☆☆☆☆☆
自我反思：		

（三）小组互评

请小组之间根据在课堂中的实际表现进行小组互评。

序　号	评价标准	
1	接受工作任务	☆☆☆☆☆
2	前置知识	☆☆☆☆☆
3	能力评价	☆☆☆☆☆
4	素养评价	☆☆☆☆☆

（四）教师评价

项　目	项目内容	分值	得分
接受工作任务	明确工作任务，理解任务在企业工作中的重要程度	5	
前置知识	本次实训前需要掌握的知识程度	5	
能力评价	智慧安检系统操作	10	
	故障的判断	10	
	故障应急处置	10	
	故障处置后续措施	10	
素养评价	工作计划性强，安排得当	5	
	团队合作能力强，善于沟通合作	5	
	自主学习能力强，勇于克服困难	10	
	严谨认真，积极参与课堂	10	
	演示文稿制作精美，汇报演讲能力强	10	
评价反馈	自我评价：能对自身表现情况进行客观评价，能在任务实施过程中发现自身问题	5	
	小组互评：客观、公正，能指出其他组的问题	5	
得分（满分100）			

视野拓展

防患于未然

《战国策 · 燕策三》:“轲既取图奉之。发图,图穷而匕首见。”如果有严格的安全检查,荆轲的匕首是带不进皇宫的。

安全是生产的前提,而隐患是安全事故的起源,只有消除隐患才能保障安全。正所谓:隐患险于明火,防范胜于救灾。需要提高全员的安全意识和加强安全基础防范措施。

事后控制不如事中控制,事中控制不如事前控制——防患胜于治患。安全经济学中有一个基本定量规律:1 元事前预防 =5 元事后投资。即预防性的“投入产出比”远远高于事故整改的“投入产出比”,初期投入 1 分的安全性,相当于后期 10 分的安全性效果。在我们的安全生产管理中,就是要谋事在先,采取有效的事前控制措施,防患于未然,将事故消灭在萌芽状态。

任务二 城市轨道交通智慧门禁管理系统

学习目标

1. 区分智慧门禁管理系统与传统门禁系统。
2. 掌握智慧门禁管理系统架构及功能。
3. 掌握智慧门禁管理系统预期效果。
4. 当智慧门禁管理系统出现异常情况时，能迅速进行应急处置。

任务导入

某城市核心商圈举办年度大型促销活动，通过城市轻轨直达活动商圈的站点人流量迅速飙升并达到该站设计客流高峰。 在站务人员全力保障客运服务工作顺畅期间，一位残疾人独立出行且持有效证件免票乘车到达该站，在仿照其他乘客“刷脸”出付费区操作失败后情绪激动，现场志愿者因人流隔断无法将其带至票亭交由车站人员处置，值班站长立即启用智慧门禁管理系统（图 4-13）进行异常情况处置。 利用与智能门禁管理系统数据库共享人脸数据的智能客服中心配合，使该乘客在持有效证件而无票的情况下，凭智慧门禁管理系统生成的临时人脸凭证，在智慧边门识别处“刷脸”后顺利出站。

本任务需要熟练掌握智慧门禁管理系统具有的多重控制功能、多维度乘客判别功能及应急处置功能等，能充分利用智慧门禁管理系统的现场信息感知、多类信息综合分析与处理优势，全面提升智慧门禁管理系统各岗位人员远程查看、报警记录调阅、综合处置能力。

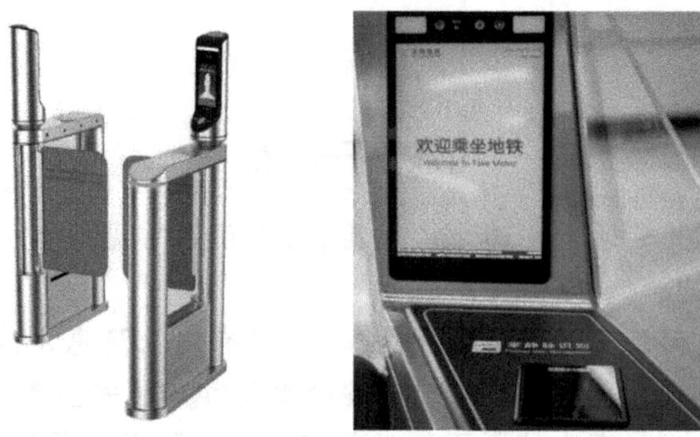

图 4-13　智慧门禁管理系统（智慧边门）

知识课堂

一、传统门禁系统

传统门禁系统可概括为“刷卡开门”，是在指定区域安装门禁系统前端设备(读卡器、门禁按钮、紧急按钮)，依托中央计算机系统、车站计算机系统形成的二级管理，实现中央、车站和就地三级控制，呈现集中管理、分散控制。采用地铁员工卡(或委外单位专用卡)作为门禁卡，利用不同的权限配置实现分级管理，使用者依据所持卡片获得的授权使用范围才能刷卡进入到规定区域，并在系统留存刷卡使用记录。系统还具备故障诊断、报警、在线修改/升级、离线编辑等功能。传统门禁系统架构如图 4-14 所示。

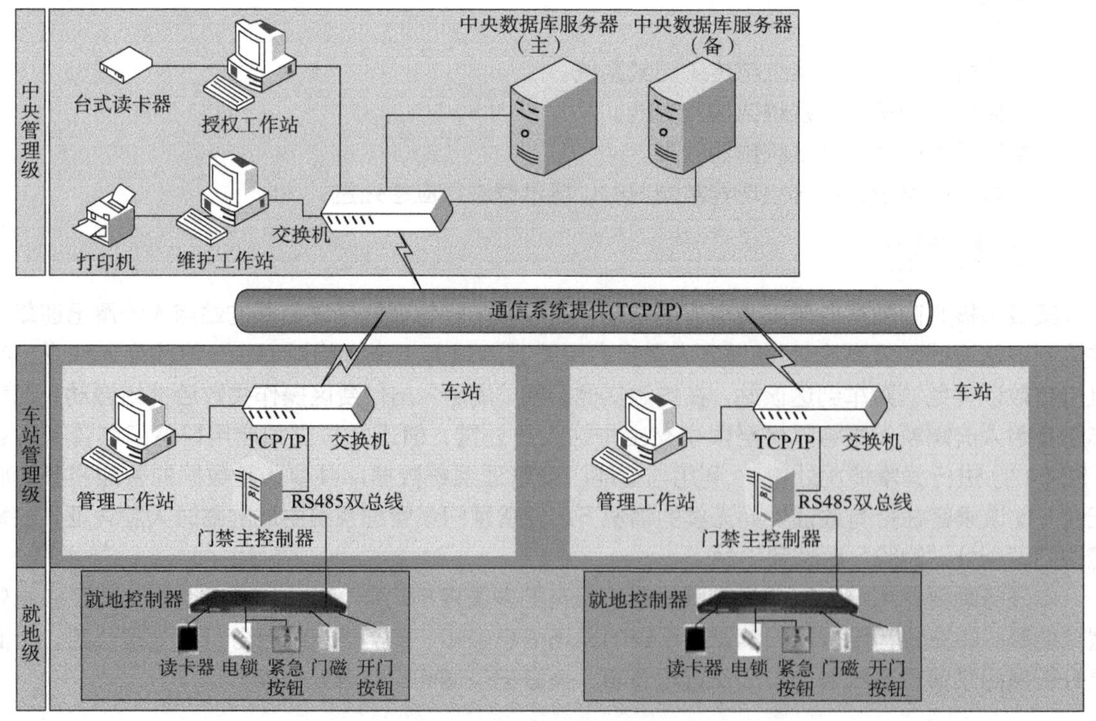

图 4-14　传统门禁系统架构

传统门禁系统的身份识别依靠读取使用者所持门禁卡信息，对基于安全防范重点关注的人证合一、卡片真伪却不做深度判读与识别；尤其是对车站通道门处存在尾随前刷卡人员进入设备区等重点区域的行为，不进行判读和报警；对于持有错卡、变造卡、复制卡的人员识别有限，不便于责任倒查。在票管室等车站重点区域，采用“门禁卡 + 密码”双重确认机制，依旧存在问题。表 4-2 为传统门禁系统工作内容。

传统门禁系统工作内容　　表 4-2

事　件	基本操作	内　容
日常使用	刷卡进入	前端读卡器读取使用者所持门禁卡内信息，比对系统中留存该卡的授予权限，二者相符则许可放行，达到实现不同安全区域的分级门禁管理；比对错误则生成报警记录并禁止持卡人进入该管理区域
	出门	使用人员操作门禁按钮，对门禁系统锁具解锁，离开门禁管理区域
	紧急开门	在控制电路失效的情况下，操作紧急开门按钮，通过切断门锁电源来控制门锁开启，离开门禁管理区域
	授权	根据分级授权管理规定，对使用者持有的门禁卡授予不同等级权限，如安全级别、授权进入的区域、授权进入时间、密码等，实现门禁卡的分级管理
	维护	利用操作员权限对门禁系统操作信息、刷卡信息、报警信息进行查询、报表生成、编辑与导出等操作
紧急情况	火灾联动	根据火灾自动报警系统（FAS）联动指令，以车站为单位，及时准确地执行门禁解锁并按 FAS 监控要求给出反馈信号
	IBP 盘释放	车控室操作 IBP 盘的门禁释放按钮，对现场终端设备门锁统一断电，使门锁处于释放状态，并将门锁状态、报警等信息上传

二、智慧门禁管理系统业务需求

1. 边门面向乘客智能处置

边门具有过闸人脸信息识别功能，将内部工作人员和免票乘客两部分人员分开，免票乘客人脸信息配合智能客服中心实现权限统一管理，将持有的免票证件与前端设备采集的人脸信息关联，即利用现场人像采集设备获取的人脸信息与发证部门所留信息自动校对，验证通过后放行；若验证不通过则语音提示及留存人像记录，判别持伪造证件、过期证件的逃票人员。

2. 既有业务自动化处理

可加强智慧门禁管理系统与其他信息系统的功能融合。利用智慧门禁管理系统的自动化功能可进行报表填报和过程记录制作等重复性工作，如出入记录查询、黑名单管理、巡更路线和排班定制规则自动导入；自动对门禁管理系统信息分类整合与区别化处理，实现对门禁系统设备整体情况的实时监控。利用 AI 算法检索、标记出必要信息，如关门不闭门人员、巡更点位分配不合理等，自动生成趋势曲线图，节省专业人员精力，避免人为差错，达到减员增效的效果。

三、智慧门禁管理系统功能

1. 智慧门禁管理系统软件功能

将智慧门禁管理系统具有的进出控制、远程开门、报表输出、区域统计、防反传功能与智慧消防系统联网共享,实现在灾害情况下自动统计管理区域的进出人数,有助于事故救援;利用防反传功能杜绝无刷卡的进入行为,保证门禁使用数据都被记录;根据日志绘制筛选,如自动生成开门不关门人员清单等;将员工的考勤签到整合至智慧门禁系统,杜绝考勤记录造假现象;建立访客登记管理机制,访客凭借预约现场登记或提前生成的二维码,在进入门禁管理区域期间,后台同步生成电子线路及流程人像信息,便于对访客的行程管理,减少访客的被动等待时间等。智慧门禁管理系统的访客管理如图 4-15 所示。

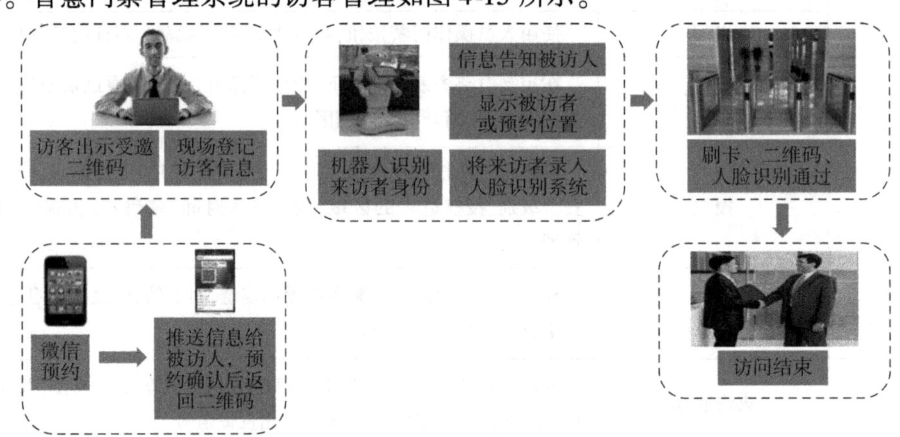

图 4-15 智慧门禁管理系统的访客管理

2. 软件自主诊断修复功能

智慧门禁管理系统的数据库具备容量自诊断功能,能根据容量自诊断结果动态调整数据库清理时间以完成自动清理(数据权限许可后方可执行该功能),避免因数据容量过大影响系统稳定,既达到减少计划性检修(传统门禁采用计划性检修,即在规定时间进行检修)的内容,又实现数据容量动态监测及自主处置。

充分利用增加的容灾备份设施,确保异常情况下数据不流失,以实现(或预留)与智慧云数据中心接口、对门禁紧急释放装置(又称破玻器)的工作状态自诊断检查功能。

3. 前端设备智能识别功能

传统门禁(图 4-16)对持卡使用人员的身份认定简单而唯一,依靠前端安装的读卡器读取使用人员持有的门禁卡信息,后台比对卡信息与预留信息一致,即认定符合要求,执行开门放行命令;不一致则不执行开门命令。

智慧门禁管理系统引入人像识别,如多功能刷卡器(图 4-17),提升安全管理等级。将前端设备传统读卡器替换为带摄像功能加显示装置的前置图像识别终端设备,重点区域加入了声纹(甚至虹膜)识别功能。针对轨道交通客流特点,在一些特别车站重要的出入口针对性地加入人员身份精准识别、体温初步筛选的特定功能,实现高效无接触、无感知身份验证、体温检测、语音报警等,实时记录人员出入、体温信息。表 4-3 为智慧门禁管理系统接口功能。

图 4-16　传统门禁实景

图 4-17　多功能刷卡器

智慧门禁管理系统接口功能　　表 4-3

序号	项　目	功　能			
		智慧门禁管理系统	内容	综合监控系统	内容
一、日常使用					
1	边门进出管理	终端验证进出管理	身份验证、人像等重要信息处理、比对判断后送至综合监控显示，生成监控记录和报警信息	工作站	显示智慧边门告知的门状态信息，可对其进行远程控制
2	非公共区域进出管理	终端验证进出管理	身份验证、人像等重要信息处理、比对判断后送至综合监控显示，生成监控记录和报警信息	工作站	显示智慧门禁系统告知的受控各门单元设备状态信息，可对目标单元实现远程控制
3	维护与授权	工作站	按照操作权限对数据库进行增、删、改、查，数据导出及报表生成等常规工作	工作站	接收新上传的智慧门禁管理系统信息并显示
二、紧急情况					
1	火灾联动与紧急释放	终端设备	接受 FAS 联动指令后进行门禁系统释放，并记录相关信息	工作站(IBP)	显示释放信息、记录反馈信息

四、智慧门禁管理系统预期效果

1. 方便快捷的信息验证

通过人像识别与电子巡更、面部测温和访客管理等功能，结合系统的嵌套人像（及声纹等）识别算法等多重手段，共同确认使用者的人证合一，杜绝使用他人证件、持虚假证件等行为，紧急情况下还可依据图像识别确认身份后，临时被授权进入管理区域，为事后追查留存影像资料，省去了携带卡片、访客纸质手续、测温必须人工介入等分散的单项多次工作。集中进行信息采集与验证，使不同岗位的使用者都能方便快捷获知结果，提高了生产效率。

2. 多重信息验证提升安全性

通过智慧门禁管理系统中配置的多功能刷卡器一次性完成使用者的人像信息、面部测温、访客二维码识别等，利用多重信息同步验证、比对，杜绝代签字和代刷卡，防止持有假冒卡的闯入人员，还能防止前述步骤被恶意利用，将报警信息传送至多信息平台共享，异常情况时协同联动，使得设置智慧门禁管理系统的管理区域安全性能明显提升。

五、智慧门禁管理系统故障应急处置措施

当智慧门禁管理系统发生故障，无法实现系统功能时，当班人员需按照以下流程进行应急处置。

1. 故障判断

智慧门禁管理系统是在传统门禁系统上进行功能提升、改进而建立的，因此故障原因与传统门禁类似，除末端的门磁锁具、读卡器、就地控制板卡等硬件故障外，其他故障点多产生于传输网络、应用软件及数据库异常等。

当出现故障时，可利用工作站图标和颜色显示进行故障的初期判断。若单门开启失败或单项功能无法实现，则故障点在前端设备（单项功能部位）处，如门锁损坏、视频读卡器宕机等（如测温模块故障导致测温失败）；若全线门禁状态异常，则需检查数据库运行状态、网络通信状态、应用软件进程运行情况等；若门禁工作站监控门禁系统正常，综合监控工作站显示不正常，则检查接口处（一般位于设备房的交换机处）。

2. 应急处置

当智慧门禁管理系统的全部功能无法使用时，应立即开启门禁系统的降级模式运行，并加大人工验证身份、手动测温力度；若某单站（或单项功能）无法使用时，则通过综合监控工作站（或门禁工作站）显示状态预判后通知专业人员处理，如智慧边门出现故障时，则采用边门进出人工验证方式处置。

3. 后续措施

参照智慧门禁管理系统维修手册，按照“先硬件后软件”的方式处置故障，排除智慧门禁管理系统的前端设备故障；系统其他故障多是软件故障，应从网络接口的通信状态、应用软件进程卡滞或停止运行、服务器占用资源或宕机等方面查找，并按照修复网络通信、重启进程或服务器等方式修复。

任务实施及评价

智慧门禁管理系统应用及故障应急处置

学院		专业	
姓名		学号	
小组成员		组长姓名	

一、工作任务场景

以维保人员身份，按照使用手册对智慧门禁管理系统进行检修测试，并生成检修记录和报表。

二、前置知识

1. 简述传统门禁系统的工作原理。

2. 简述门禁系统的权限管理机制。

3. 简述灾害模式下，IBP 盘紧急门禁释放流程及操作方法。

三、任务实施

任务实施内容
1. 智慧门禁管理系统操作
1.1　熟练调取智慧门禁管理系统功能操作界面，通过图标的显示状态、颜色等检查重要设备状态
1.2　熟练使用前端设备测试智慧门禁系统的功能(非法入侵、正常放行等)
1.3　登录工作站，熟练调取系统的报警信息，按需调取指定人员、指定前端设备的信息进行查询与筛选
1.4　通过硬件设备指示灯闪烁、颜色等检查智慧门禁系统与综合监控系统、智能客服中心的接口通信状态
1.5　授权与维护操作：指定人员名单在系统中进行授权信息删除、按照对应岗位信息授权；熟练进行授权、维护操作等，自动生成报表及导出
1.6　数据库管理：对过期信息进行备份、无用信息删除；检查数据库容量，如有必要则手动清除无效数据
1.7　通过智慧边门的表征(指示灯、显示及声音等)判断设备状态；熟练使用智慧边门，通过智能客服中心临时授权，引导特殊乘客从智慧边门出站
2. 故障的判断
2.1　通过观察显示故障信息，准确定位故障(多用于前端设备故障)
2.2　若单门或单站的功能无法实现，则故障点在前端设备处
2.3　若全线门禁状态异常，则检查网络，重启中央门禁服务器；若门禁工作站监控门禁系统正常，综合监控工作站显示不正常，则检查接口处

续上表

3. 故障应急处置
3.1 单个末端设备本体故障,视设备重要性,普通设备不影响运营,重要区域门禁管理采用人工监管
3.2 当系统本身异常而降级模式运行时,启用人工验证身份、手动测温
3.3 智慧边门故障或智能客服中心授权失败,则安排站务人员人工验证引导乘客出站
4. 故障处置后续措施
4.1 按照智慧门禁管理系统维修手册,对智慧门禁管理系统发生故障的前端设备、网络通信状态、应用程序进程、服务器占用资源等进行检查修复

四、评价反馈

(一)评价标准

项　目	项 目 内 容
接受工作任务	明确工作任务,理解任务在企业工作中的重要程度
前置知识	本次实训前需要掌握的知识程度
能力评价	智慧门禁管理系统操作
	故障的判断
	故障应急处置
	故障处置后续措施
素养评价	工作计划性强,安排得当
	团队合作能力强,善于沟通合作
	自主学习能力强,勇于克服困难
	严谨认真,积极参与课堂
	演示文稿制作精美,汇报演讲能力强
评价反馈	自我评价:能对自身表现情况进行客观评价,在任务实施过程中发现自身问题
	小组互评:客观、公正,能指出其他组的问题

(二)自我评价

请根据在课堂中的实际表现进行自我评价与自我反思。

序　号	评 价 标 准	
1	接受工作任务	☆ ☆ ☆ ☆ ☆
2	前置知识	☆ ☆ ☆ ☆ ☆
3	能力评价	☆ ☆ ☆ ☆ ☆
4	素养评价	☆ ☆ ☆ ☆ ☆
自我反思:		

续上表

(三)小组互评

请小组之间根据在课堂中的实际表现进行小组互评。

序　　号	评 价 标 准	
1	接受工作任务	☆ ☆ ☆ ☆ ☆
2	前置知识	☆ ☆ ☆ ☆ ☆
3	能力评价	☆ ☆ ☆ ☆ ☆
4	素养评价	☆ ☆ ☆ ☆ ☆

(四)教师评价

项　　目	项 目 内 容	分值	得分
接受工作任务	明确工作任务,理解任务在企业工作中的重要程度	5	
前置知识	本次实训前需要掌握的知识程度	5	
能力评价	智慧门禁管理系统操作	10	
	故障的判断	10	
	故障应急处置	10	
	故障处置后续措施	10	
素养评价	工作计划性强,安排得当	5	
	团队合作能力强,善于沟通合作	5	
	自主学习能力强,勇于克服困难	10	
	严谨认真,积极参与课堂	10	
	演示文稿制作精美,汇报演讲能力强	10	
评价反馈	自我评价:能对自身表现情况进行客观评价,在任务实施过程中发现自身问题	5	
	小组互评:客观、公正,能指出其他组的问题	5	
得分(满分100)			

视野拓展

令行禁止

[宋]吴自牧《梦粱录·大内》:“门禁严甚,守把钤束,人无敢辄入仰视。”[明]叶盛《水东日记·记杀马顺等事》:“殊不知因大驾出后,门禁颇严。”《逸周书·文传》:“令行禁止,王始也。”

纪律是铁的纪律,具有严肃性和强制性,一经颁布就要严格执行,否则就应受到严厉制裁。作为社会公民,坚持有令必行、令行禁止,既是良好品质,也是责任要求。

做到令行禁止，必须强化内在动力。纪律既是“紧箍咒”，也是“护身符”。纪律面前人人平等、纪律面前没有特权、纪律约束没有例外。令行禁止，必须从点滴做起。对纪律要始终心存敬畏，常怀律己之心，真正把规矩印进心里，从日常工作、生活的每一件小事做起，确保自己的所作所为永远在纪律约束之下，真正守住纪律的底线。做到令行禁止，必须严格监督检查。坚持有纪必执、有违必查、有责必究，才能使纪律真正成为带电的高压线。

任务三 城市轨道交通智慧消防系统

学习目标

1. 区分智慧消防系统与传统消防系统。
2. 掌握智慧消防系统架构及功能。
3. 掌握智慧消防系统预期效果。
4. 当智慧消防系统出现异常情况时，能迅速进行应急处置。

任务导入

下班高峰期，在某大型枢纽换乘站的站厅因乘客携带充电宝冒烟触发火灾自动报警系统（FAS）的烟雾探测器，引发车站设备转入消防联动状态。车站火灾联动命令下发及设备联动如图4-18、图4-19所示。调度指挥中心人员按照智慧消防系统功能弹出提示，及时启动应急处置程序，并按照智慧消防系统的技术指引顺序执行每个步骤，分批次调度车站现场人员、机电专业人员、消防维保人员进入应急处置流程，查看智慧消防系统内显示的技术熟练专业人员候选名单，依据就近原则呼叫技术支援和远程指挥；再按照智慧消防系统内置的处置程序应急信息表，立即向消防专业各岗位人员推送到场后的工作岗位应急处置内容，确保现场人员到达车站后快速将设备复位，包含恢复车站的非消防电源、开启车站正常广告照明等，保障高峰时段车站持续运营。

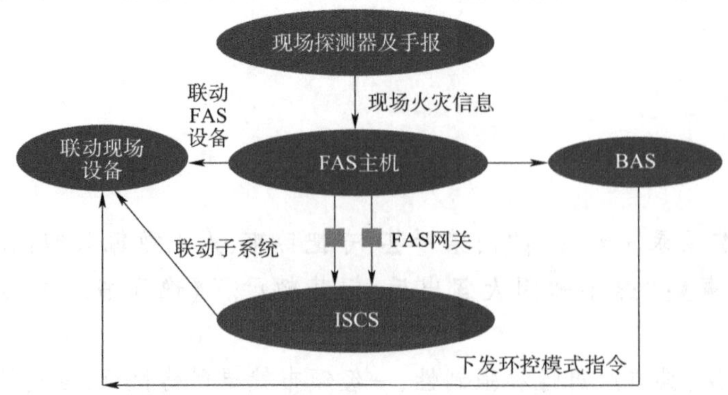

图4-18 车站火灾联动命令下发及设备联动

智慧消防系统监控

图 4-19 车站消防联动后设备状态

本任务需要调度人员、车站人员、机电与消防维护人员熟悉消防设备应急操作，掌握智慧消防系统的功能，能根据智慧消防系统结合智慧调度系统推送的处置索引信息，人员在到达现场后，各岗位现场人员按质保量有序执行索引技术指导，全面提升各级人员的应急处置能力。

知识课堂

一、传统消防系统及设备维护

城市轨道交通设置的消防系统可分为火灾自动报警系统（FAS）、气体灭火系统和消防给水系统三大部分。三大部分相对独立，其中火灾自动报警系统的作用是探测火灾早期特征、发出火灾报警信号并调度车站机电设备（如防排烟设备、应急照明设备等）。城市轨道交通火灾自动报警系统还包含消防电话、消防广播等。防火卷帘门、消防电源与电气火灾监控接入火灾自动报警系统，受其监控。车站 FAS 主机操作面与综合后备盘（IBP 盘）如图 4-20 所示。

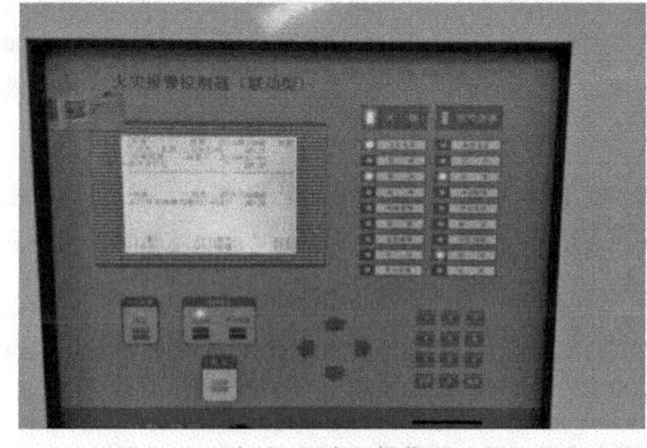

a)车站FAS主机操作面

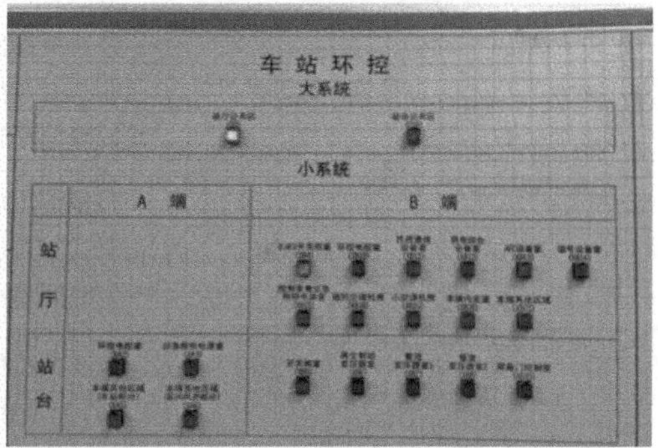

b)IBP盘

图 4-20 车站 FAS 主机操作面与综合后备盘（IBP 盘）

消防设备接入 FAS 系统，通过与综合监控系统的接口，实现对车站、区间、主变电所和场段等重要场所的火灾信息监视及末端设备监管。运营控制中心(OCC)承担线路或线网消防监控中心功能。传统消防系统的主要作用在于信号收集、控制命令下发。该系统在技术上存在以下不足:资源管控和运维架构呈现"烟囱"现象,存在信息孤岛,大量有用数据滞留本体系统内,未体现二次开发,如多种关联信息难以有效整合发布、消防安全设施整体情况不明、人员流动频繁导致工作衔接不畅、技防手段与人防措施无法有效结合、安全管理人员行为难以监督和管控、隐患不能及时反馈并有效处理等。

该系统在运营上存在以下不足:在车站发生消防联动(尤其是运营时段的换乘车站)时,处置效率不高,各岗位人员仅承担岗位职责分工的事项,使得处置过程中出现大量不得不长时间等待的情况。例如,在车站运营高峰时段换乘车站发生消防联动,车站设备转入灾害运营模式时,车站将信息反馈给调度,按照就近原则调派消防、机电、通信等专业人员赶赴现场处置,换乘车站同步通知相邻线路同等专业人员,整体工作完成用时约30min,如相邻线路是不同的运营主体单位,耗费时间将更长。这会给高峰时段的客运组织工作造成不便,如车站换乘通道安装的防火卷帘在联动时会降下,在未复位前,车站只能采取临时绕行等办法组织客运,造成乘客换乘行走路程和时间变长,易引发乘客投诉。表4-4为传统消防系统工作内容。

传统消防系统工作内容 表4-4

工作项目	工作职责	工作内容
计划性检修维护工作	设备状态检查	利用FAS主机、扩展工作站状态显示,结合维保人员现场巡查,判断车站的消防设备运行情况,清洁、检查设备
	故障处置	通过生产管理系统自报、站务人员电话或专业人员巡检巡查等方式发现故障,较小故障现场处置,较大故障按照"先通后复"原则在停运后处置
	计划性检修	按照消防规范规定编制消防设备检修规程,拟定未来一年的计划性检修时间,按照拟定的计划性检修时间组织月度、季度与年度检修工作
	设备状态初期巡视	在车控室人工操作FAS报警主机、复视工作站,查询车站设备的报警记录,检查重要故障告警信息、末端设备状态信息
	检修记录填写	维保人员检修结束后手动填写检修表格,输入检修设备具体编号、对应位置,签署姓名等
	检修问题跟踪	针对检修发现的问题,上报专业工程师复核后,组织人员整改确认,如涉及非本专业故障,应协调配合处置,确认无误后填写整改确认材料,完成检修故障闭环管理
	资料存档	根据消防规范要求,对日常检查与使用状况记录、维保记录、计划性检修记录或报告、应急救援演习记录、定期检验报告、设备运行故障记录等按照规定时间妥善存放
应急处置	通知人员	被动接听生产调度语音电话或查看即时通信软件,知晓故障发生地点和时间,按照就近原则赶往事发车站
	信息传递	根据现场人员描述或即时通信软件发送照片的判读,记录现场信息
	现场处置	根据预先编制的各项预案、现场处置指南等,现场人员照章办事、依规而行

续上表

工作项目	工作职责	工作内容
应急处置	后续跟进	依据到场人员对现场情况反馈的信息,描述调整处置方式或应对方式(无法实时掌控现场第一手信息)
	处置结束	按照现场人员、专业工程师针对应急事件的处置内容编写分析材料等,必要时组织分析会,商讨定责,落实改进措施等
检查与查阅	消防检查	比照检查内容准备被查的相关资料,涉及档案记录保管人、专业工程师、设备管理部门人员等系统性迎检
	档案查阅	查阅人按照管理规定办理调阅手续,对接档案记录保管人,查阅纸质版资料

二、智慧消防系统业务需求

1. 避免信息孤岛效应,将信息有效整合发布

消防设备监控及告警是由火灾自动报警系统(FAS)主机完成,并通过其网关设备以通信协议方式将信息上传至综合监控系统(ISCS)。智慧消防系统应综合运用物联网、云计算、大数据、移动互联网等新兴信息技术,将多源信息有效融合,辅助维保人员进行日常消防安全巡检和应急预案数字管理,通过完善的巡检巡查、计划检修、监管制度建立全方位的防范处置体系,将可能发生的消防安全风险降到最低,提高城市轨道交通消防应急管理智能化水平,如图4-21所示。

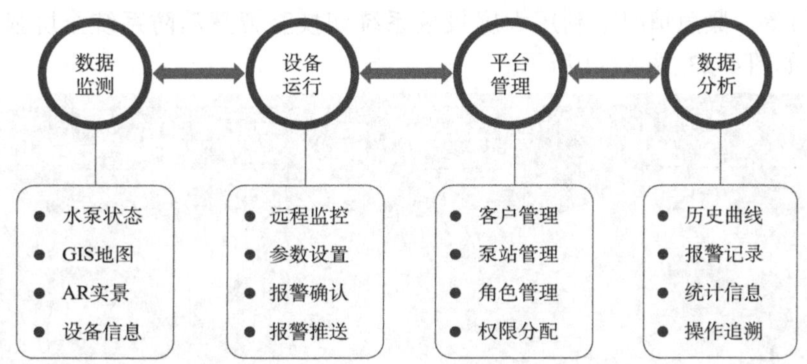

图4-21 智慧消防系统

2. 实现消防设备全生命周期管理

建立消防设备全生命周期管理(图4-22)、三维实景模型,将消防类信息整合与分类后,实现消防设备全生命周期管理,保证消防设施档案资料时刻处于更新的状态,为消防设备统计分析、台账、巡检、维保提供准确的数据信息。支持不同终端随时查询设备档案资料以及设备维修、巡检记录,实现账、物一致,达到台账、巡检、维保数据信息准确,能综合运用设备现场反馈数据提前预判消防专业设备故障,提早解决可能造成重大问题的消防隐患,避免给运营造成严重影响。

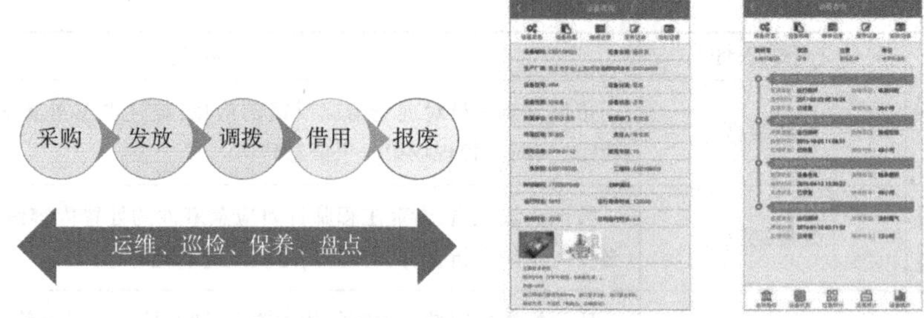

图 4-22　消防设备全生命周期管理

3. 消防工作有序自动化开展

将消防设备(含接入消防系统受其监控的设备)设施纳入日常检查,确保所有设备按时、按标准落实日常检查;针对非设备类管理的检查和登记,定制规范模板,自动下发任务;检查内容比照计分原则,形成量化考核,实现安全检查、标准化规定检查等;发现问题即刻联动隐患问题解决流程,让隐患归零;自动生成检查记录、台账,多终端共享查询监督。换言之,实现工作痕迹电子化,达到技防手段与人防措施的有效结合。

三、智慧消防系统功能

智慧消防系统以子系统模式接入 ISCS 系统(或基于物联网独立建设,与智慧消防系统互联),在 ISCS 中以页面形式显示告警信息,对于消防系统设备的重点告警信息,集中显示在 ISCS 系统的集中告警页面中,显示内容主要为车站消防联动末端设备状态、消防联动控制设备状态一键取消与执行、区间管道流量监控与爆管监控、消防专业人员定位信息(与智慧调度系统定位结合)等。紧急情况下利用大屏投放系统切换至智慧消防系统全屏显示,综合展示消防系统信息如图 4-23、图 4-24 所示。

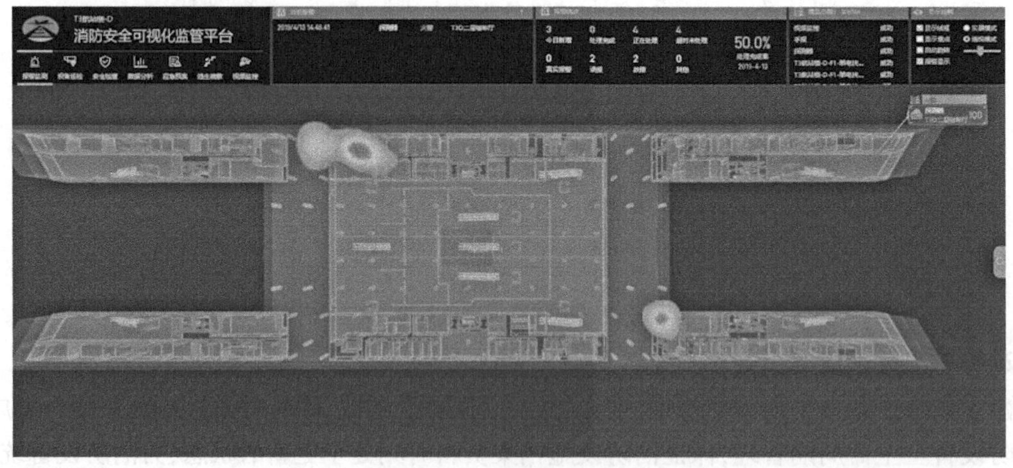

图 4-23　智慧消防系统全屏显示

1. 设备故障和隐患预判

利用车站现有的火灾自动报警系统、消防给水系统、自动化灭火系统等实现一线设备状态感知,收集现场数据后,传输至智慧消防系统供其智慧化处理。通过对线路车站消防事件的监测数据、日常巡检数据、消防设备运维保养数据的智能分析，对车站的消防安全工作作出全面评估。

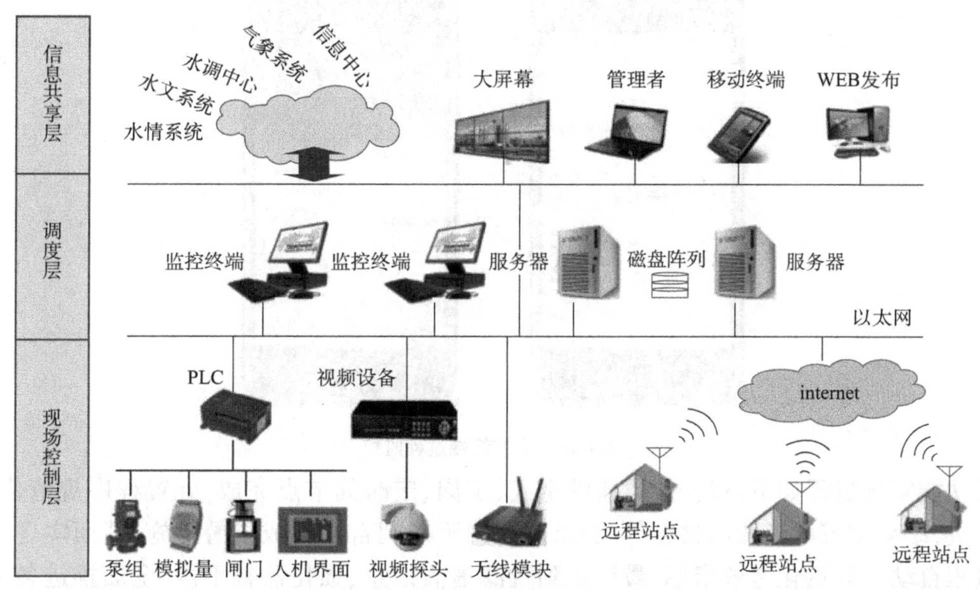

图 4-24 基于物联网的智慧水务系统

根据评估结果显示当前车站消防安全态势，结合设备或子系统的历史趋势进行预判，如图 4-25 所示。根据车站的巡查人员巡检时间监管，站内是否有动火施工计划或者高危设备维修等自动判断火警隐患区域；根据高危阶段的设备更换时间区段，在智慧消防系统中重点提示。实时更新的告警信息画面并辅助颜色显示提示，更有助于非专业人员第一时间发现故障信息，及时开展维修组织，提升设备处置效率。

图 4-25 消防安全预判与评估

2. 实时信息更新和监督

充分利用车站 FAS 对末端设备的状态进行实时监控，掌握消防泵组、各信号阀门、联动控制系统设备（如消防风机、应急电源、防火卷帘门、非消防电源及疏散指示等）的受控设备状态；出现故障时，通过在线监测系统及时调取指定设备或子系统的实时运行状态，总体判断故障大小及预估处置时间。结合权限管理模式，利用手持终端查看巡检任务完成情况、严重隐患和故障，掌控消防系统的整体安全态势，如图 4-26 所示。

图 4-26 手持终端过程监控

其功能实现过程如下：根据故障属性定人、定岗、定时间节点完成，处置程序规范化，依规顺次推进，结果附带电子证明材料等，当出现处置延期则自动生成告警措施，从而实现将故障处置过程自动关联量化考核指标，最终达到过滤虚假信息、强化监督手段，全面推进各消防隐患及时处理。

3. 巡检与检修全流程监管

对车站的消防设备设施进行唯一性身份标识管理，在保证线网消防设备设施身份唯一的基础上，利用车站建筑结构生成单站标准化巡检路线、重复施工作业规范形成标准作业流程等手段，实现设备档案查询、巡检任务扫描触发、故障快速申报、保养检修对象关系等业务现场处理关联，确保现场数据采集的真实性，利用技防发现问题，利用人防解决问题。智慧消防解决方案如图 4-27 所示。

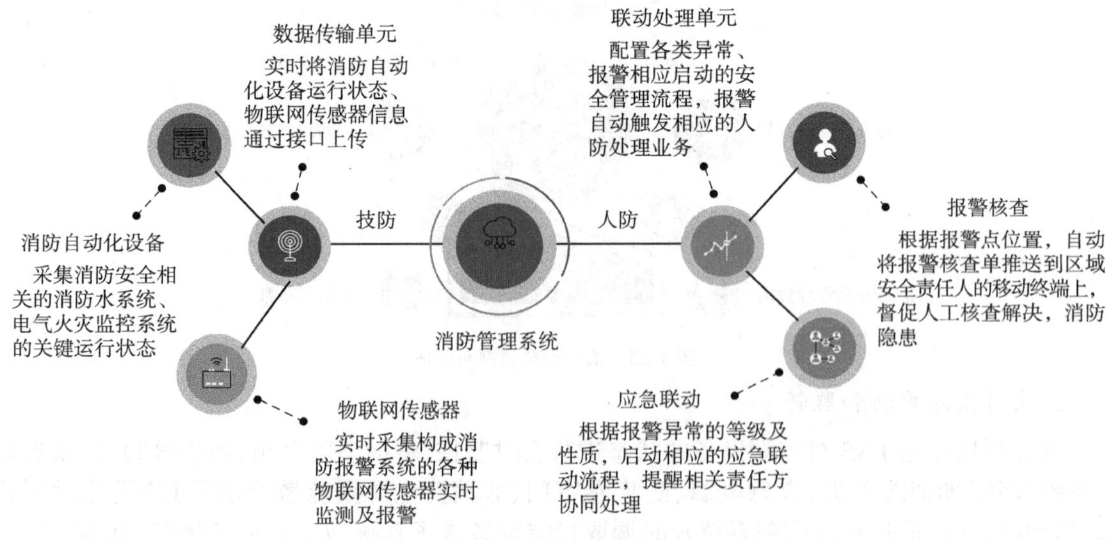

图 4-27 智慧消防解决方案

4. 智慧消防系统监控

(1)消防安全态势评估预测

将分布于不同辅助系统(如健康管理系统、生产管理系统等)的数据集中提取后汇总,经有效过滤,形成专业化消防安全态势评估预测结果,如当前消防安全形势分析、运行状态统计、计划性检修统计、故障率统计分析及维修趋势生成、备品备件及耗材的实时计量统计、消防隐患整改跟踪与闭环、委外维保单位人员台账实时掌控等。图 4-28 为消防安全监管页面,能便捷且及时地发现问题、处理问题、反馈问题,起到指导维护工作的作用。

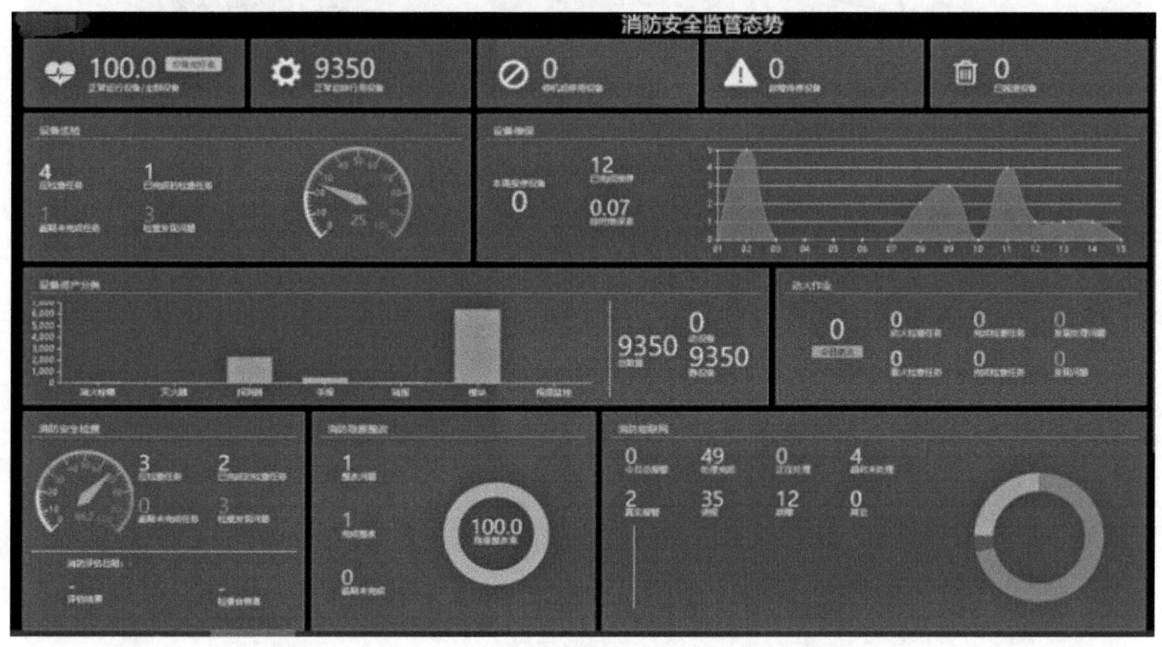

图 4-28　消防安全监管页面

(2)消防管压实时监测

通过安装在消防管网不同位置的智能电子流量计,实时监控流量状态。将其安装在室外消火栓支管处可掌握室外消火栓埋地管段渗漏情况;安装在区间电动蝶阀附近,可掌握区间消防水流流向。特别是通过监控管网流量,可实现爆管提前预警功能。如流量值大于设计值,报警信号传送至智慧消防系统,触发车站消防报警功能,经综合监控网络上传线网指挥中心,现场与远程共同确认爆管后,按照爆管应急处置流程组织人员处置,避免事件影响范围扩大。

(3)消防联动设备的状态监控、一键执行与取消

车站发生消防联动时,FAS 末端设备与联动控制设备的动作状态反馈信息共享尤为重要。该功能利用 FAS 系统网关将受控设备信息上传,实现系统实时信息同步显示,受控设备信息集中显示在联动监视图页面,结合设备图标状态与颜色显示集中查看。在综合监控系统增加联动执行控制页面,站务人员在确认发生非正常联动后,能利用一键取消按钮快速取消联动,或在联动执行失败后点击一键执行按钮使设备转入应急模式,如图 4-29、图 4-30、图 4-31 所示。

图 4-29　消防联动设备的状态监控

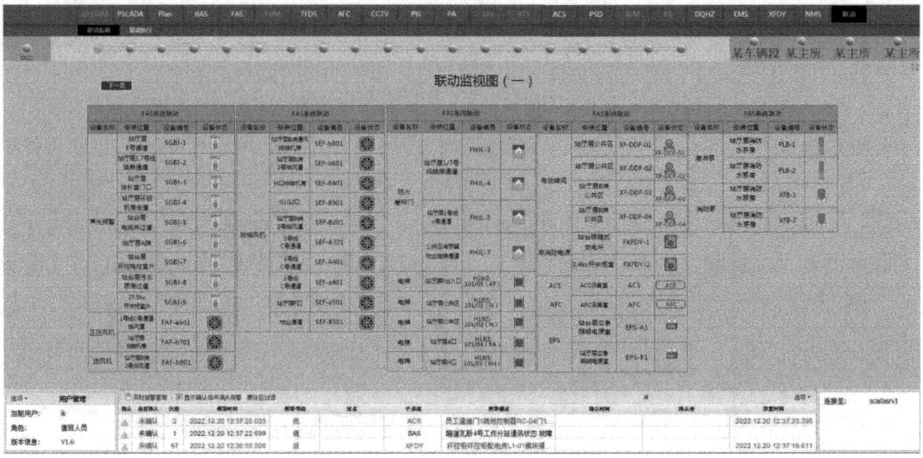

联动监视图（一）

图 4-30　车站设备联动监视图

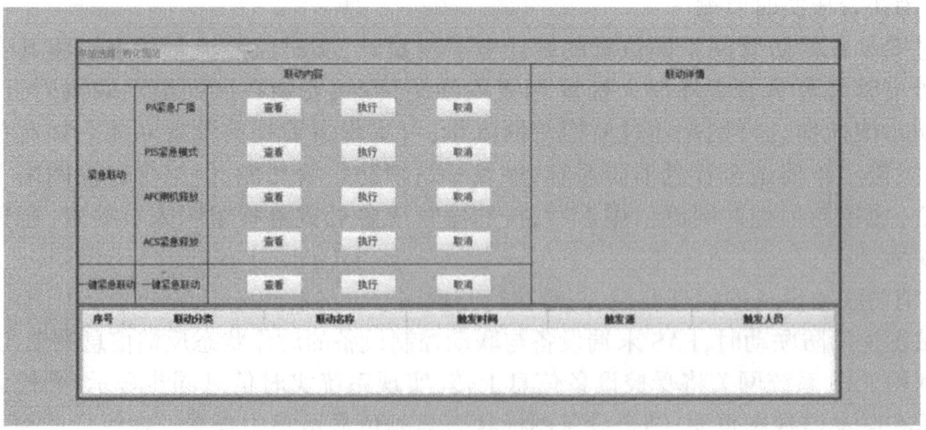

图 4-31　综合监控系统联动执行页面

(4)气瓶压力实时监测

气瓶压力实时监测(图 4-32)是针对自动化气体灭火系统的专用监测子系统,其原理是利用压力变送器将气瓶内气体灭火介质的压力转换成标准电压信号，并实时输出。当系统自身出现故障时，故障指示灯（黄）亮，并输出故障信号。当瓶内压力变化超过预设值时，报警指示灯（红）亮，并输出报警信号。

a)

b)

图 4-32　气瓶压力实时监测设备（两代产品）

所有信息自动上传至智慧消防系统中，并生成电子记录表，可避免人工抄表漏记，甚至能避免伪造数据。

（5）换乘站不同控制系统共用消防泵组控制（图 4-33、图 4-34）

换乘站普遍存在不同线路部分 FAS 控制回路同时接入共用消防泵组的控制线路，按照“谁启动、谁负责”的原则实现控制。例如，换乘站 A、B 线路的 FAS 主机和 IBP 盘手动控制线路（仅启泵线路，反馈线路排除）经“互锁”环节后共同接入消防泵组控制箱的接线端子上，当 A 线路区域出现火情且消火栓按钮作用时，A 线路 FAS 主机或 A 线路 IBP 盘手动控制按钮发出启泵命令至消防泵组控制柜，控制柜控制泵体实现启泵动作，同时将 B 线路 FAS 主机和 B 线路 IBP 盘手动控制线路的控制功能锁定，由此可实现 B 线路人员能正常观测到泵组运行状态，但不能贸然停泵。

图 4-33　不同控制系统下直接控制共用消防泵组的图示　　图4-34　智慧型消防泵组——XBC-DC 消防双动力给水设备

（6）消防维保关键流程评分

智慧消防系统将各线路使用的消防产品信息、厂家出具的使用维护手册、线路消防设备检修规程等，结合图文对照作业指导书、消防专业抢险流程卡片，在已有巡检路径与作业规范化基础上，将消防维保关键流程细化，制定评分条款，形成评判标准，系统根据输入信息自动做出分数评价。生成的分数既用于对巡检人员工作完成度的判断，又用于对维修人员的及时性和维修情况的判断，形成以 KPI 方式评判线路所用消防产品的质量。

（7）设备巡检与应急处置可视化（图 4-35）

智慧消防系统在专业人员梳理形成的消防应急事件关键信息卡控点（包括车站/区间消

防爆管、车站气灭释放与车站消防联动处置），将每项内容对应固化后的关键点信息。当发生应急事件时，能有效指导现场事件处置，各级处置人员将获取图文应急处置指南，缩短抢险决策时间，降低抢险人员的技术要求难度。

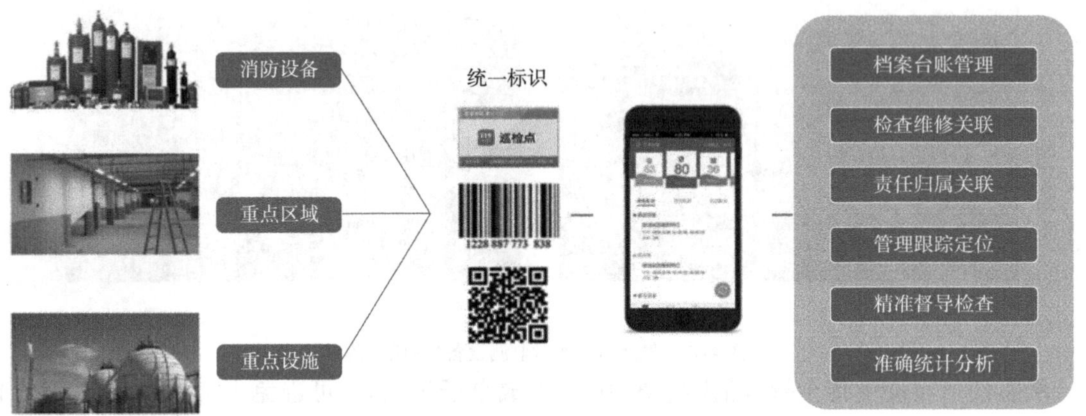

图 4-35 设备巡检与应急处置可视化示意

四、智慧消防系统预期效果

智慧消防系统是根据线路的具体设备状态监控、日常巡检巡查、计划性检修及维保台账资料等定制开发而成，能将城市轨道交通消防专业全流程相关的人、机、物都纳入有效掌控，提高消防专业设备维保效率。

安全性方面，智慧消防系统是基于传统消防设备运维管理基础功能定制开发而成，对乘客安全乘车无影响。针对原消防系统中“难点”问题提出解决方案，在不降低消防设备安全性的同时，进一步提升设备的安全性。

稳定性方面，智慧消防系统是将原综合监控系统、各生产辅助系统的数据提取过滤，在智慧消防系统运行过程中，设备出现异常时，可主动断开与智慧消防系统的数据连接，退回至传统消防运作模式，对综合监控系统、各生产辅助系统功能无影响。

效率性方面，智慧消防系统对消防设备状态集中监控，将分散的使用手册、图纸及检修指导书等一并推送，引入评判和预防机制，提升人、机、物的集中管理和故障应急处置的协调效率。在处置故障时，系统可根据故障分级将信息推送给管理及维保人员，实现现场情况远程掌控。

五、智慧消防系统故障应急处置措施

当智慧消防系统出现故障无法实现系统功能时，当班人员需按照以下流程进行应急处置。

1. 故障判断

因为智慧消防系统大部分功能以综合监控系统和各生产辅助系统提供的数据为基础建立，所以除本系统软硬件故障造成消防系统瘫痪以外，故障原因多为系统传输网络、子系统设备或应用软件故障等。

当出现故障时，可通过智慧消防系统界面的图标显示状态和颜色初步判断各接入子系统的故障点位置。若全部程序功能无法使用,无法进入功能界面、多项数据调取失败、命令下发失败,但通过综合监控系统能下发成功,则故障点在智慧消防系统处;若部分功能无法使用,如单设备或单子系统离线、设备参数显示错误等,则故障点在接入该系统的下位子系统处。

2. 应急处置

当全部功能无法使用时,应立即回归传统消防运行模式,如无法使用系统生成的巡检路线,则安排维保人员自主安排巡检路线,手动记录巡检结果。智慧消防系统工作站显示状态异常,则通过综合监控界面、FAS 主机显示预判故障,联系维修人员,同时督促使用人员应采用加大巡检频次等方式确保系统安全。

3. 后续措施

按照智慧消防系统使用维修手册,依次对智慧消防系统各进程重启、卡滞的终端软件或应用服务器重启,检查系统网络通信状态,检查末端设备通信状态,重新录入巡检数据,及时更新系统所需资料。

课堂交流

请各组利用智慧消防系统进行桌面演练。

任务实施及评价

智慧消防系统应用及故障应急处置

学院		专业	
姓名		学号	
小组成员		组长姓名	

一、工作任务场景

某站即将按照检修规程对换乘站的消防设备进行季度检测，请以运营工作人员身份全程跟随测试，并利用智慧消防系统对测试的设备做出评价并生成报表。

二、前置知识

1. 简述车站传统消防日常工作内容。

2. 简述换乘站在火灾情况下的信息互通。

3. 简述发生灾害时，车站的消防应急处置流程。

三、任务实施

任务实施内容
1. 智慧消防系统操作
1.1　熟练调取智慧消防系统页面，查看二级页面中图标显示与颜色显示的重要消防设备是否工作正常
1.2　熟练利用颜色显示，判断对应报警的所属级别；利用集中告警快捷定位功能，读取告警设备名称、编号及设备安装位置等详细信息
1.3　通过图标显示，判断接入 FAS 的受控末端设备状态，如消防泵组、各信号阀门、联动控制系统设备（如消防风机、应急电源、防火卷帘门、非消防电源及疏散指示等）
1.4　顺利调取消防设备运行状态统计、计划性检修统计、故障率统计、生成维修趋势图、备品备件及耗材计量统计、消防隐患整改跟踪与闭环、委外维保单位人员台账等，检查判断各报表的准确性
1.5　利用智慧消防评估功能调取线路产品信息、使用手册、消防设备检修规程、作业指导书、抢险流程卡片等；综合使用评分表格生成当前消防安全态势评估预测，根据预测结果调整巡查频次，综合判断隐患影响是否扩大
1.6　熟练调看消防管压实时监测页面，读取流量报警信息；根据管压实时监测报警，判断事件紧急情况（特别是爆管），启动应对流程
1.7　调取联动监控页面，查看参与联动的设备状态；发生消防联动时，从显示判断设备是否正常动作；利用联动执行按钮，对受控子系统进行取消应急联动模式操作；当受控设备自启动失败时，及时就地控制启动

续上表

1.8 调取气瓶压力实时监测页面,对页面显示信息进行判读;根据气瓶压力实时监测报警判断是否欠压,出现欠压时,安排专业人员进行处置,知晓处置的注意事项
1.9 从显示页面判读车站消防泵组设备状态,查询消防泵组的历史报警记录,利用换乘站共用消防泵组的控制功能,当发生异常时,按处置步骤启动换乘站共用的消防泵组,指导现场人员应急停泵等
1.10 在发生消防应急事件时,利用预置的消防应急事件关键信息卡控点,结合图文应急处置指南,根据事件进度条内容做出对应处置
2.故障的判断
2.1 利用智慧消防系统的图标显示状态、颜色等初步判断故障类型和故障点位
2.2 单个末端设备或单个受控子系统设备出现离线、故障等,初步判断是否为末端设备或受控子系统设备的本体故障
2.3 智慧消防系统软件操作出现无法进入功能界面、消防管理功能调取失败、大量设备显示离线等问题时,初步确认故障点在智慧消防系统时,应重点检查网络通信和智慧消防系统软件是否故障
3.故障应急处置
3.1 当部分功能无法正常使用时,则充分利用综合监控系统,车站 FAS 主机等做好车站或线网的消防功能监控
3.2 当全部功能无法使用时,应立即回归传统消防运行模式,如无法使用系统生成的巡检路线,则自主安排巡检路线,并手动记录巡检结果
4.故障处置后续措施
4.1 按照智慧消防系统使用维护手册,依次对智慧消防系统应用程序进程、应用服务器、手持终端的软件进行重启,检查系统网络通信状态,检查末端设备接口通信状态,重新录入巡检数据,及时更新系统所需资料

四、评价反馈

(一)评价标准

项　　目	项 目 内 容
接受工作任务	明确工作任务,理解任务在企业工作中的重要程度
前置知识	本次实训前需要掌握的知识程度
能力评价	智慧消防系统操作
	故障的判断
	故障应急处置
	故障处置后续措施
素养评价	工作计划性强,安排得当
	团队合作能力强,善于沟通合作
	自主学习能力强,勇于克服困难
	严谨认真,积极参与课堂
	演示文稿制作精美,汇报演讲能力强
评价反馈	自我评价:能对自身表现情况进行客观评价,能在任务实施过程中发现自身问题
	小组互评:客观、公正,能指出其他组的问题

续上表

(二)自我评价

请根据在课堂中的实际表现进行自我评价与自我反思。

序　号	评 价 标 准	
1	接受工作任务	☆ ☆ ☆ ☆ ☆
2	前置知识	☆ ☆ ☆ ☆ ☆
3	能力评价	☆ ☆ ☆ ☆ ☆
4	素养评价	☆ ☆ ☆ ☆ ☆
自我反思:		

(三)小组互评

请小组之间根据在课堂中的实际表现进行小组互评。

序　号	评 价 标 准	
1	接受工作任务	☆ ☆ ☆ ☆ ☆
2	前置知识	☆ ☆ ☆ ☆ ☆
3	能力评价	☆ ☆ ☆ ☆ ☆
4	素养评价	☆ ☆ ☆ ☆ ☆

(四)教师评价

项　目	项 目 内 容	分值	得分
接受工作任务	明确工作任务,理解任务在企业工作中的重要程度	5	
前置知识	本次实训前需要掌握的知识程度	5	
能力评价	智慧消防系统操作	10	
	故障的判断	10	
	故障应急处置	10	
	故障处置后续措施	10	
素养评价	工作计划性强,安排得当	5	
	团队合作能力强,善于沟通合作	5	
	自主学习能力强,勇于克服困难	10	
	严谨认真,积极参与课堂	10	
	演示文稿制作精美,汇报演讲能力强	10	
评价反馈	自我评价:能对自身表现情况进行客观评价,在任务实施过程中发现自身问题	5	
	小组互评:客观、公正,能指出其他组的问题	5	
得分(满分100)			

视野拓展

安全重于泰山

重于泰山,比喻作用和价值极大,出自[汉]司马迁《报任少卿书》:“人固有一死,或重于泰山,或轻于鸿毛。”。

成都地铁成立质量安全部,以确保地铁建设、安装、运行期间安全。在地铁车站,设置空气采样探测系统、防毒面具、排爆工具等设备,为乘客提供火灾等紧急情况下所需的防护用品等。

乘客可以在成都地铁上见到许多特殊的安全装置。成都地铁采用一整套先进的安防系统,包括车辆安防系统、早期空气采样探测系统、爆炸物探测仪、排爆工具等。在火灾等紧急情况下,乘客将获得保障安全的防护用品。同时,在地铁的车载电视以及电视、广播、新闻、报纸上,也将反复介绍乘坐地铁的安全常识,教授逃生方法,并发放安全手册,以增强乘客的安全意识。地铁车站、列车上配备安全锤等用具。

作为一名地铁工作人员,我们要树立安全意识,人民的生命财产安全大于一切。保障市民出行安全快捷,一直是地铁人不懈的追求。

模块五

城市轨道交通大数据分析及应用

任务一 城市轨道交通大数据分析

学习目标

1. 掌握大数据的概念。
2. 了解大数据分析基本技术。
3. 掌握城市轨道交通大数据特点及应用。
4. 掌握城市轨道交通大数据分析预期效果。

任务导入

城市轨道交通进入网络化、规模化运营时代，大数据、云计算、互联网和物联网等技术的发展，为城市轨道交通规划、建设、运营和服务提供了新思维和新方法。城市轨道交通系统通过有效地应用大数据，进行数据分析处理和价值挖掘，可以降低城市轨道交通运营管理风险，提升运营效率，改善服务水平。

本任务需要从业人员掌握城市轨道交通大数据分析的各个环节，包括数据采集、清洗、整合、存储、计算、建模、训练、展现、协作等，可以在一个统一的平台上完成全流程数据分析任务，降低实施、集成、培训的成本。

知识课堂

一、大数据的概念

大数据又称巨量资料，是指无法在一定时间范围内用常规软件工具进行捕捉、管理和处理的数据集合，是需要新处理模式才能具有更强的决策力、洞察发现力和流程优化能力来适应海量、高增长率和多样化的信息资产。大数据的收集、开发和利用，已经成为当今社会的潮流之一。大数据的分析应用,对于政府和企业的决策是非常积极的,影响也是非常深远的。

二、大数据分析技术

大数据分析是指对规模巨大的数据进行分析。大数据特点可以概括为 5 个 V,即数据量大(Volume)、速度快(Velocity)、类型多(Variety)、价值(Value)、真实性(Veracity)。大数据分析的四个层次如图 5-1 所示。

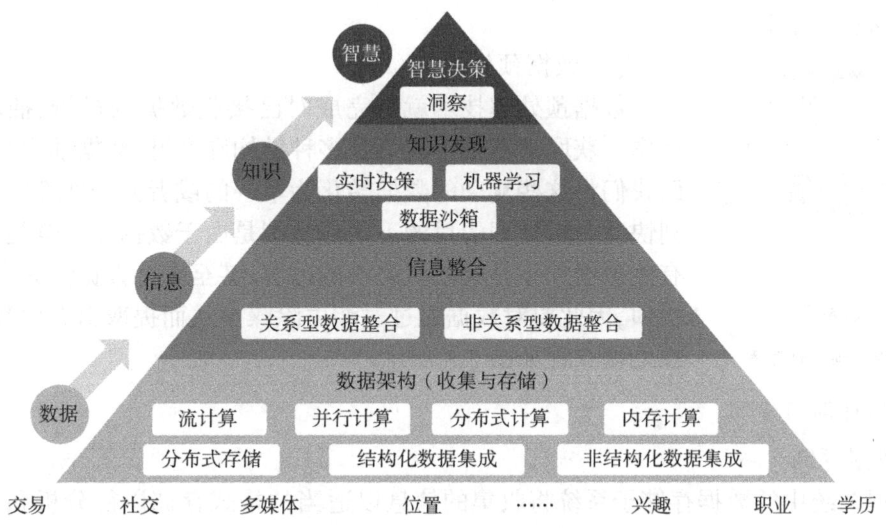

图 5-1　大数据分析的四个层次

1. 数据采集与预处理

(1)数据采集

数据采集是指通过 RFID 射频、传感器、社交网络交互及移动互联网等方式获得各种类型的结构化、半结构化及非结构化的海量数据,是建立大数据知识服务模型的基础。数据采集需重点突破高速数据解析、转换与装载等大数据整合技术;设计质量评估模型,开发数据质量技术;还需要突破分布式高速高可靠数据爬取或采集、高速数据全影像等大数据收集技术。数据采集平台功能如图 5-2 所示。

图 5-2　数据采集平台功能

通常来说,大数据的采集一般分为两种。

第一种是大数据智能感知层。这一层主要包括数据传感体系、网络通信体系、传感适配体系、智能识别体系及软硬件资源接入系统，实现对结构化、半结构化、非结构化的海量数据进行智能化识别、定位、跟踪、接入、传输、信号转换、监控、初步处理和管理等，着重攻克针对大数据源的智能识别、感知、适配、传输、接入等技术。

第二种是基础支撑层。这一层提供大数据服务平台所需的虚拟服务器，结构化、半结构化及非结构化数据的数据库及物联网络资源等基础支撑环境，重点攻克分布式虚拟存储技术，大数据获取、存储、组织、分析和决策操作的可视化接口技术，大数据的网络传输与压缩技术，大数据隐私保护技术等。

图 5-3 数据预处理流程

(2)数据预处理

数据预处理技术就是完成对已接收数据的辨析、抽取、清洗等操作。获取的数据可能具有多种结构和类型，数据抽取过程可以帮助我们将这些复杂的数据转化为单一的或者便于处理的构型，以达到快速分析处理的目的。而清洗则是由于数据并不全是有价值的，有些数据并不是我们所关心的内容，甚至有些数据是完全错误的干扰项，因此要对数据通过过滤去除噪声从而提取出有效数据。数据预处理流程如图 5-3 所示。

2. 数据存储与管理

(1)数据存储

大数据系统中的数据存储子系统将收集的信息以适当的格式存储以待分析和价值提取。为了实现这个目标，数据存储子系统应具有如下两个特征：存储基础设施应能持久和可靠地容纳信息；存储子系统应提供可伸缩的访问接口，供用户查询和分析巨量数据。从功能上看，数据存储子系统可以分为硬件基础设施和数据管理软件。

硬件基础设施用于实现信息的物理存储。尽管已有的存储系统架构经过了深入的研究，但是却无法直接应用于大数据系统中。为了适应大数据系统的“4Vs”特性，硬件基础设施应该能够向上和向外扩展，以动态配置适应不同的应用。解决这些需求的技术是云计算领域提出的存储虚拟化。存储虚拟化是将多个网络存储设备合并为单个存储设备。

(2)数据管理

数据管理解决的是如何以适当的方式组织信息以待有效地处理。在大数据出现之前，就对数据管理框架开展了较为广泛的研究。从层次的角度将数据管理框架划分为 3 层，分别是文件系统、数据库技术和编程模型。

3. 数据挖掘

数据挖掘是从大量的、不完全的、有噪声的、模糊的、随机的数据集中识别有效的、新颖的、潜在有用的，以及最终可理解的模式的过程。它是一门涉及面很广的交叉学科，包括机器学习、数理统计、神经网络、数据库、模式识别、粗糙集、模糊数学等相关技术。

数据挖掘又称知识发现，即从数据中挖掘知识。由于数据挖掘是一门受到来自各种不同领域的研究者关注的交叉学科，因此产生了很多不同的术语名称。其中，最常用的术语是“知识发现”和“数据挖掘”。相对来讲，数据挖掘主要流行于统计、数据分析、数据库和管理信息系统领域，而知识发现则主要流行于人工智能和机器学习领域。数据挖掘可粗略地理解为三部曲：数据准备、数据挖掘和结果的解释评估。

4. 数据可视化

数据可视化旨在借助于图形化手段，清晰有效地传达与沟通信息。但是，这并不意味着数据可视化就一定因为要实现其功能而令人感到枯燥乏味，或者是为了看上去绚丽多彩而显得极端复杂。为了有效地传达思想观念，美学形式与功能需要齐头并进，通过直观地传达关键的方面与特征，从而实现对稀疏而又复杂的数据集的深入洞察。然而，设计人员往往并不能很好地把握设计与功能之间的平衡。如创造出华而不实的数据可视化形式，却无法达到其传达与沟通信息的主要目的。

数据可视化与信息图形、信息可视化、科学可视化以及统计图形密切相关。在研究、教学和开发领域，数据可视化是一个极为活跃而又关键的方面。“数据可视化”这一术语实现了成熟的科学可视化领域与较年轻的信息可视化领域的统一。数据可视化显示界面如图 5-4 所示。

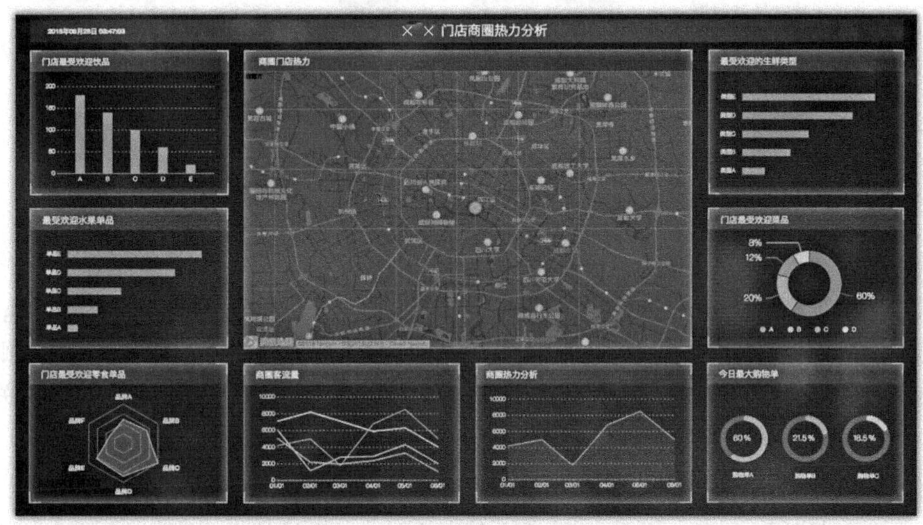

图 5-4 数据可视化显示界面

三、城市轨道交通大数据特点

城市轨道交通数据按照管理属性主要分为：人员基础数据、组织基础数据、地理空间基础数据、物联数据、设施设备数据、通用资源数据、业务资源数据、事件数据等。城市轨道交通大数据分类如图 5-5 所示。

城市轨道交通数据具有产生速度快、动态性强，数据类型多样、关联性强，数据规模庞大、异构性强，数据安全要求高、保密性强的特点。

1. 产生速度快、动态性强

城市轨道交通数据除了来自人财物等管理信息系统外，还包括来自设备设施维修维护系统和生产系统（综合监控、AFC、MSS、环境监控）的数据。对设备设施维修维护来说，每一次维修都会产生工单；对生产系统来说，每时每刻的监测数据都在发生变化。以上数据以 ms 或 μs 的时间单位间隔进行变化，呈现动态性强、随机性强、颗粒度多样的特点。

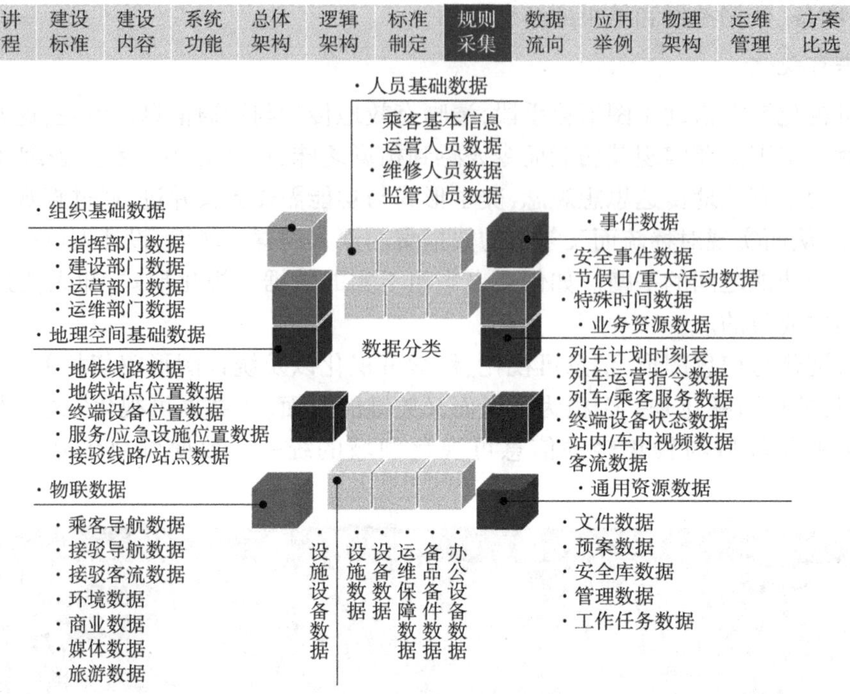

图 5-5 城市轨道交通大数据分类

2. 数据类型多样,关联性强

根据城市轨道交通企业数据产生的来源,可以将数据分为内部数据和外部数据。内部数据包括安全生产数据、运营服务数据、维修维护数据、物资采购数据、人力资源数据、财务管理数据、企业管理数据;外部数据包括交通路况、天气数据、大型活动数据和其他相关公共数据等。

3. 数据规模庞大,异构性强

城市轨道交通数据来源于多种不同系统和用户输入,非结构化数据占比较大。由于数据来源多、采集间隔小、业务繁多,使得数据量非常庞大。

4. 数据安全要求高,保密性强

城市轨道交通数据既有集团管控类的人财物数据,又有生产系统等物联网系统采集终端传感器的第一手数据,以上数据涉及企业秘密和公共安全,都需要较高的安全性。

四、城市轨道交通大数据分析

1. 城市轨道交通大数据客流预测

基于大数据的城市轨道交通客流预测与乘客行为分析通过引入客流起讫点分布(OD)、一卡通、移动运营商定位、ATS、行车计划数据等,分析枢纽车站乘客进出站情况及新线对既有线换乘的影响,研究大型活动客流的变化规律,优化客运组织。大数据客流信息监测如图 5-6 所示。

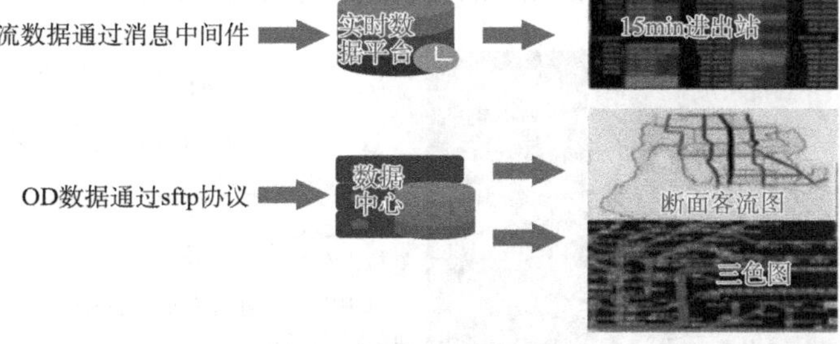

图 5-6　大数据客流信息监测

2. 城市轨道交通站台站厅实时客流量分析

为保障乘客人身安全，提升乘客乘车体验，避免造成客流大量积压导致交通瘫痪，地铁客运保障部门需要实时关注地铁站台、站厅、换乘通道等重点区域人群流量分布特征情况。通过对地铁站内全区域的客流热力图(图 5-7)分析，可以直观地展现各区域的人群流量分布情况，为地铁运营中的安保及乘客疏导工作提供决策支撑。当突发情况时，运营管理人员难以全面掌握信息，快速评估影响。通过客流分析服务系统(NOIS)对实时客流及实时行车数据的综合分析，可快速推算线网客流动态重构预测及线网变化趋势，提供信息发布范围和公交接驳建议方案。

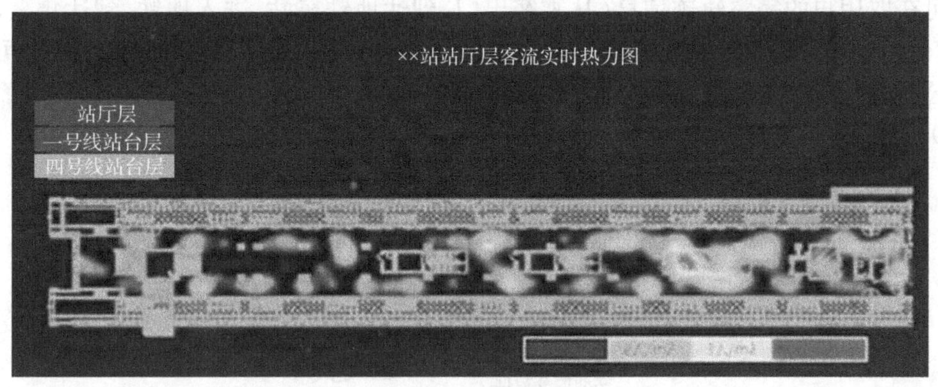

图 5-7　客流热力图

3. 城市轨道交通站内换乘客流量分析

地铁换乘站是地铁线路中乘客最密集、人流量最大的站点。对地铁的换乘客流量进行统计分析时，可以 A 线换乘到 B 线人数作为参考依据，通过调整发车频次、增加运力等手段，避免造成客流量大量积压导致交通瘫痪，起到疏散诱导客流的作用。

以上海申通地铁为例，从上海的曲阳路站到虹桥火车站站有三条换乘路径可以选择(图 5-8)。通过数据分析和调查发现，途经车站最多、用时最长的路径 2 并不是占比最小的，因为这条路径比较舒适，更有可能坐到座位。如果我们只是通过起讫点和最短路径来判定断面客流的话，很可能会产生偏差。对城市轨道交通已成网的城市来说，如果我们只有闸机的刷卡数据，那对于地铁运营管理者来说，只知道乘客的起讫点，而无法了解乘客是如何在线路之间进行换乘的，这样就无法准确地判断地铁站间的断面客流。随着各地地铁线网网络化运营，需要通过引入手机信令数据，推导乘客真实出行路径，用于 NOIS 客流实时分布模型修正，实现线网客流的动态显示、突发大客流预测预警、客流变化趋势分析研判。

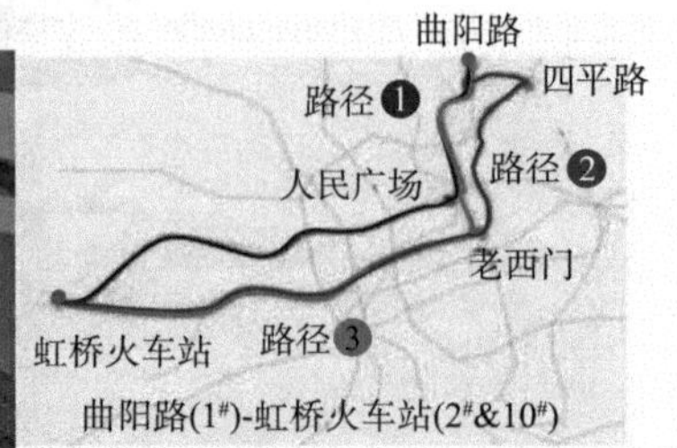

曲阳路-虹桥火车站

路径	路径	途经车站	换乘站	时间(min)	占比
路径1	8→2	15站	人民广场	58	51%
路径2	8→10	21站	四平路	63	37%
路径3	8→10	20站	老西门	61	11%

图 5-8 客流实时分布模型

4. 城市轨道交通精准清分清算分析

城市轨道交通涉及多条线路，这些线路分别由不同的地铁运营公司运营管理，这就产生了公司间线路分账问题。以前和当前主要通过地铁的刷卡数据来进行用户的痕迹还原。这种方式的不足是，无法准确获取客户进入地铁站后在地铁内的换乘路线。而借助手机信令、WLAN等数据可获取用户的完整轨迹信息（从乘客出门、到达地铁车站、进入地铁、到达售票区、进入站厅、站台候车、列车上、地铁出站这一条完整的过程）。通过还原真实的换乘路径，可以为地铁运营公司进行线路的精准清分结算提供重要的决策参考。城市轨道交通清分清算系统架构如图 5-9 所示。

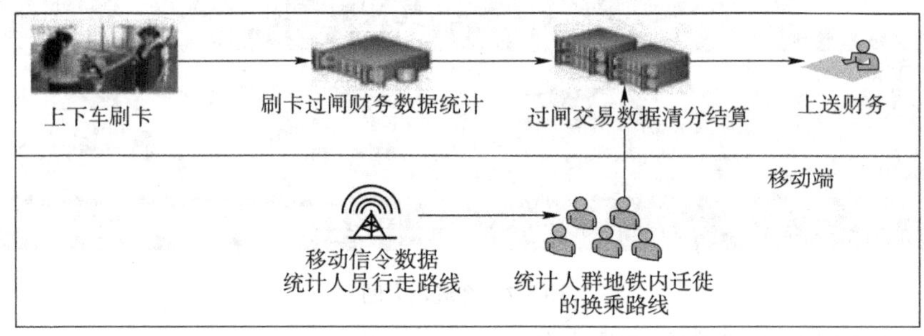

图 5-9 城市轨道交通清分清算系统架构

5. 城市轨道交通进出站客流量分析

上下班高峰期或商业区、热门景点等沿线地铁站，进出站的人数较多，地铁客运保障部门需要实时关注进出站的客流量，以便发现客流量异常时及时启动应急处置预案。通过对地铁进出站进行实时的客流量统计，客运保障部门可以及时掌握进出站客流量信息，并可根据客流量增长趋势提前预警，指导地铁线路的运力评估及高效运营。城市轨道交通进出站客流趋势如图 5-10 所示。

6. 大数据智能运营维护分析

城市轨道交通运营维护过程中存在如下问题：人员人力成本不断提高，员工技能参差不齐，维修作业时间受限，工作量大，夜间易疲劳等。因此，整合地铁运维设备数据源，搭建网络进行控制和数据采集汇总,利用大数据分析完成各类运营与维护作业,大幅提升工作质量和效率势在必行。城市轨道交通大数据智能运维如图5-11所示。

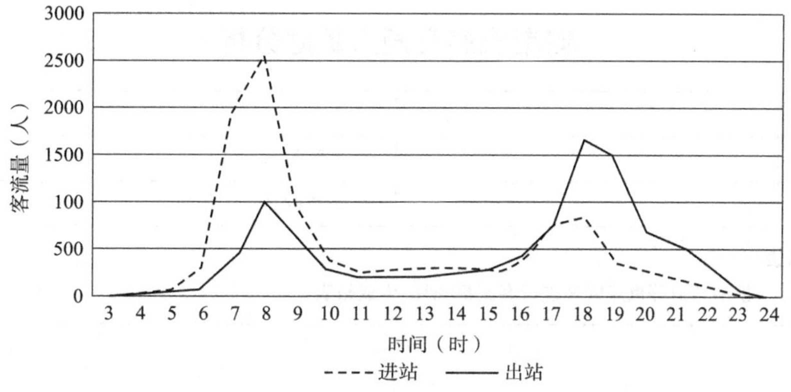

图5-10　城市轨道交通进出站客流趋势

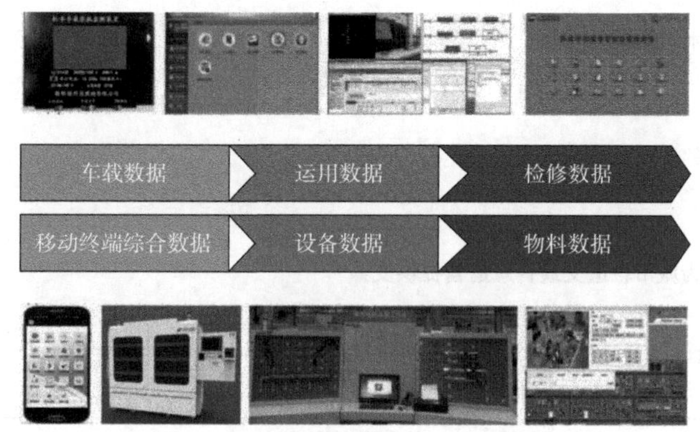

图5-11　城市轨道交通大数据智能运维

五、城市轨道交通大数据预期效果

(1)通过城市轨道交通大数据分析,决策层、管理层可以洞察运行状况。

(2)从容应对城市轨道交通各系统数据量的迅速增长,基于明细数据,对任意业务的计算及展现,均可达到秒级响应。

(3)运营和分析部门能做部分自服务分析,以满足实时分析需求。

(4)能够快速响应新的分析需求,提高工作效率。

任务实施及评价

城市轨道交通大数据分析

学院		专业	
姓名		学号	
小组成员		组长姓名	

一、工作任务场景

对地铁站台、站厅、换乘通道等重点区域进行客流量统计，生成报表。

二、前置知识

1. 什么是大数据？

2. 大数据分析的主要技术有哪些？

3. 城市轨道交通大数据的类型和特点有哪些？

4. 如何利用大数据分析为城市轨道交通智慧运营提供支撑？

三、任务实施

任务实施内容
1. 对采集数据进行可视化处理
掌握数据可视化的基本方法
1.1 区域空间可视化，当指标数据的主体与区域相关时，一般选择地图作为背景
1.2 颜色可视化，用颜色的深度来表示索引值的强度和大小
1.3 图形可视化，在设计指标和数据时，使用具有相应实际意义的图形来组合表示，可以让数据图表显示得更加生动，用户也更容易理解图表所表达的主题
1.4 面积及尺寸可视化，是指区分同类型图形的长度、高度或面积，以明确表示不同指标对应的索引值之间的对比
2. 地铁站客流量分析
通过每天不断的客流统计，可以得出一天、一周、一月、一年的客流变化规律，管理人员能对站台站厅未来人群活动进行准确规划，确定时间、人力，得以更好地控制地铁内部人员的流动等
2.1 地铁站台站厅实时客流量分析
2.2 地铁站内换乘客流量分析
2.3 根据数据分析结果，制定运营调整方案

续上表

四、评价反馈

(一)评价标准

项　　目	项 目 内 容
接受工作任务	明确工作任务,理解任务在企业工作中的重要程度
前置知识	本次实训前需要掌握的知识程度
能力评价	了解大数据及大数据分析基本概念
	掌握城市轨道交通大数据的特点和用途
	掌握地铁站台站厅实时客流量分析
	掌握地铁站内换乘客流量分析
素养评价	工作计划性强,安排得当
	团队合作能力强,善于沟通合作
	自主学习能力强,勇于克服困难
	严谨认真,积极参与课堂
	演示文稿制作精美,汇报演讲能力强
评价反馈	自我评价:能对自身表现情况进行客观评价,在任务实施过程中发现自身问题
	小组互评:客观、公正,能指出其他组的问题

(二)自我评价

请根据在课堂中的实际表现进行自我评价与自我反思。

序　　号	评 价 标 准	
1	接受工作任务	☆ ☆ ☆ ☆ ☆
2	前置知识	☆ ☆ ☆ ☆ ☆
3	能力评价	☆ ☆ ☆ ☆ ☆
4	素养评价	☆ ☆ ☆ ☆ ☆
自我反思:		

(三)小组互评

请小组之间根据在课堂中的实际表现进行小组互评。

序　　号	评 价 标 准	
1	接受工作任务	☆ ☆ ☆ ☆ ☆
2	前置知识	☆ ☆ ☆ ☆ ☆
3	能力评价	☆ ☆ ☆ ☆ ☆
4	素养评价	☆ ☆ ☆ ☆ ☆

续上表

（四）教师评价

项　目	项目内容	分值	得分
接受工作任务	明确工作任务，理解任务在企业工作中的重要程度	5	
前置知识	本次实训前需要掌握的知识程度	5	
能力评价	了解大数据及大数据分析基本概念	10	
	掌握城市轨道交通大数据的特点和用途	10	
	掌握地铁站台站厅实时客流量分析	10	
	掌握地铁站内换乘客流量分析	10	
素养评价	工作计划性强，安排得当	5	
	团队合作能力强，善于沟通合作	5	
	自主学习能力强，勇于克服困难	10	
	严谨认真，积极参与课堂	10	
	演示文稿制作精美，汇报演讲能力强	10	
评价反馈	自我评价：能对自身表现情况进行客观评价，在任务实施过程中发现自身问题	5	
	小组互评：客观、公正，能指出其他组的问题	5	
得分（满分100）			

视野拓展

防范个人信息泄露

腾讯手机管家曾发布了《智能手机生活：支付病毒隐私泄露报告》，揭秘了生活中隐私信息泄露的最常见的方式。其一，用户的生活习惯可能会无意中泄露个人信息，比如社交平台分享的照片暴露地理定位、在线测试填写个人信息、忘记处理的快递单以及手机丢失等，其后果可能导致骚扰、诈骗。其二，不法分子在利益的驱使下，利用黑客技术攻击数据库、搭设虚假Wi-Fi和风险Wi-Fi、恶意传播包含木马病毒的二维码、钓鱼网址等手段窃取用户的隐私数据。其三，人为倒卖信息、网站漏洞、智能硬件漏洞也同样会造成个人信息泄露。

随着隐私信息泄露，带来最直接的影响就是电话骚扰和电信网络诈骗。比如有人刚刚买完房，就开始接到装修公司的电话。2016年，刚接到大学录取通知书的山东临沂女孩小徐接到诈骗电话，被不法分子陈某等人以发放助学金的名义，骗走全部学费9900元，伤心欲绝的小徐在报警回家的路上心脏骤停猝死。

大学生一定要提高网络信息安全意识，防范个人信息泄露，在平时生活中做到以下几点：

（1）在公开网站平台填写信息时，避免用真名或拼写，非必要不在线填表，联系方式用截图方式，尽量用邮箱代替手机号码。

(2)一定要仔细阅读涉及个人隐私内容(如通讯录、短信等)的权限获取申请。

(3)在不必要的情况下关闭软件定位,以免泄露个人位置信息。

(4)收集整理好含个人信息的票据,集中销毁。

(5)不要在社交媒体随意公开自己及家人隐私信息。

(6)及时注销、解除绑定长时间不使用的账户。

(7)不点击浏览不知名的网站、不随意下载来历不明的应用软件。

任务二 城市轨道交通大数据应用

学习目标

1. 了解大数据应用基础知识。
2. 掌握城市轨道交通大数据应用平台系统。
3. 掌握城市轨道交通大数据应用预期效果。

任务导入

随着超大线网快速建设并投入运营，数据类型和数据量急剧增加，面向的服务群体数量也急剧增加。在城市轨道交通建设、运营生产等过程中产生出海量数据信息，如 BIM 数据、PMS 系统资产数据、票务数据、清分数据、POI 数据、手机信令数据、视频数据、互联网数据等。这些数据如何用，能产生什么价值等问题越来越得到人们的重视。

城市轨道交通对大数据技术有较大的需求，随着 5G 技术的发展，未来应用前景广阔。在城市轨道交通大数据应用实践中，应把控好以下三个方面。

（1）大数据应用不是单纯套用现有技术，而是要结合城市轨道交通具体需求，因地制宜地进行实用性应用的开发和实践。

（2）数据是基础和中心，也是一切大数据应用的前提，因此需要先做好数据准备：①建立数据标准体系，确保数据质量；②采集尽可能多且全面的多源数据；③运用数据模型对数据进行整合，建立数据联系；④建立数据安全管理保障体系，确保数据安全；⑤做好规范的数据管理，为数据分析等后续工作提供可靠依据。

（3）在对数据管理整合之后，通过各个业务层进行循序渐进的数据分析、应用和推广，最终达到为安全可靠的运营工作提供保障的目的。

知识课堂

一、大数据应用

大数据应用,是指大数据相关的应用技术,包括 API、智能感知、挖掘建模等技术。

大数据产业正快速发展成为新一代信息技术和服务业态，即对数量巨大、来源分散、格式多样的数据进行采集、存储和关联分析，并从中发现新知识、创造新价值、提升新能力。我国大数据应用技术的发展涉及机器学习、多学科融合、大规模应用开源技术等领域。大数据应用如图5-12所示。

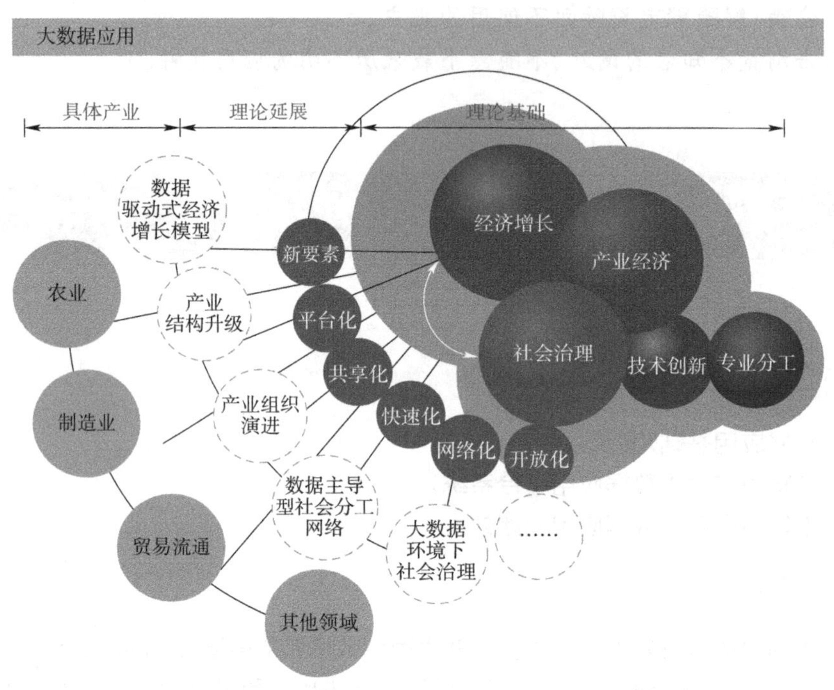

图5-12　大数据应用

1. 信息获取的大数据应用

（1）信息获取与知识发现

大数据的应用主要是信息获取。大数据应用经常被视为统计分析的延伸，维克托·迈尔-舍恩伯格与肯尼斯·库克耶合著的《大数据时代》从信息获取、知识发现的视角提出了大数据应用带来的创新：一是使用全部数据代替抽样数据，二是允许数据的混杂性而非精确性，三是重视相关关系而非因果关系。大数据创新开辟了知识发现的新思路，促进了科学研究工作的发展。

（2）政府决策

大数据在知识发现中呈现出来的优势使政府产生用大数据实现决策科学化的构想，但是人脑无法直接使用大数据决策，数据所包含的内容要经浓缩、理解之后才能成为人脑中的信息，然后与人脑其他信息共同参与决策。数据挖掘、统计分析都是对数据内容进行浓缩处理，形成人脑易于理解的信息内容。数据包含的信息要通过人脑在决策中发挥作用。

（3）大数据适合特定领域的决策

大数据主要来源于特定的业务渠道，渠道的局限性使大数据获取的信息也有相应的局限性，因此大数据不适合大范围的决策，对政府的宏观决策帮助并不大，但是在微观应用中会有很多成功的应用，如案件侦破等。电子商务企业经常利用业务积累的数据分析用户需求，依据客户浏览内容推荐新产品与服务。

2. 智能网络服务大数据应用

（1）智能网络服务直接使用数据

大数据局限于信息获取应用会忽略其在服务中的贡献。产生大数据的业务本身是更基础的大数据应用。谷歌、百度、阿里巴巴、腾讯、亚马逊等公司是大数据企业，电信运营商、银行等也是大数据企业，这些机构的大数据应用与信息获取应用不同，它们关心的是提供服务而不是知识获取，智能网络服务大数据应用系统直接针对数据操作，不需要提取信息。

大数据智能网络服务系统直接处理数据，为用户提供服务结果。这种业务由计算机自动处理数据，系统完全依据数据办事，没有人脑参与就能达到极高的处理速度，确保处理结果不受操作人影响。

（2）智能网络服务的数据资源是动态数据流

信息获取的大数据应用是一次性运行，数据是静态的，一旦获取了信息即交由人脑处理，计算机的任务就结束了。智能网络服务则是连续的不停顿的业务，只要用户有需求，系统就要响应。例如，手机支付系统就需要不停工作以保证支付的及时性，电信运营商的服务亦不能停顿，其数据来自手机不停地向基站发出连接信号。连续的业务需要连续的数据源，智能网络服务处理的数据是在服务中实时产生的，它是连续的数据流。

（3）云平台数据资源使服务智能化

智能网络服务需要来自用户的服务需求数据，还需要以前存储的数据资源。例如，谷歌、百度需要收集网站数据以备用户查询，地理导航系统需要地图数据才能按照用户的实时位置计算导航路线。高速的网络系统加上云提供的大量知识资源使网络服务如虎添翼，将普通网络服务升级为智能网络服务。智慧城市的网络服务也是智能网络服务。云数据资源如图 5-13 所示。

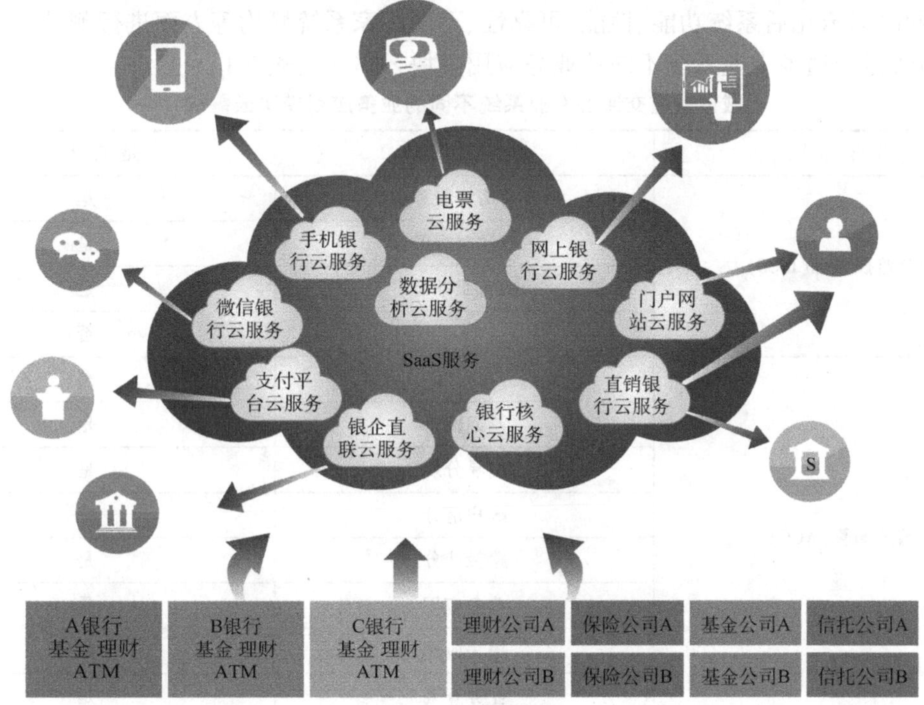

图 5-13　云数据资源

二、城市轨道交通大数据应用平台

根据各应用系统架构及与接口系统关系,云平台为三大系统提供计算资源池、存储资源池及网络系统资源池。根据应用系统定位及业务特点,确定系统信息安全需求、可用性、可靠性及可维护性要求,并明确归属哪个系统。城市轨道交通统一信息云平台功能如图5-14所示。

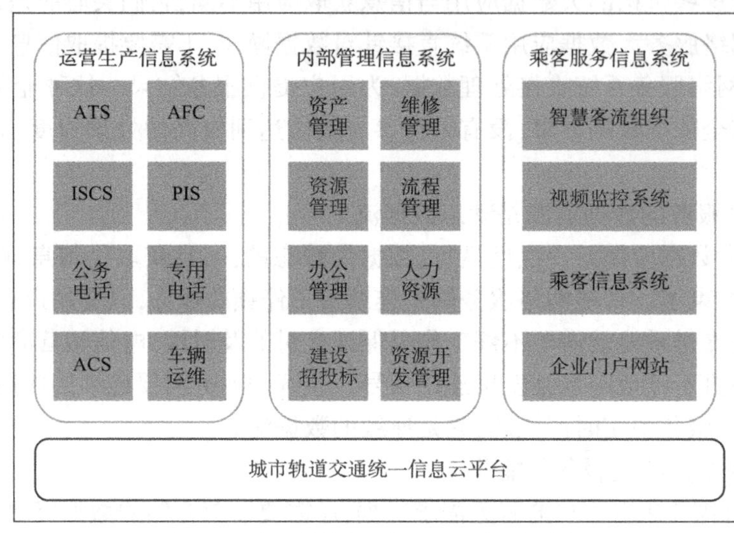

图5-14 城市轨道交通统一信息云平台功能

1. 平台构建

根据生态合作伙伴云平台实验室测试情况,对城市轨道交通各系统纳入云可行性进行分析验证,同时对云化后系统功能、性能、可靠性、不同厂家系统异构等方面进行测试。

城市轨道交通各专业系统不同的业务应用模块云需求见表5-1。

城市轨道交通各专业系统不同的业务应用模块云需求 表5-1

专业系统	业务应用模块	是否上云
综合监控系统(ISCS)	中央历史服务器	是
	区域实时服务器	是
	网管服务器	是
	FEP	否
清分清算(ACC)	数据库	是
	通信	是
	交易分发	是
	账户清分	是
	路径清分	是
	业务应用	是
	报表应用	是
	业务查询	是

续上表

专业系统	业务应用模块	是否上云
清分清算(ACC)	邮件服务	是
	防病毒	是
	票通认证	是
	卡通认证	是
	票卡管理	是
	ES 编码分拣机	否
	密钥加密机	否
	票卡清洗设备	否
	认证加密机	否
	业务加密机	否
MLC	通信	是
	负载均衡	是
	防病毒	是
	网管	是
ATS	数据库服务器	是
	应用服务器	是
	通信服务器	是
	接口服务器	是
	培训服务器	否
PIS	数据库服务器	是
	应用服务器	是
	接口服务器	是
	信号接口服务器	是
	车载直播服务器	是
ACS	平台服务器	是
	通信服务器	是
CCTV	平台服务器	是
	管理服务器	是
	接入服务器	是
	硬编解码器	否
公务电话	交换平台服务器	是
	录音服务器	是
	网管服务器	是
	话机	否
告警管理	告警管理	是

在中心云平台为各系统(ISCS、PIS、CCTV、ACS、AFC、ATS、公专电话)按照专业划分资源

池,进行资源隔离,确保业务安全。

根据测试实验,基于云计算的虚拟化技术可提升物理资源使用率,减少设备数量及机房空间。传统模式下系统资源使用率不足10%,云化后可提升40%~50%。

2. 平台应用

大数据平台网络结构如图5-15所示。其应用功能如下。

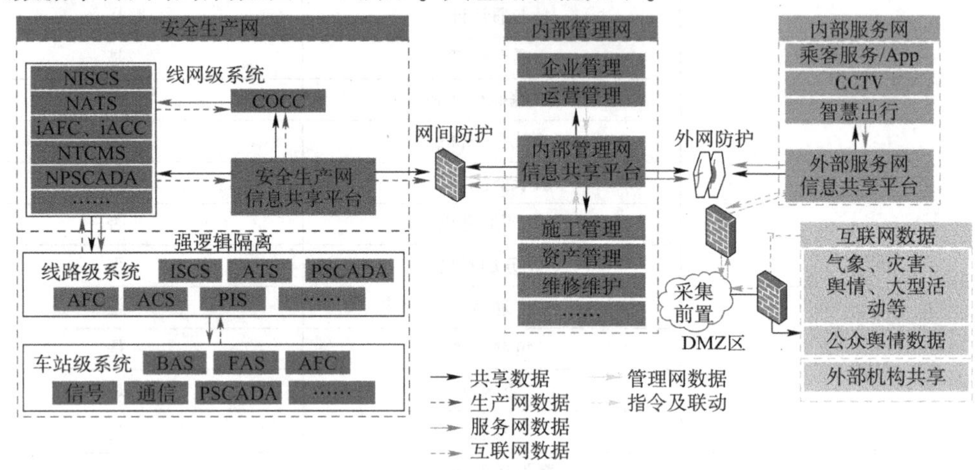

图5-15 平台网络结构

(1)实现企业数据整合

整合SCADA、FAS、BAS、ATC、AFC、ACC等专业数据,实现客流、行车、设备数据的集中统一,形成企业级数据统一视图,实现企业数据标准化。

(2)提升运营管理能力

实现客流、设备、行车、票务、维保等信息的实时统计分析,帮助运营管理人员及时了解路网客流、行车运营、设备资产、票卡收入、维修保养等情况,在保证地铁路网安全运营的前提下提升运能、降低成本。

(3)辅助规划科学决策

客流数据、商圈居住数据、市政规划数据等,可为新线路规划提供数据支持,同时可预测新增线路对路网的影响。

(4)突发应急时间辅助

收集突发事件预案,形成应急预案知识库,加强全员安全培训和预演,在发生突发事件时提供决策支持。

(5)提升公共信息服务

客流、行车等数据为乘客提供实时路网信息,方便乘客进行出行选择。结合地铁线站周边商业医疗教育、旅游等资源信息为乘客提供所需信息查询服务。

3. 城市轨道交通大数据应用场景

(1)线网指挥中心业务

线网指挥中心(TCC、COCC、NOCC、NCC)是城市轨道交通指挥的最高机构,一般具有代政府行使监视、协调、管理和应急指挥城市轨道交通线网运营的职能。线网指挥中心是地铁线网运营的核心指挥部，是对全线网列车运行、客流变化、电力供应、车站设备运行、防灾报警、环境监控、票务管理及乘客服务等地铁运营全程进行调度指挥和监控的“中枢”。线网指挥中心通过协调各条线路运营，发挥网络的整体运能，使各线及城市轨道交通网络高效、经济、有序运行。线网指挥中心智慧大屏系统如图 5-16 所示。

图 5-16　线网指挥中心智慧大屏系统

通过构建线网指挥最强大脑，打通数据，充分发挥各业务系统现有数据价值；打通专业，将各专业数据组合形成有效决策支持；打通层级，信息共享，充分发挥各层级的作用；打通设备，有效调用现有设备，实现 PC/大屏/移动端联动；通过全面采用微服务架构，支持云上部署。

通过客流、行车、设备、视频监控等全量数据采集，结合大数据、AI 技术为线网调度指挥中心提供客流监察、行车监察、设备监察、统计分析、客流预测、线网指挥、线网仿真、车站仿真、应急处置、信息发布等全面解决方案，覆盖线网、线路、车站层面的各种调度指挥功能。

(2)大数据中心业务

随着城市轨道交通运营规模增加，地铁数据日积月累，数据存储、分析、挖掘面临以下问题：数据种类繁多；数据爆发式增长；数据之间存在孤岛；传统分析过于简单，数据未充分利用；当前分析多基于数据表面特征分析，未进行深层次挖掘。

城市轨道交通大数据中心构建全生命周期数据湖，通过对全路网的生产数据(ATS、客流、告警、预测等数据)与管理域(资产、ERP、OA、考核等数据)整合，应用 MPP、HADOOP 和云等先进信息技术构建“大数据”平台，实现对城市轨道交通数据信息资源的长期存储。大数据中心实现资源整合共享，并进行分析和挖掘，全面提升管理和决策能力。数据采集采用数据统一采集平台(UADP)，对底层协议完全解耦，丰富数据模型，定制化数据进行主题整合。

通过数据全集成，实现覆盖车站、线路、系统、专业全属性的数据；通过链路全打通，实现采集、传输、存储、模型一体化管理；通过专业全融合，实现各专业数据及外部数据融合，创造新的业务价值；通过业务全覆盖，实现生产域、管理域新融合，构建数据湖，为全业务提供服务支撑。

全数据覆盖客流、行车、设备、视频监控、管理域等全业务领域，对数据进行全方位一体化管理，结合大数据、AI 技术为运营提供集调度、监察、预测、指挥、管理为一体的全面解决方案。

图 5-17 为智慧运维中心业务展示。

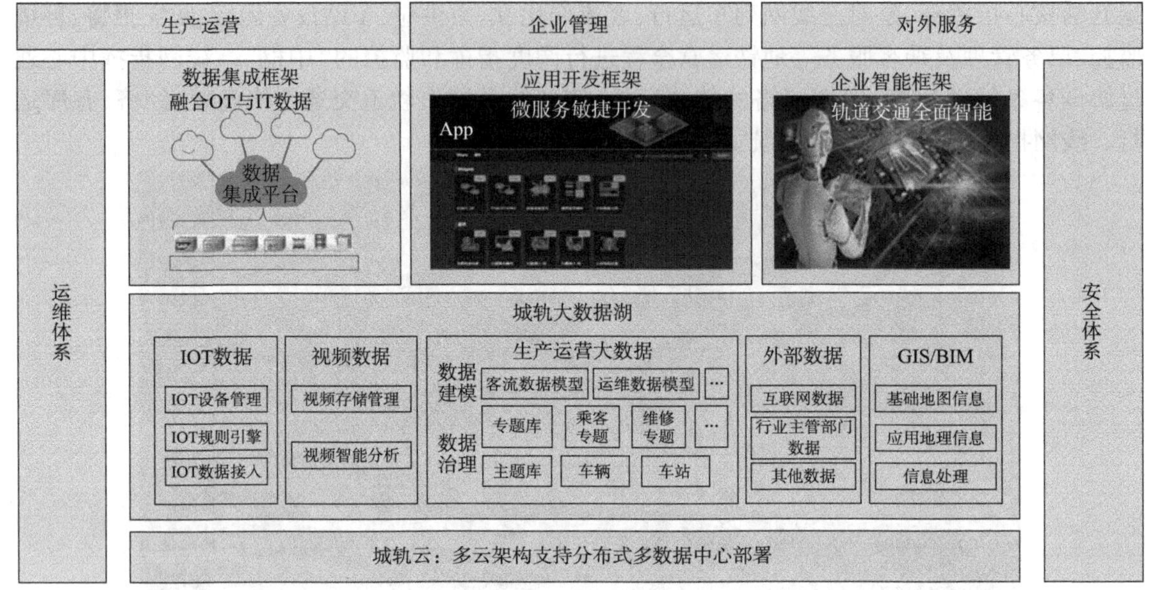

图5-17 智慧运维中心业务展示

(3)能耗统计与监测平台业务

城市轨道交通能耗统计与监测平台的总体目标是建立覆盖地铁网各条线路能源计量与管理系统，统计及监测各条线路、各个车站主要设备设施及车辆段等能源消耗情况，实现能源消耗的精细化管理，完善能源管理辅助决策分析功能，明确能耗影响因素，全面掌握能源消耗现状，为实现城市轨道交通节能减排目标提供数据支持，从而为其制定节能减排方案提供必要的决策支撑。能耗统计与监测平台主要功能如下。

①实现能耗分类、分项、分户精确计量，计量数据远程传输，数据收集与存储，数据统计与分析，数据发布与远传。

②用能诊断及节能潜力分析：以实时监测的有功功率、电量、功率因数等实时数据为依据，进行用能质量诊断；根据能耗数据，辅以各类统计分析工具，发现用能不合理的方面，基于大数据分析挖掘节能潜力。

③节能效果验证：对比并分析节能（采用节能技术或节能设备后）前后的能耗数据，从而定量判定节能效果，验证节能方式。

④能源质量监测：以电能质量监测为例，通过实时监测每个回路的电压、功率因数、频率、谐波等电力参数，发现能源质量异常，提示管理人员及时处理，从而确保为设备提供高质量的能源，提高设备使用寿命，降低运行成本。

⑤运营信息综合分析：通过能源管理系统与信号系统的车次信息、客流信息、综合监控系统接口，对车辆运行、客流、空气质量、环境温度、设备运行状态与能耗之间的关系进行数据挖掘与深入分析，为全线的节能改造和能源管理提供依据。

⑥建立能源管理体系：依托能源管理系统建立包括能耗定额、能耗管理制度、耗能设备台账等内容的一整套能源管理体系。

(4)资产管理平台(EAM)业务

城市轨道交通企业是典型的资产密集型企业，设备专业种类繁多，自动化程度高，各专业根据自身特点有不同的管理要求。对城市轨道交通资产管理的具体需求进行深度分析,总结适合城市轨道交通资产全生命周期管理的思想,实现对资产购置、移交、盘点、更新改造、运行维护、资产报废全过程跟踪与监管,以可靠性维修管理理念构建系统,形成预防性维修、故障维修、状态修多种维修模式相结合,实现现场作业环节(移动 App)与现行管理方式(PC)融合对接。

资产管理平台主要功能包括:线路信息管理、固定资产注册、设备设施移交、不动产管理、固定资产管理、固定资产履历、辅助决算管理、更新项目管理、维修策略管理、维修计划管理、设备故障管理、车辆设备检修、特种设备检修、移动检修等。资产管理平台如图 5-18 所示。

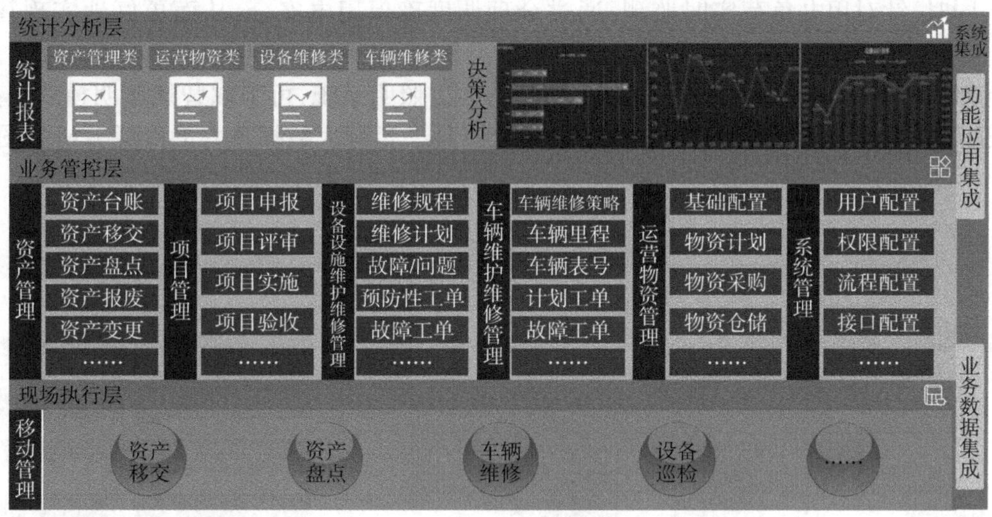

图 5-18　资产管理平台

(5)ERP 系统平台业务

ERP 系统平台是为满足在生产过程中对各类资源的需求,以生产业务为主线,搭建起支撑项目管理、财务管理、供应链管理的平台,使企业内部建立起更为高效的、有价值的、富于创新性的、能对市场做出快速响应的营销管理系统。

ERP 平台包含以下主要功能模块:市场与项目管理、产品信息管理、计划管理、采购及供应商管理、库存管理、生产管理、质量管理、设备资产管理、成本与财务管理、人力资源管理。

(6)采用大数据分析技术实时调整列车运行图

基于动态客流数据,可以采用以下大数据分析技术对列车运行图进行自动调整。实时调整列车运行图示例如图 5-19 所示。

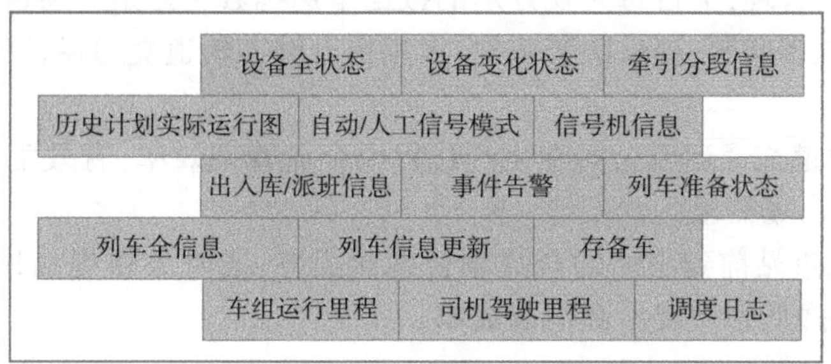

图 5-19　实时调整列车运行图

①利用实时客流监测技术,动态监测 AFC 进出站客流情况。

②利用视频分析技术,在计数区域进行客流计数,并对站台人群密度进行分析。

③利用车辆的空气弹簧提供的车厢质量信息,包括车站上下客的车厢质量变化情况,判断客流变化。

(7)大数据能耗分析

大数据平台可实现城市轨道交通车辆、接触网、动力照明、通风空调、生活生产用水等机电系统设备的运营用电实时采集,并对耗电量进行大数据分析,实时采取节能措施,降低运营耗电量。同时,针对用电负荷实时监测,通过合理调度确保用电安全,从而更好地实现智能化运营。

针对某些用电量比较大的专业系统,如车站动力照明系统,可采取智能照明模式,降低用电量;通风空调系统,可采用智能温控模式,节能降耗。运用大数据建立的能耗分析如图 5-20 所示。

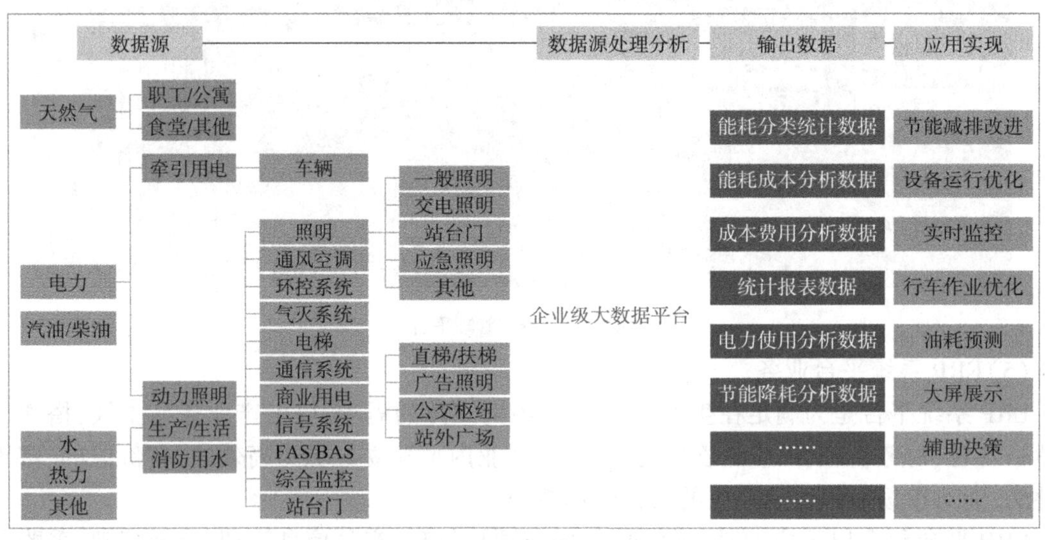

图 5-20 大数据能耗分析内容

三、城市轨道交通大数据应用预期效果

(1)从客流信息、行车信息到运营指标、运力配置,再到客运服务和运营大事件等重要运营数据的汇集、分析、管理,平台每天要处理的数据量达到数千万条。通过大数据手段,可有效解决运营过程中的众多问题,提供决策依据,大幅提升城市轨道交通运营的信息管理和知识管理水平。

(2)提高城市轨道交通运营公司在生产过程中企业管理效率,有效配置各类资源,加强各部门协同,快速响应市场需求。

(3)为乘客提供进站前到出站的全流程智能化服务,同时大幅提高城市轨道交通车站工作人员的工作效率,降低管理成本和运营成本。

任务实施及评价

城市轨道交通大数据应用

学院		专业	
姓名		学号	
小组成员		组长姓名	

一、工作任务场景

1. 联系生活，列举几个大数据应用的典型场景及效益。
2. 下载并安装某云管理平台软件。

二、前置知识

1. 数据能做什么？

2. 列举几个大数据应用的典型场景及效益。

3. 城市轨道交通大数据应用平台的基本架构是什么？

4. 大数据应用对城市轨道交通智慧运营的支撑效应主要有哪些？

三、任务实施

任务实施内容
1. 分析下列场景大数据应用及效益
1.1　政府市场经济调控、公共卫生安全防范、灾难预警、社会舆论监督
1.2　航空公司节省运营成本，电信企业实现售后服务质量提升，保险企业识别欺诈骗保行为，快递公司监测分析运输车辆的故障险情以提前预警维修，电力公司有效预警即将发生故障的设备
1.3　电商公司向用户推荐商品和服务，旅游网站为旅游者提供心仪的旅游路线
1.4　企业提升营销的针对性，降低物流和库存成本，降低投资风险，提升广告投放精准度
1.5　社交网站提供更准确的好友推荐，为用户提供更精准的企业招聘信息，向用户推荐可能喜欢的游戏以及适合购买的商品
2. 熟悉城市轨道交通大数据应用平台基本架构组成
2.1　统一监控。按照业务对资源进行监控，查看具体基础资源的总览、组件、告警、性能等综合信息，了解资源的运行状态，辅助定位基础资源故障
2.2　运维数据可视化。当数据中心评估默认提供的可视化部件无法直观清晰地展示管理员需要的数据信息时，管理员可以创建可视化部件，分析数据特征，选择合适的图表并配置数据及样式信息

续上表

2.3　敏捷报表数据分析。执行自定义报表、查看报表、管理周期报表任务，设置报表或任务访问权限等任务
2.4　日志审计。依据所在数据中心的安全策略进行安全审计时，可以在运维管理系统上查看日志，判断是否正常。正常时，任务结束。发现存在异常情况时，需要确认问题并向运维主管汇报。运维主管决策后，再进行处理，并记录相应的处理结果

四、评价反馈

（一）评价标准

项　目	项 目 内 容
接受工作任务	明确工作任务，理解任务在企业工作中的重要程度
前置知识	本次实训前需要掌握的知识程度
能力评价	了解大数据应用基础知识
	熟悉城市轨道交通大数据应用解决方案
	掌握城市轨道交通大数据应用场景
	熟知大数据应用带来的智慧运营效益
素养评价	工作计划性强，安排得当
	团队合作能力强，善于沟通合作
	自主学习能力强，勇于克服困难
	严谨认真，积极参与课堂
	演示文稿制作精美，汇报演讲能力强
评价反馈	自我评价：能对自身表现情况进行客观评价，在任务实施过程中发现自身问题
	小组互评：客观、公正，能指出其他组的问题

（二）自我评价

请根据在课堂中的实际表现进行自我评价与自我反思。

序　号	评 价 标 准	
1	接受工作任务	☆ ☆ ☆ ☆ ☆
2	前置知识	☆ ☆ ☆ ☆ ☆
3	能力评价	☆ ☆ ☆ ☆ ☆
4	素养评价	☆ ☆ ☆ ☆ ☆
自我反思：		

续上表

(三)小组互评

请小组之间根据在课堂中的实际表现进行小组互评。

序　　号	评 价 标 准	
1	接受工作任务	☆ ☆ ☆ ☆ ☆
2	前置知识	☆ ☆ ☆ ☆ ☆
3	能力评价	☆ ☆ ☆ ☆ ☆
4	素养评价	☆ ☆ ☆ ☆ ☆

(四)教师评价

项　　目	项 目 内 容	分值	得分
接受工作任务	明确工作任务,理解任务在企业工作中的重要程度	5	
前置知识	本次实训前需要掌握的知识程度	5	
能力评价	了解大数据应用基础知识	10	
	熟悉城市轨道交通大数据应用解决方案	10	
	掌握城市轨道交通大数据应用场景	10	
	熟知大数据应用带来的智慧运营效益	10	
素养评价	工作计划性强,安排得当	5	
	团队合作能力强,善于沟通合作	5	
	自主学习能力强,勇于克服困难	10	
	严谨认真,积极参与课堂	10	
	演示文稿制作精美,汇报演讲能力强	10	
评价反馈	自我评价:能对自身表现情况进行客观评价,在任务实施过程中发现自身问题	5	
	小组互评:客观、公正,能指出其他组的问题	5	
得分(满分100)			

视野拓展

历史使命,责任担当

贵州在过去是西南地区经济发展较慢的省份,以优美的环境和少数民族众多闻名。如今,贵州正逐渐成长为我国的高新技术中心。贵州省大数据发展管理局副局长韩少波表示,蓬勃发展的大数据产业已成为高质量发展的关键增长动力。经过多年的发展,贵州已成为一个新的大数据中心。在国家政策的支持下,快速发展的贵州已吸引了数千家领先的科技和互联网公司在市场上寻求新的发展机遇,其中包括苹果、微软、戴尔、英特尔、华为、腾讯和阿里巴巴。

2015年6月，习近平总书记在贵安新区考察时要求，新区的规划和建设一定要高端化、绿色化、集约化，不能降格以求。政府将进一步推动大数据和实体经济深度融合，以供政务、商业和民用，着力将大数据产业培育成高质量发展新的支柱产业。

新技术的发展离不开人才支持。我国的信息技术发展取得巨大的成就，但还有更大的发展空间。高校大学生是祖国未来的希望，肩负着实现国家富强、民族复兴、人民幸福的时代重任，要珍惜韶华、不负青春，努力学习科学知识，提高内在素质，锤炼过硬本领，积极投身到实现中华民族伟大复兴的征程中去，做新时代的青年追梦人。

模块六

城市轨道交通全自动驾驶系统

任务一 城市轨道交通全自动驾驶车辆设备认知

学习目标

1. 掌握全自动驾驶车辆设备特点。
2. 掌握全自动驾驶车辆与传统车辆的设备功能差异。
3. 掌握全自动驾驶车辆日常维护和车辆检修故障处理措施。

任务导入

某城市地铁线路开通了全自动驾驶线路，配备全新的全自动驾驶车辆。全自动驾驶车辆采用国际最高自动化等级(GoA4)的全自动运行系统，具有自动唤醒、自动运营以及远程控制等功能。车辆搭配通过以太网实时传输的网络控制系统和故障检测装置，集智能性和安全性于一体。

本任务针对车辆运用检修工应掌握的全自动驾驶车辆的维护、故障分析和处理等进行阐述，有效提升操作人员的作业水平、快速定位系统故障、及时预判设备故障，以满足全自动驾驶车辆日常维保需求。

知识课堂

全自动驾驶车辆的主要部件配置与传统车辆相比，主要还是由车体、转向架及悬挂系统、电气牵引制动系统、受电弓及车顶高压设备、辅助电源系统、车辆控制及监控系统(TMS)、空气制动系统、车门系统、车辆广播及乘客信息系统、空调、内装、车钩等部分组成。车辆部件配置的核心仍然是"满足载客的需要、提高牵引制动性能(车体轻量化、黏着控制方式的改善等)、改善乘坐舒适度、降低寿命周期成本"等。但是围绕全自动驾驶车辆基本功能需求，对车辆运行的故障管理和关键部件的冗余设置提出了更高的要求。

全自动驾驶车辆较传统的有人驾驶车辆在自动控制上更胜一筹，无须任何司乘人员，车辆唤醒、自检、发车、正线运行、车场运行、回库停车、睡眠等全部功能均由系统自动实现。为实现上述无人驾驶的功能和运营模式，地铁车辆在系统配置及功能设置等方面进行优化与改进。国内外通行的无人驾驶车辆标准主要有《轨道交通　城市指导运输管理和命令/控制系统　第2部分：功能需求规范》（IEC 62290-2：2014）和《轨道交通城市自动化导向运输（AUGT）安全要求》（IEC 62267：2009）。

一、全自动驾驶车辆设备特点

1. 车体特点

（1）相比传统车辆，全自动驾驶车辆没有司机，从而取消了驾驶室侧门结构。车体端部结构差异如图6-1所示。

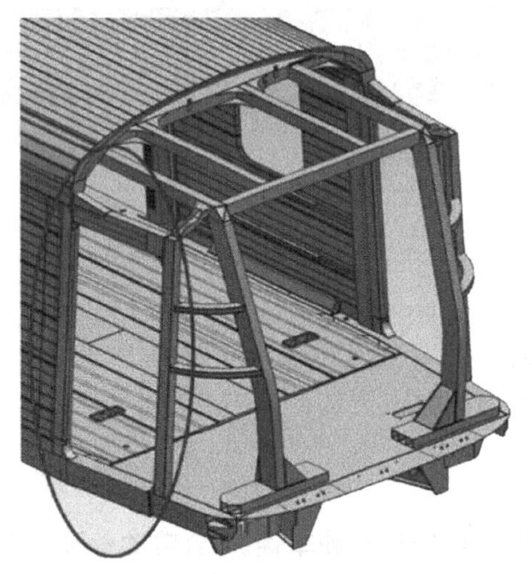

a)带驾驶室侧门结构

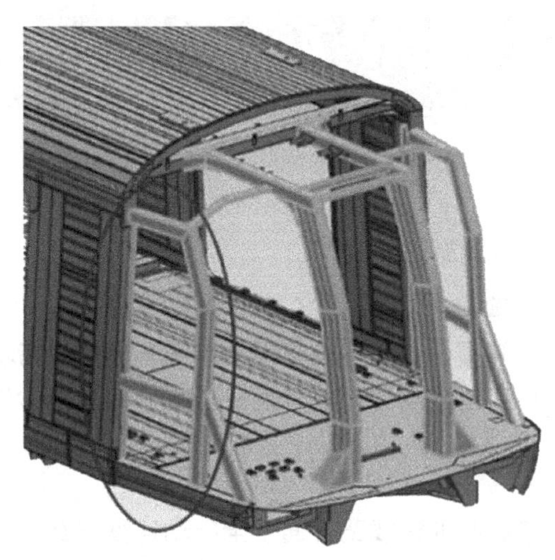

b)无驾驶室侧门结构

图6-1　车体端部结构差异

（2）当车辆出现故障停车时，为方便工作人员登车查看处理，全自动驾驶车辆宜在每节车厢两侧的外部解锁车门处设置脚蹬。

2. 驾驶室特点

（1）全自动驾驶车辆取消了司机，所以驾驶室的设计采用开放式结构。驾驶室与客室间取消固定隔断，采用隐藏式或便于拆卸式隔断。驾驶室开放后，这个区域可能会用于载客，驾驶室电气屏柜需能承受运营中可能施加给它的载荷。驾驶室隔断如图6-2所示。

（2）驾驶室区域开放后，为避免乘客误操作驾驶台上的按钮等操作设备，驾驶台配置带锁盖板，所有驾驶台上的设备均布置在盖板之下，盖板锁可以用主控钥匙解锁。在盖板盖住的情况下，任何人都不能接触到驾驶台上的任何设备。盖板有足够的强度和刚度，能承受运营中有可能施加给它的载荷。在全自动驾驶模式下，驾驶台盖板的开/闭位置由车辆控制系统（TCMS）监控，该盖板位置信息通过车载信号设备发送给地面运营控制中心（OCC）。带盖板驾驶台如图6-3所示。

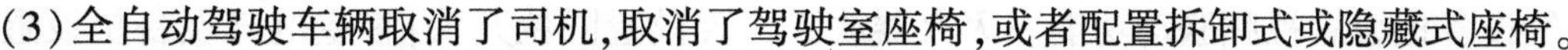
(3)全自动驾驶车辆取消了司机,取消了驾驶室座椅,或者配置拆卸式或隐藏式座椅。

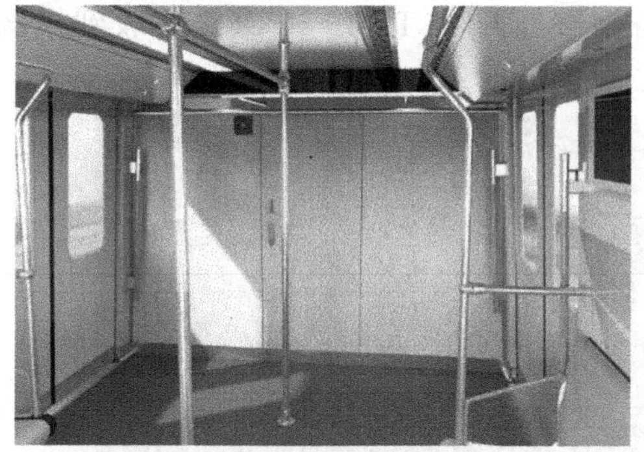
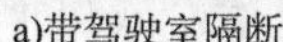
a)带驾驶室隔断

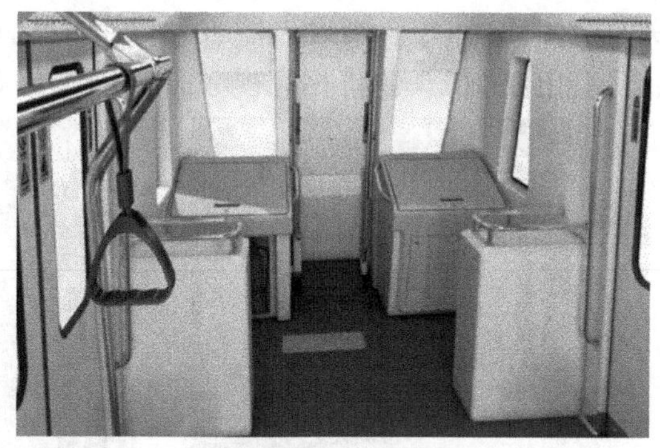
b)取消驾驶室隔断

图6-2 驾驶室隔断差异

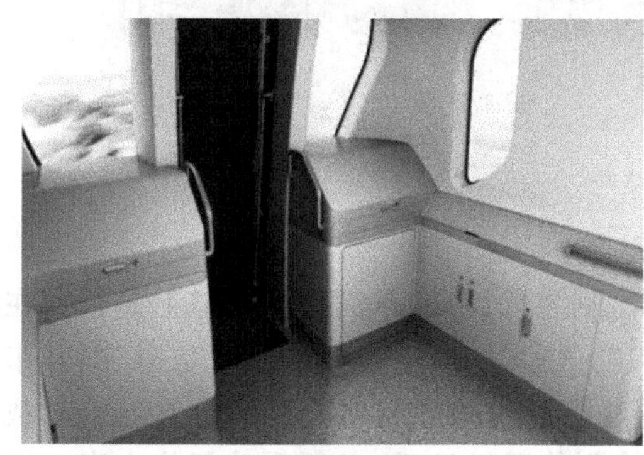
a)盖板锁闭

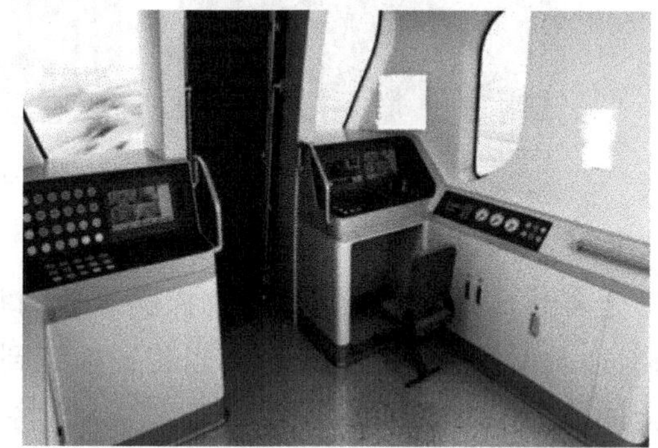
b)盖板打开

图6-3 带盖板驾驶台

(4)由于取消了驾驶室的封闭设置,驾驶室内配置行车摄像头(图6-4),用于监视车辆前后方,记录事故信息,便于日后分析事故原因。拍摄的图像通过车地通信接口上传至OCC,或者保存在车辆的本地硬盘。

a)

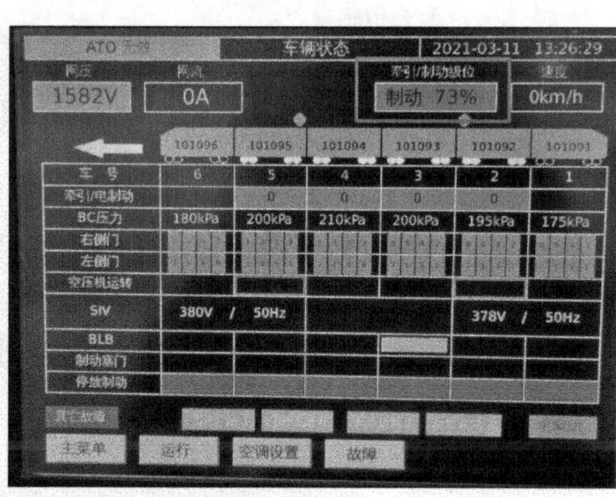

b)

图6-4 行车摄像头

3. 灭火器和客室电气设备柜特点

全自动驾驶车辆没有司乘人员,考虑车辆运营安全和乘客人身安全,灭火器(图6-5)和客室电气设备柜设置视频联动功能。灭火器放置位置设置限位开关,客室电气设备柜设置监控开关,由 TCMS 监控。当灭火器被移动或电气设备柜被打开时,TCMS 和 OCC 将收到报警信号,客室相应摄像头会将相应视频画面传送至 OCC 予以提示。

图 6-5 灭火器

4. 转向架特点

全自动驾驶车辆配置障碍物探测装置和脱轨检测装置,协助车辆探测轨道上是否存在障碍物,以及检测车辆是否脱轨。当装置检测到障碍物或脱轨时,通过硬线节点信号,断开车辆安全回路,车辆施加紧急制动停车。TCMS 将障碍物探测信号或脱轨检测信号发送给车载信号系统,进而通知 OCC。障碍物探测装置或脱轨检测装置触发后,必须手动复位。当上述装置本身发生故障时,操作人员可通过旁路开关闭合安全回路。

我国使用的障碍物探测装置以被动式障碍物探测装置为主。主动式障碍物探测装置误报率较高,还没有达到批量装车使用的要求。被动式障碍物探测装置如图 6-6 所示。

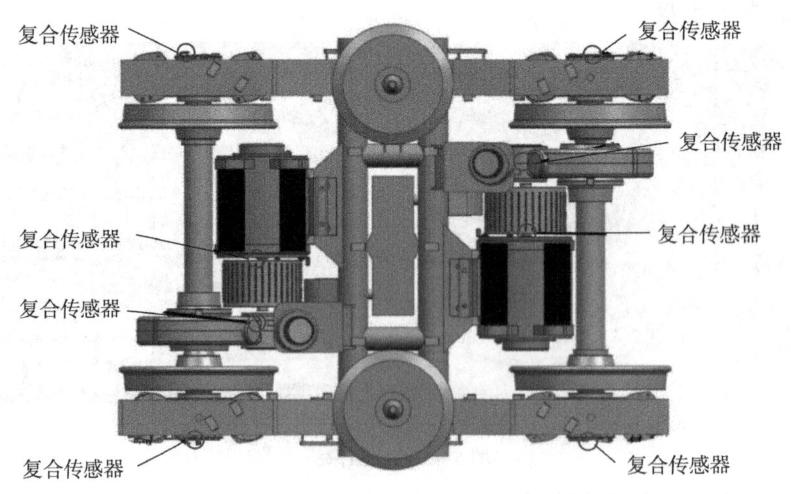

a) 轴端安装

图 6-6

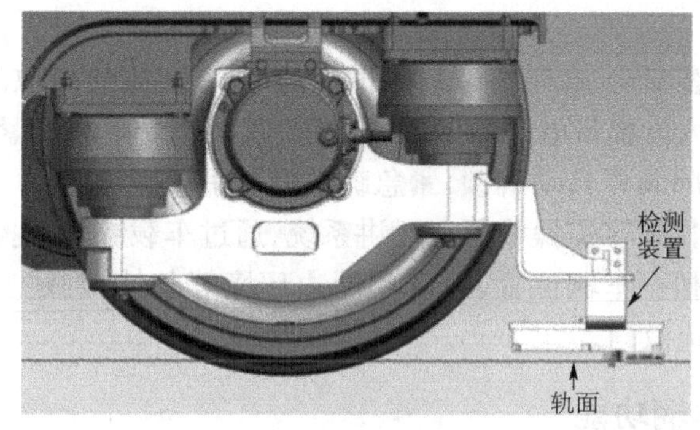

b) 悬臂安装

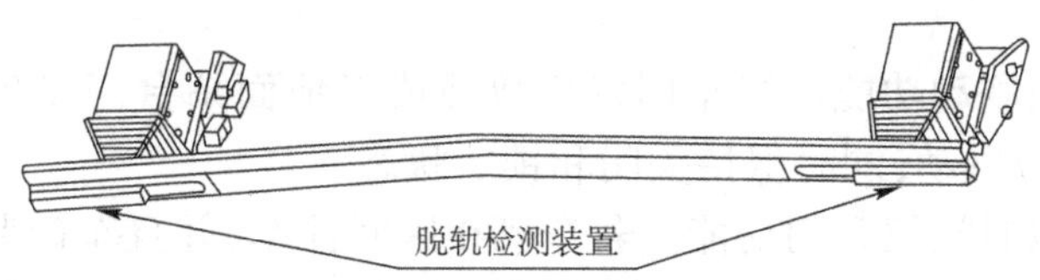

c) 与被动式障碍物探测装置集成安装

图 6-6 被动式障碍物探测装置

5. 烟雾和火灾检测设备特点

全自动驾驶车辆设有火灾和烟雾探测系统，车辆客室都配置烟雾探测器，电气设备柜配置感温感烟组合探测器，底架设备（牵引逆变器箱、高压箱、辅助逆变器箱等）配置感温电缆。TCMS 监控所有探测器和感温电缆的信号，并将检测到的故障报警信息传送给驾驶室及 OCC 显示并报警。当烟雾或火灾检测报警消除并接收到 OCC 的复位命令信息后，火灾/烟雾报警信号才可复位。6 辆编组无人驾驶车辆火灾探测系统拓扑结构如图 6-7 所示。

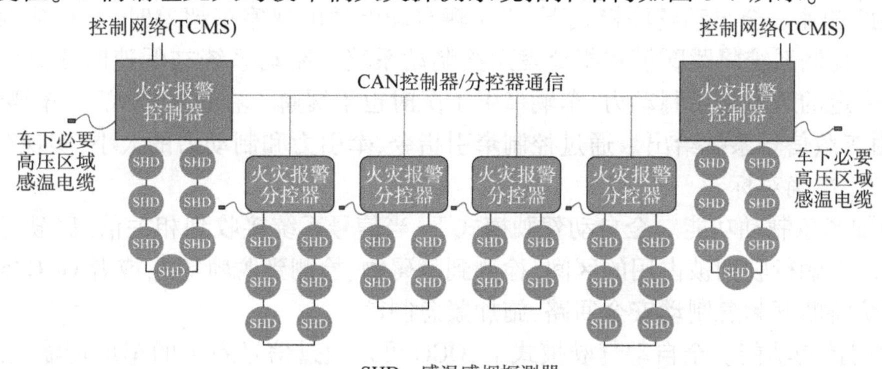

图 6-7 6 辆编组无人驾驶车辆火灾探测系统拓扑结构

6. 蓄电池及其他设备特点

无人驾驶车辆增设唤醒/休眠模块。该模块由蓄电池直接供电，所以蓄电池应具有足够的容量。蓄电池在满足整车低压负载冗余要求的情况下，还应支持车辆有 7 天以上的待机时长。同时，蓄电池宜设置电量低报警功能，通过唤醒模块将电量低报警信号发送给 OCC。车体外，还应设置驾驶模式指示灯，用于显示该车辆处于有人驾驶模式还是无人驾驶模式。

7. 紧急疏散门特点

考虑行车安全及乘客安全,在带有紧急疏散门的车辆上,紧急疏散门立柱旁设有乘客紧急对讲系统。紧急疏散门内设置带电磁铁的锁闭装置,其操作受限制。紧急疏散门工况如下。

(1)整车无电时,锁闭装置自动解锁,紧急疏散门可手动操作。

(2)车辆正常运营时,乘客需操作紧急对讲系统,通过车载综合监控系统向 OCC 提出操作紧急疏散门请求。OCC 根据车辆位置、速度和周边环境等条件,判定安全后,给出解锁指令,乘客才能手动操作紧急疏散门。

二、全自动驾驶车辆功能

1. 车门功能

(1)车门与站台门联动功能。当车门发生故障或者地面站台门发生故障而无法打开时,对应的站台门与车门应联动,同时保持关闭和锁定状态。

(2)紧急情况疏散时授权开门功能。若车辆在区间停车,并且车门紧急解锁手柄被激活,则需要疏散。此时,信号系统必须先确认安全疏散条件,在此之前,车门一直保持关闭。在此之后,客室车门收到允许疏散的指令,乘客可手动打开车门(向开门方向移动门页)。

(3)车内紧急解锁装置设置单独的触发行程开关,全车辆的紧急解锁触发行程开关组成紧急解锁车辆回路。车辆上只要有人操作紧急解锁装置,其操作信息将通过 TCMS 发送给 ATC 和车载综合监控系统(TISCS),相应位置的客室摄像头图片由 TISCS 发送给 OCC。

2. 空气制动系统功能

制动系统与车辆运行安全息息相关。相比有人驾驶车辆,全自动驾驶车辆制动系统主要从运行安全角度考虑,具有以下功能。

(1)跳跃功能。全自动驾驶模式下,当车辆自动停站出现停车超差时,ATC 应触发跳跃功能,通过车辆控制系统将跳跃模式指令发送给制动系统。制动系统在低速时收到跳跃模式指令,并施加一定的最大常用制动力,车辆牵引工况时也不缓解。在这种模式下,车辆带闸运行,运行方向由车载信号系统给出。通过控制牵引指令、牵引力和制动力的大小,实现车辆低速运行、快速停车、准确对标。

(2)施加紧急制动功能。全自动驾驶模式下,当信号系统接收到相关信息(轨旁设备无线电通信缺失、车辆行驶到被占用的区间、检测到障碍物、检测到脱轨等),或者 OCC 操作紧急制动,信号系统将断开紧急制动安全回路,施加紧急制动。

(3)远程控制功能。全自动驾驶模式下,OCC 可以通过信号系统的车地传输通道,发出远程控制指令给车辆控制单元(VCU)。VCU 通过输入/输出模块,将指令输出至停放电磁阀,并通过控制停放电磁阀的充排气,控制停放制动的施加和缓解。

(4)强迫启动空气压缩机功能。有人驾驶车辆仅在驾驶台设置自复位式空气压缩机强迫启动按钮,由司机操作;全自动驾驶车辆在某些特殊工况下,也需要强迫启动空气压缩机。因此,在空气压缩机启动电路中,增加开关触点,由车辆网络系统或车载信号系统控制,实现 OCC 在空气压缩机正常控制失效等特殊工况时,直接强迫启动空气压缩机,无须司机上车操作。

3. 空调和通风功能

安全性设计是全自动驾驶车辆最关键的设计原则。根据对车辆运行场景的分析，空调和通风控制系统能够根据车内火灾、车下火灾、隧道火灾的信号，实现火灾与风门远程联动控制。在车辆烟雾探测系统发出烟雾报警后，可以通过 OCC 给车辆网络控制系统发送指令，再由车辆网络控制系统给空调和通风控制系统发送相关指令；也可以由车辆烟雾探测系统将烟雾报警直接发送给车辆网络控制系统，再由车辆网络控制系统发送给空调和通风控制系统。空调和通风控制系统在收到烟雾报警后，给空调机组发送相关指令，空调机组转入相应工作模式。

无人驾驶车辆大多取消驾驶室与客室之间的隔断，因此将客室风道延伸至驾驶室，取消原有驾驶室的独立空调机组或出风单元，保障隔断拆除后送风的一致性。在拆除隔断后，为防止乘客频繁转动风口，造成风口损坏、脱落，将风口改为固定式风口设计。

4. 牵引系统和辅助系统功能

(1)在全自动驾驶时，牵引系统具备蠕动和跳跃两种模式。当车辆通过网络自动发出降级请求时，或者信号系统检测到与 TCMS 通信失败时，牵引系统将自动启用蠕动模式。在蠕动模式下，牵引系统通过信号系统提供的硬线信号控制，以固定限速方式继续运行。牵引系统还应有跳跃模式接口，当车辆进站停车发生欠标或冲标(在限值范围以内)时，信号系统对牵引控制系统执行跳跃功能，实现对标。

(2)辅助逆变器和充电机具有自动关断和自动恢复工作功能。一旦系统检测到输入/输出的非正常情况，辅助逆变器和充电机应能自动关断。在输入/输出恢复正常后，辅助逆变器和充电机能自动恢复工作。辅助逆变器有重新启动功能，该功能有次数限制，因此不会发生频繁的重新启动。在一定时间内，当重复启动次数达到限制次数时，如 5 次/min，则认为辅助逆变器存在故障。“锁定”的辅助逆变器，必须由专业的维护检修人员通过调试软件连接、分析并排除故障之后，才能复位。

(3)在车辆牵引系统和辅助系统出现故障时，相应的报警信息应发送至 OCC，由 OCC 尝试远程复位或远程切除相关故障系统，以保障车辆可继续运行。

5. 车辆网络控制系统功能

车辆控制技术是实现车辆全自动驾驶功能的最核心技术，全自动驾驶车辆的车辆控制逻辑采用如下冗余设计。

(1)关键回路冗余设计。关键回路控制模式除具有逻辑控制单元(LCU)双通道冗余设计外，还具有 LCU 和继电器的冗余设计，即 LCU 和继电器控制可以通过外部信号切换。

(2)非关键回路冗余设计。非关键回路控制模式采用 LCU 控制，即具有 LCU 双通道冗余设计。非关键回路也可根据需要，按照关键回路控制模式处理。

(3)车辆网络控制系统除了具备常规冗余设计外，输入/输出模块增加冗余设计。因此，单个输入/输出模块故障不影响车辆的功能，从而满足全自动驾驶模式下车辆控制功能、各系统状态监视、接口电路节点监视、应急操作等功能的需求。以我国某 8 辆编组无人驾驶地铁车辆项目为例，头车数字、模拟信号采集输入通道不少于 240 个，输出通道不少于 80 个；中间车数字、模拟信号采集输入通道不少于 100 个，输出通道不少于 40 个。

全自动驾驶模式下，原先通过司机操作实现的正常行车功能，需要由车辆控制系统配合信号系统来完成，主要包括车辆唤醒、各系统自检、空调自动控制、客室照明控制、车辆休眠等功能。车辆网络控制系统支持 OCC 对车辆相关挂网子系统实现相应的远程复位、远程切除、远程旁路和远程控制功能。

6. 乘客信息系统功能

车载视频监控与其他系统的联动功能如下。

在全自动驾驶模式下，为了更好地保障车辆运行安全及乘客安全，应对与安全相关的操作或状态实时监控，相应操作应能够激活并触发其邻近摄像头视频联动，通过联动的摄像头和车载综合监控系统(TISCS)的传输，在 OCC 操作台上显示视频图像并报警。车载视频监控不仅与烟火报警系统、紧急报警设备联动，还与逃生门、灭火器、电气设备柜、车门紧急解锁和驾驶台盖板等关键设备联动。根据联动信息，OCC 能远程调用视频或音频信息。联动报警如图 6-8 所示。

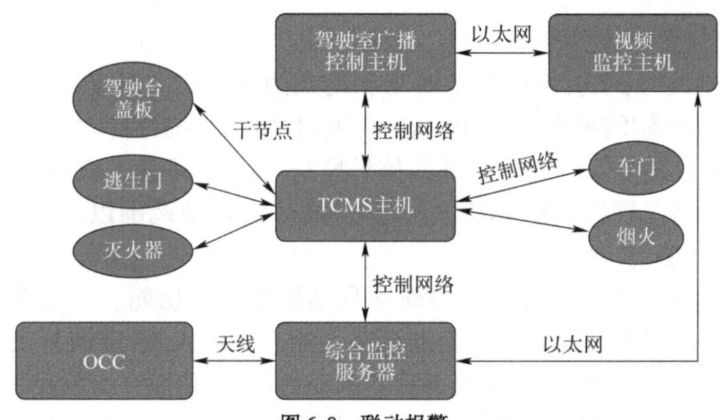

图 6-8 联动报警

OCC 具有对车辆广播、与乘客语音对讲等功能。在全自动驾驶模式下，由于列车上没有司机和乘务人员，当发生紧急情况时，OCC 必须实现远程广播，或者选择车辆预先设定的紧急信息，紧急播放。预录的紧急广播内容可循环播放(循环次数可编辑)。当客室内任一紧急对讲装置触发时，OCC 可实现与乘客远程紧急对讲，每个紧急对讲装置均能实现音频视频一体化监控。此时，TCMS 将完成相应记录，并将车辆号、具体位置和状态信息发送至 OCC。OCC 可对单个或整车乘客紧急对讲装置复位。

7. 车辆远程监控功能

(1)车辆运维中心

车辆运维中心深度融合了列车 TCMS、车门、蓄电池、走行部、弓网等五个在线监测系统数据。一是能实时监测列车的运行信息、故障信息等相关参数，并能对车辆的运行数据进行实时分析，既可辅助轮值工程师对车辆故障影响的判断，也可为正线故障处置快速提供指导；二是能与车辆专家工作站形成互补，运维中心的平台展示内容较车辆专家工作站更细致、数据量更大，当列车运行状态出现异常时，可相互确认信息准确，减少误报误判率。

(2)视频联动功能

视频联动功能能够实现列车全自动运行时车上异常报警。该过程主要是通过车地无线将列车摄像头画面实时推送至 OCC 控制中心大屏，使中心人员能及时监控列车上发生的异常。OCC 中心大屏可实现视频联动功能的同时，还可手动调用每个车的摄像头通道，实现非报警时画面监控联动。视频联动功能主要涉及车辆、通信两大系统接口的功能，每列车有数百个视频联动点位，从而实现轨道障碍物检测、脱轨检测、驾驶台盖板打开、逃生门装置盖板打开等联动功能。

(3)车辆专家工作站

车辆专家系统高度集成车辆TCMS数据、信号车载关键数据及车辆、信号显示屏信息等数据于一体，可全面监控列车唤醒时各专业系统上电自检状态、联合自检状态及实时报警信息等列车运行详细信息与状态，并有效保障各列车通过信号LTE和通信PIS车地无线通道上传车辆数据完整性，实现车辆的远程监视、远程控制，可有效帮助车辆调度及专家工作站对全自动运行情况下车辆设备状态进行远程监控。车辆专家工作站数据传输过程如图6-9所示。

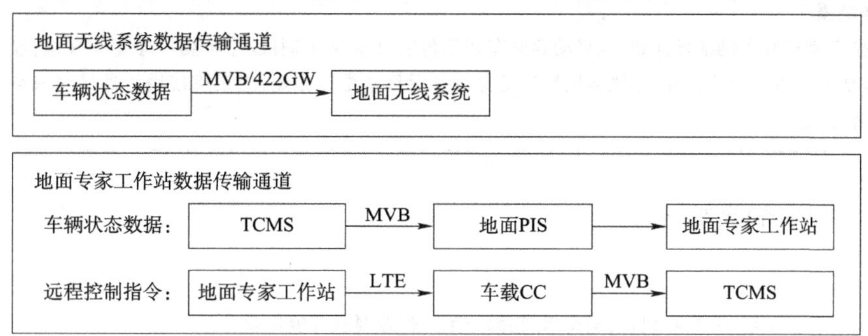

图6-9 车辆专家工作站数据传输过程

车辆专家工作站车辆界面中包含了车辆概览、牵引检测、辅助系统监测、火灾监测、空调检测、旁路状态监测、车载信号监测、车辆自检、网络拓扑、维护操作、车辆控制等界面。

三、全自动驾驶车辆日常维护

全自动驾驶车辆与传统有人驾驶车辆的设备维护模式、维护内容基本一致，国内各城市全自动驾驶车辆主要实行“计划预防修”制，依据车辆走行里程、时间周期，有计划地进行列检、均衡修、架修、大修。架修、大修等深度维修一般由车辆制造厂家或地铁公司专业团队进行，车辆日常维保主要为列检、均衡修。

1. 列检

列检主要是对车辆进行外观检查和有电功能检查，为列车投入载客运营进行例行的整备检查。列检的主要检修内容：目视检查车下电气设备、制动设备、走行部、钩缓装置，车顶受电弓、车厢门、照明等的外观状况，危及行车安全的故障。另外，列检还要处理列车控制和管理系统报修的车辆故障，保证次日列车正常运行。

2. 均衡修

均衡修是对车辆外观检查和有电功能检查，对部分系统/部件进行清洁润滑、调整和检测，对损耗件进行检查更换。均衡修一般分为12个月修，月修间隔1月或10000km。根据车辆技术状态，允许适当提前或延期检修。检修主要内容为：对受电弓、牵引电机、走行部、制动装置、车下重要部件进行检查状态，进行必要的功能试验；全面检查、吹扫、清理、润滑各部件；校验仪器、仪表；对其余主要部件进行技术状态和功能的检查及修理；进行静态试验、动态试验等。

对列检和均衡修具体内容按照检修规程、检修作业标准等开展作业，与传统有人驾驶车辆基本一致。

任务实施及评价

城市轨道交通全自动驾驶车辆设备应用

学院		专业	
姓名		学号	
小组成员		组长姓名	

一、工作任务场景

根据某线路全自动驾驶车辆某日计划，全自动驾驶车辆已停放在××车辆段/停车场检修库××道，经车辆运用调度安排，需开展车辆日常维保作业，现以车辆运用检修工身份开展日常维保作业，能正确使用工器具完成全自动驾驶车辆基本操作及故障处置。

二、前置知识

1. 简述全自动驾驶车辆主要设备名称。

2. 熟悉车辆检修作业流程，并按照列检、均衡修、临修等生产作业要求开展作业。

3. 处理日常检修作业中发现的故障。

三、任务实施

任务实施内容
1. 前期准备和安全防护
1.1　正确穿戴整齐相关劳动保护用品
1.2　在两端车钩设置“正在检修”牌，司控器设置“正在检修”牌，蓄电池投入开关设置“禁止合闸”牌
2. 检修工具的使用
2.1　正确使用万用表(测量电压)：使用前检查万用表，正确测量电压、电阻
2.2　正确使用力矩扳手：确认力矩值、调整力矩扳手力矩值、施加力矩及复核力矩值
3. 全自动驾驶车辆基本操作
3.1　投蓄电池基本操作
3.1.1　车两侧及车下巡视，确认无人作业，呼唤“××”车投蓄电池
3.1.2　确认车上无人作业，取下蓄电池投入开关设置的“禁止合闸”牌，投入蓄电池，确认蓄电池电压电流正常
3.2　升降弓基本操作、客室灯操作
3.2.1　门选打至非“0”位
3.2.2　投入主控
3.2.3　列车两侧各呼唤两次“××”车升弓
3.2.4　鸣笛升弓，确认 DDU、网压表、车外目视升弓到位、网压正常

续上表

3.2.5 投入 SIV,380V 输出正常
3.2.6 空压机打至“自动”位,客室照明打至“开”位
3.3 集控开客室门操作
3.3.1 门选打至相应位(左/右)
3.3.2 人工广播对客室呼唤“××”车集控开关门
3.3.3 按压开门按钮 3s 及以上
3.3.4 确认 DDU 显示车门为 X 色(开门)/Y 色(关门)
3.4 空调操作
3.4.1 点击车辆显示屏主界面空调设置
3.4.2 选择空调工况
3.5 手动报站操作
3.5.1 本端驾驶室投主控
3.5.2 点击 DCP 触摸屏→“报站模式”→“手动”→“报站模式”→“站点”→确定
3.6 按需生成各类自动化报表、趋势图等,下载转存生成的表格、报警记录等
4. 故障应急处置
4.1 切除×车制动操作
4.1.1 打开客室制动单车空气控制箱,切除单车空气控制阀,并恢复控制箱盖
4.1.2 确认×车制动已切除,车辆显示屏主界面显示 BC 压力降为“0”
4.2 牵引复位操作
4.2.1 按压驾驶室操纵台面板上“复位”按钮
4.2.2 确认车辆显示屏上 VVVF 控制试验界面“HB”吸合
5. 故障处置后续措施
5.1 按照全自动驾驶车辆运用检修工手册开展车辆显示屏参数、功能检查,常用制动试验,保持制动试验,紧急制动试验,空压机启动试验,集控开关门试验,紧急报警确认
5.2 确认所有工作完成后依次关闭客室照明、空压机、空调、SIV,然后降弓,从网压表、DDU、车外三方确认降弓到位。对所有动过的开关进行复查后断开蓄电池开关,关好驾驶室门,撤走防护牌

四、评价反馈

(一)评价标准

项　目	项 目 内 容
接受工作任务	明确工作任务,理解任务在企业工作中的重要程度
前置知识	本次实训前需要掌握的知识程度
能力评价	全自动驾驶车辆基本操作
	故障的判断
	故障应急处置
	故障处置后续措施

续上表

项　　目	项目内容
素养评价	工作计划性强,安排得当
	团队合作能力强,善于沟通合作
	自主学习能力强,勇于克服困难
	严谨认真,积极参与课堂
	演示文稿制作精美,汇报演讲能力强
评价反馈	自我评价:能对自身表现情况进行客观评价,在任务实施过程中发现自身问题
	小组互评:客观、公正,能指出其他组的问题

(二)自我评价

请根据在课堂中的实际表现进行自我评价与自我反思。

序　　号	评价标准	
1	接受工作任务	☆ ☆ ☆ ☆ ☆
2	前置知识	☆ ☆ ☆ ☆ ☆
3	能力评价	☆ ☆ ☆ ☆ ☆
4	素养评价	☆ ☆ ☆ ☆ ☆
自我反思:		

(三)小组互评

请小组之间根据在课堂中的实际表现进行小组互评。

序　　号	评价标准	
1	接受工作任务	☆ ☆ ☆ ☆ ☆
2	前置知识	☆ ☆ ☆ ☆ ☆
3	能力评价	☆ ☆ ☆ ☆ ☆
4	素养评价	☆ ☆ ☆ ☆ ☆

续上表

(四)教师评价

项　目	项 目 内 容	分值	得分
接受工作任务	明确工作任务,理解任务在企业工作中的重要程度	5	
前置知识	本次实训前需要掌握的知识程度	5	
能力评价	全自动驾驶车辆基本操作	10	
	故障的判断	10	
	故障应急处置	10	
	故障处置后续措施	10	
素养评价	工作计划性强,安排得当	5	
	团队合作能力强,善于沟通合作	5	
	自主学习能力强,勇于克服困难	10	
	严谨认真,积极参与课堂	10	
	演示文稿制作精美,汇报演讲能力强	10	
评价反馈	自我评价:能对自身表现情况进行客观评价,在任务实施过程中发现自身问题	5	
	小组互评:客观、公正,能指出其他组的问题	5	
得分(满分100)			

视野拓展

成都地铁9号线的"聪明智慧"

2020年12月,成都地铁9号线一期开通运营,成都的城市轨道交通翻开新一页。这条线路是我国西部第一条无人驾驶线路。这条线路采用轨道列车技术最前沿、最高自动化等级(GoA4)的全自动运行系统。这条线路采用我国国内第一个具备全自动运行功能的8节编组A型地铁车辆。它是我国城轨发展新的标杆项目。成都地铁9号线的UTO模式一次性开通,是基于自主研发的Indas-ISCS轨道交通综合监控系统。9号线一期定制开发了68项正常、故障、应急状态的全自动运营场景,助力了地铁的安全运营。

成都地铁9号线自动驾驶

任务二 城市轨道交通全自动驾驶系统车辆运行

学习目标

1. 掌握全自动驾驶运营场景模式及相关要求。
2. 当全自动驾驶作业出现异常情况时，能迅速进行应急处置。

任务导入

全自动驾驶车辆较传统的有人驾驶车辆在自动控制上更胜一筹，无须任何司乘人员，车辆唤醒、自检、发车、正线运行、车场运行、回库停车、睡眠等全部功能均由系统自动实现。为实现上述无人驾驶的功能和运营模式，地铁车辆在系统配置及功能设置等方面进行了优化与改进。

全自动运行系统并不是完全无人化的系统，系统本身设计了以人工驾驶为核心的降级运行模式。在不同的运营场景中，也提供了人工介入的机制。因此，自动驾驶系统仍然是一个人机交互系统。虽然司乘工作大部分被全自动设备所取代，但在突发情况下还需要人工进行处理。车辆运用检修工职责之一就是在发生突发情况需要人工介入运营工作时，对突发事件进行分析并采取措施解决问题。所以，全自动驾驶下的车辆运用检修工仍需具备传统有人驾驶车辆下的列车操作技能，同时还需掌握全自动驾驶车辆应急处理等内容。

本任务针对车辆运用检修工应掌握的全自动驾驶作业时的监控、全自动驾驶转人工驾驶时的操作、全自动驾驶作业情况下的故障处理等进行阐述，有效提升人员的作业水平、快速定位系统故障和及时预判设备故障，以满足全自动驾驶的功能需求。

知识课堂

一、人工操纵及运行要求

1. 人工操纵要求

(1)车辆运用检修工应严格按照要求正确操纵列车，经过系统的操作培训，取得资质证书后方可独立上岗操作。

(2)非 FAM 模式下驾驶车辆时，车辆运用检修工应按照限速要求，认真确认信号及道岔，平稳操作；正确设置广播，运行中加强监听并确认广播控制盒显示正确；确认车辆各仪表显示正常、指示灯正常，各开关在规定位置。

(3)会车时，可使用近光灯，严禁关闭前照灯。

(4)人工牵引操作：车辆启动时，应平稳操作司控器进行牵引作业，确保启动平稳；严禁由制动级位直接推向牵引级位；正常牵引时，主控手柄推至牵引位，确认车辆牵引级位正常，有牵引电流输出。

(5)车辆运行时,应注意观察各仪表、指示灯及显示屏的显示。若显示有故障,按车辆故障处置程序进行处理。

(6)车辆人工制动操作。车辆正常运行时,视情况平稳操作。当车辆运行中发生危及行车安全情况时,应迅速采取紧急制动停车措施。

(7)特殊天气(雨、雪、雾等)行车时,为防止空转滑行等异常情况,应采取延长制动距离的操作方法,确保车辆可靠停车。

2. 运行总体要求

(1)FAM 模式下,认真确认设备状态及线路状态,严格执行标准化作业,发现问题及时报行调处理,未经行调同意严禁擅自投入运行端及非运行端驾驶台主控。

(2)非 FAM 模式下,严格按列车时刻表行车,精神集中,不间断瞭望,注意观察仪表、指示灯、TCMS 监控显示屏人机界面(HMI)、信号显示屏(MMI)显示状态和线路状况,严格执行各项规章制度及呼唤应答制度。

(3)发生车辆、信号故障或突发事件时,车辆运用检修工应果断处理并报告行调。接到行调命令时,必须逐句复诵并领会内容,确认无误后认真执行。对命令有疑问或不清时,须及时提问,核实清楚再执行,严禁臆测行车。

(4)降级运行期间,动车前车辆运用检修工应认真确认行车凭证、道岔位置,认真执行手指口呼作业要求,手动驾驶车辆,严禁超速运行,到站对标停车后,严格执行站台开关门作业。

(5)车辆出入存车线作业时,车辆运用检修工根据行调命令做好信号、进路、道岔确认,运行时集中精力,密切注意车辆运行前方的线路状态,严格按照线路的曲线半径、线路限速要求,凭车载信号或地面信号显示运行,严禁超速行驶。

(6)需要降级驾驶时,须报行调,经行调同意后方可操作,严禁擅自降级动车。

(7)运营中遇信号、车辆故障或突发事件,按应急处置程序执行。

(8)降级运行时,若车辆未正常运行,应及时播放临时停车广播。

(9)降级运行时,若车辆发生空转滑行,采取如下措施:如在进站时发生,车辆运用检修工立即采取紧急制动停车,报告行调,按行调命令执行;如在区间发生,车辆运用检修工立即采取最大常用制动停车,报告行调,按行调命令执行。

(10)降级运行中遇车载无线电台发生故障不能正常使用,需与行调联系行车事宜,及时使用手持电台或轨旁电话与行调联系。

二、全自动驾驶运营场景

全自动运行线路与常规线路最大的不同在于:根据全自动运营场景以及运营规则,在满足基本运营功能的基础上,通过对关键设备冗余配置进行强化,增加系统间接口关系,从而实现高集成、联系密切的自动化控制系统,完善自动化系统安全防护以及维护功能。因此,掌握全自动驾驶运营首先需了解运营场景及运营规则。

运营场景描述是对城市轨道交通全自动运行系统根据运营的全过程进行全覆盖、准确、详细的分类描述。场景既是全自动运行系统中各装备、各岗位功能设置的依据和系统之间联动的逻辑纽带,又能反映运营的理念与需求。根据城市轨道交通运营所涉及场所及特点进行区分,全自动运行运营场景包括正常运营场景和异常运营场景,也可细分为休眠与唤醒、正线运营、车辆段运营、车辆故障处理、系统故障处理等。基于对国内外全自动运行线路的调研，总结出全自动运行运营场景，具体如图6-10所示。下面就重点介绍与车辆运用检修工密切相关的正常运营场景、异常运营场景。

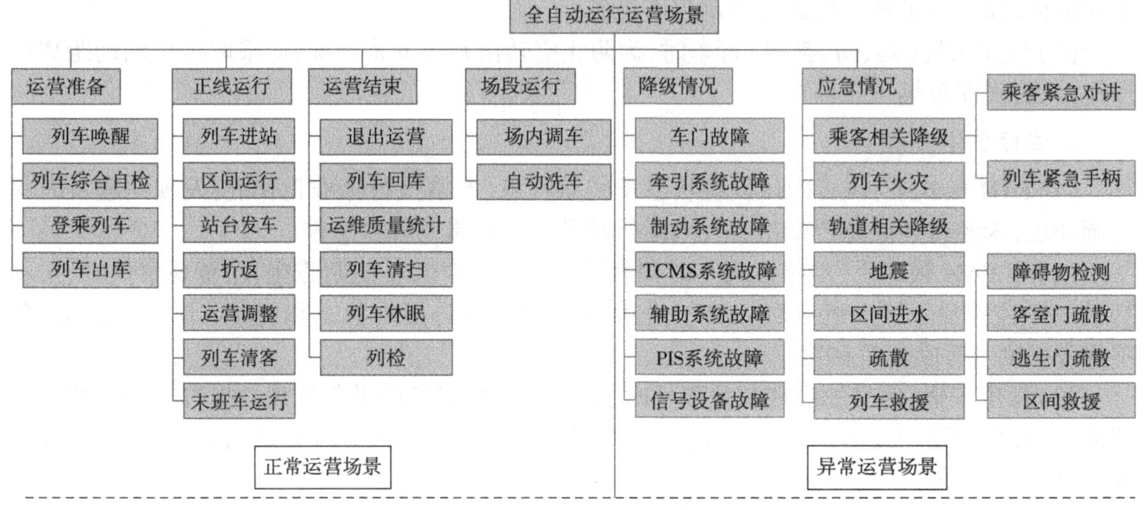

图6-10　全自动运行运营场景

1. 正常运营场景

(1)运营准备

①列车唤醒

列车唤醒的方式分三种：列车根据运行图进行系统自动唤醒；车场/正线调度员通过ATS执行远程人工唤醒；车辆运用检修工登车后执行就地人工唤醒。

自动唤醒为在车辆段/停车场自动化区域或正线存车线等唤醒区域，列车可根据列车运行图时刻表，在规定的时间自动下发唤醒指令，列车收到唤醒指令后，自动按设定流程执行唤醒操作。

远程人工唤醒为在车辆段/停车场自动化区域或正线存车线等唤醒区域，如果执行计划外或需要提前唤醒列车或列车根据时刻表自动唤醒因故失败时，OCC行调可通过ATS工作站人工下发“唤醒”指令，远程唤醒相应列车。列车收到唤醒指令后，自动按设定流程执行唤醒操作。

列车就地唤醒是指由车辆运用检修工上车，通过蓄电池投入按钮给列车下达“唤醒”指令，列车自动按设定流程执行唤醒操作。

正常情况下，列车的唤醒由ATS根据列车运行图时刻表自动唤醒，如果有特殊情况，可以通过远程人工唤醒和列车就地唤醒使列车唤醒。

②列车综合自检

列车唤醒成功后进入列车综合自检。列车的综合自检项目至少包含但不限于：列车各子系统的自动测试、制动系统的完整性能测试、紧急制动的施加缓解测试、车门系统的开关门测试等。列车综合自检前需由车辆运用检修工在正常列检完成后确认列车定位正常。列车综合自检成功后待运行。

③登乘列车

车辆运用检修工登乘列车场景分为：在无人区停车股道登乘列车和在无人区非停车股道登乘列车。

在无人区停车股道登乘列车，要求车辆运用检修工根据任务需要在登乘列车前，先到车场运转值班室登记作业内容。跟车巡查人员、车辆运用检修工、清洁人员等工作人员在获得车场调度员的允许后，由安全通道进入无人区，从登乘平台由指定车门登乘列车。

在无人区非停车股道登乘列车是指列车由于故障迫停于车辆段或停车场的非正常停车区域时，车辆运用检修工登乘列车。在此种情况下，如不影响其余列车的出入库，则先隔离故障区段，执行其他列车出入库作业，待其余列车出入库作业完成后进行抢修作业；若影响其余列车的出入库，则停止范围内所有列车的出入库作业，确认所有列车静止且不会动车后，车辆运用检修工向车场调度员申请进入无人区对故障列车进行抢修。

④列车出库

列车出库场景分为有人值守列车出库场景、无人值守列车出库场景及轨道车出库场景。有人值守列车出库场景是指因设备故障或实操训练等需要车场调度员安排车辆运用检修工登乘列车后，以有人驾驶模式出库。

无人值守列车出库场景是指列车根据车场调度员输入 ATS 系统的派班计划自动唤醒并进行自检，自检完毕后自动匹配当日运行图，ATS 系统根据计划自动触发出库进路，列车自动发车，以全自动运行模式运行。

轨道车出库是指车辆运用检修工登乘列车后，根据车场调度员输入 ATS 系统的派班计划唤醒列车并执行自检，自检完毕后自动匹配当日运行图，在获得车场调度员确认后发车，开始执行轨道作业。此种工况下，列车以带 ATP 保护的人工驾驶模式运行。

（2）正线运行

①列车进站

全自动驾驶模式的列车进站是指在全自动驾驶模式下进站停车。列车进站前，车站及列车车厢内自动播放列车进站广播。进站后，列车对位停车，若列车欠停或过冲，列车自动调整对位。对位停车成功后，列车车门和站台门自动打开，若车门或站台门未打开，车站人员使用站台“再次开关门”按钮，列车车门和站台门开关一次。随后，车站播放到站、换乘等广播。

②区间运行

全自动驾驶模式下，列车在 UTO 模式下由一站运行至另一站。列车按运行图自动运行，若列车偏离计划线，信号系统应执行自动调整功能。若有列车加开计划，信号系统应执行系统默认的停站时间及运行速度。列车可根据运行图计划线在一定范围内对列车自动控制以达到自动调整的目的。全自动驾驶模式下，列车正常运行时，无须人工进行操作，当发生故障时，车辆运用检修工应根据行调命令快速响应，高效率地进行应急处置。

③站台发车

当站停时间结束，倒计时显示为零时，信号系统发送关闭车门及站台门命令，待发车联锁条件满足后，车载控制器收到移动授权，自动启动列车发车，并触发车上的发车广播。列车启动时，触发车载广播，告知旅客列车将要到达的目的地信息、下站站名信息等。

④折返

列车折返场景分为列车站前折返和列车站后折返两种。

列车站前折返是指在全自动驾驶模式下,列车经由站前渡线折返。列车对位停车后,站台门和车门打开,列车控制端转换并自动匹配新的运行计划,根据时刻表触发进路,列车自动发车。

列车站后折返是指在全自动驾驶模式下,列车经由站后渡线折返。列车在终端站台停稳后,站台门和车门打开,车辆广播清客,提醒乘客下车。待停站时间结束后,站台门和车门开始关闭。信号系统根据折返优先模式选择折返路径,发车条件满足后,列车运行至折返线,对位停车后,控制端转换并自动匹配新的运行计划,根据时刻表触发进路,列车驶离折返线,进站对位停车。

⑤运营调整

运营调整是指运营时段,利用正线待命状态备车开行非计划的载客列车和空驶列车。正线调度员应首先确认加开列车车况,并布置加开任务,然后通过 ATS 工作站设置车次号及相应工况,然后执行列车加开计划。车段/停车场自动化区域的列车,通过列车唤醒后,车载控制器上电,完成自检后,获得各设备的自检结果,自检成功后,列车自动转为 FAM 模式。

⑥列车清客

列车清客分为固定清客和临时清客。

固定清客是列车到达终点站折返、列车运营结束到达车辆段/停车场最后一个站台而清客,并转换列车运行工况。正线调度员通知相关车站布置清客任务,设置车厢广播或对车厢进行人工广播,并对列车设置到某站清客指令。

临时清客是因设备故障、前方站台故障或其他原因无法将乘客运送到终点站而在某站台清客。临时清客列车在运行途中,自动广播本次列车将退出运营,待列车到达终点站停稳后,自动扣车,列车由正线载客工况转到下线工况。待列车清客完成,车站执行清客作业,车站通过确认操作后,车门和站台门同时关闭。随后列车按新的目的地自动发车,进入存车线或回库。

⑦末班车运行

在末班车到达车站前,车站广播应提前告知乘客末班车的发车时间。末班车离开后,车站广播应播送当天运营结束的广播,提醒乘客不要进站或已进站的乘客离开车站。

(3)运营结束

①退出运营

列车在运行途中,自动广播本次列车将退出运营,待列车到达终点站停稳后,列车由正线载客工况转到下线工况(回库模式)。车站执行清客作业,待列车清客完成,车站通过确认操作后,列车门和站台门同时开始关闭。随后列车按目的地为车辆段或存车线自动发车进入存车线或回库。

②列车回库

列车回库场景分为有人值守列车回库和无人值守列车回库两种。

有人值守列车回库是指车场调度员因设备故障或实操训练需要,安排车站多职能人员登乘列车后,以有人驾驶模式回库。

无人值守列车回库是指列车以“下线工况”离开终点站，在出入段线虚拟站台处匹配回库派班计划，然后将列车停至停车库指定股道，上传数据至 DCC、OCC 及相关部门后，在到达指定时间时进入自动休眠。

③运维质量数据统计

提出相关统计的材料，根据既有线路要求完成。

④列车清扫

同一全自动分区的所有列车在列检/清扫工况下，保洁人员可上车进行清扫作业。完成列检作业后进行清扫作业。清扫人员根据清扫作业计划，由 DCC 调度员安排出入库内的作业区域，在 DCC 调度员的指挥下。全分区内的所有列车的清扫作业结束后，保洁人员下车，并向 DCC 调度员报告清扫作业结束。

⑤列车休眠

回库后车辆在规定股道对标停车，严禁越过阻挡信号机。在 FAM 模式下，列车自动休眠，确认列车按正确流程休眠后，报经行调同意方可下车；非 FAM 模式下，断开相应负载后方可降弓，关闭操纵台钥匙，断开蓄电池开关，报经行调同意方可下车。乘务司机将停放股道等信息进行记录，锁好驾驶室门后到指定地点退勤。

列车休眠后，不得再次动车，特殊情况下动车后，列车再次上电前，车辆运用检修工应申请以 EUM 模式驾驶列车以清除记忆定位，然后再申请以 RM 模式运行重新建立定位。

⑥列检

列检是指在全自动运行区的停车列检库内对列车进行日常例行检修、维护及维修。全自动运营线路列车的列检包括以下内容。

车载设备功能日检，主要为车上设备的检修作业人员打开列车的简易驾驶台，检查列车车载设备的所有功能，包括列车的保持制动和停放制动等，同时检查客室内服务设施的状况。

列车运行部件日检，主要作业内容是检修人员在车辆两侧及车地巡视，检查受电弓、车辆走行部、箱盖、风管路的外观状况等。以全自动分区为单位进行检修作业应依据安全防护原则：若下轨行区，须操作对应的 SPKS 防护开关进行防护，否则无法进入轨行区。

(4)场段运行

①场内调车

场内调车场景分为有人区内调车、无人区内调车、无人区至有人区内调车和有人区至无人区内调车四种。

有人区内调车按照人工驾驶模式，无人区内调车按照全自动驾驶模式，无人区至有人区调车按照“无人区-有人区转换”区域转换驾驶模式，有人区至无人区调车按照“有人区-无人区转换”区域转换驾驶模式。

②自动洗车

列车以“下线工况”根据回库计划中的洗车安排，自动运行至洗车库前自动洗车。洗车结束后，按照调车计划，组织列车运行至指定停车库指定股道。洗车作业时，列车按照回库计划或车场调度员手动分配列车目的地码运行至洗车库前停车；信号系统确认洗车机正常开启后，列车进行自动洗车作业；当洗车作业结束后，洗车机停止运行，进入规定模式，列车按照调车计划或车场调度员手动安排列车目的地码运行至停车库。若洗车过程中洗车设备发生故障，应立即停车，重启设备无效后，立即中断洗车作业，安排人员检修。

2. 异常运营场景

(1)降级情况

降级运行是指车辆退出全自动驾驶模式，车辆运用检修工使用非FAM模式以外的其他模式进行人工驾驶。车辆在发生车辆或信号故障时，或运行中发生突发事件时，正线调度可授权车辆运用检修工采用人工驾驶模式。

降级运行总体要求如下。列车发生车辆故障时，FAM模式下OCC调度员优先使用车辆专家工作站远程排除故障，若故障无法排除，正线调度通知车辆运用检修工进行本地处理。车辆运用检修工本地处理故障时应认真确认灯、屏、表现象，以准确判断故障类型，按照车辆常见故障处理程序进行处置。处理故障时，操作开关须手指确认，仔细核对，每步操作均需检查故障是否恢复，严禁错误操作和人为失误。应急处置结束后，车辆运用检修工应立即报告正线调度处置结果，并按正线调度命令执行。具体故障处置流程如下。

①车门故障——单节或多节车门关不上。

判断：列车站台作业完成后单节或多节车门未自动关闭，车辆专家工作站及列车HMI站台侧单节或多节车门显示A色(如A色定义为车门关不上)。

车门故障应急处置流程如图6-11所示。

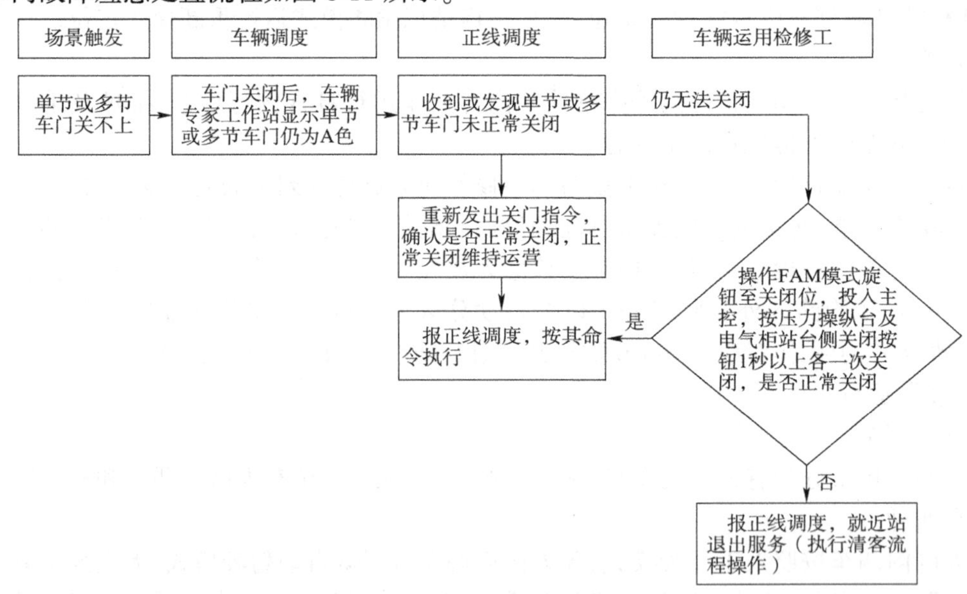

图6-11 车门故障应急处置流程

②牵引系统故障——牵引无流。

判断：FAM模式下无法动车，降级运行后推100%牵引手柄5秒以上，车辆专家工作站及列车HMI牵引电制动栏显示为0kN。

牵引系统故障应急处置流程如图6-12所示。

③制动系统故障——单节或多节停放制动不缓解。

判断：车辆专家工作站显示"TC1/TC2所在CAN内发生大事件""TC1/TC2车所在CAN内发生停放制动不缓解"，列车不明原因无法动车。

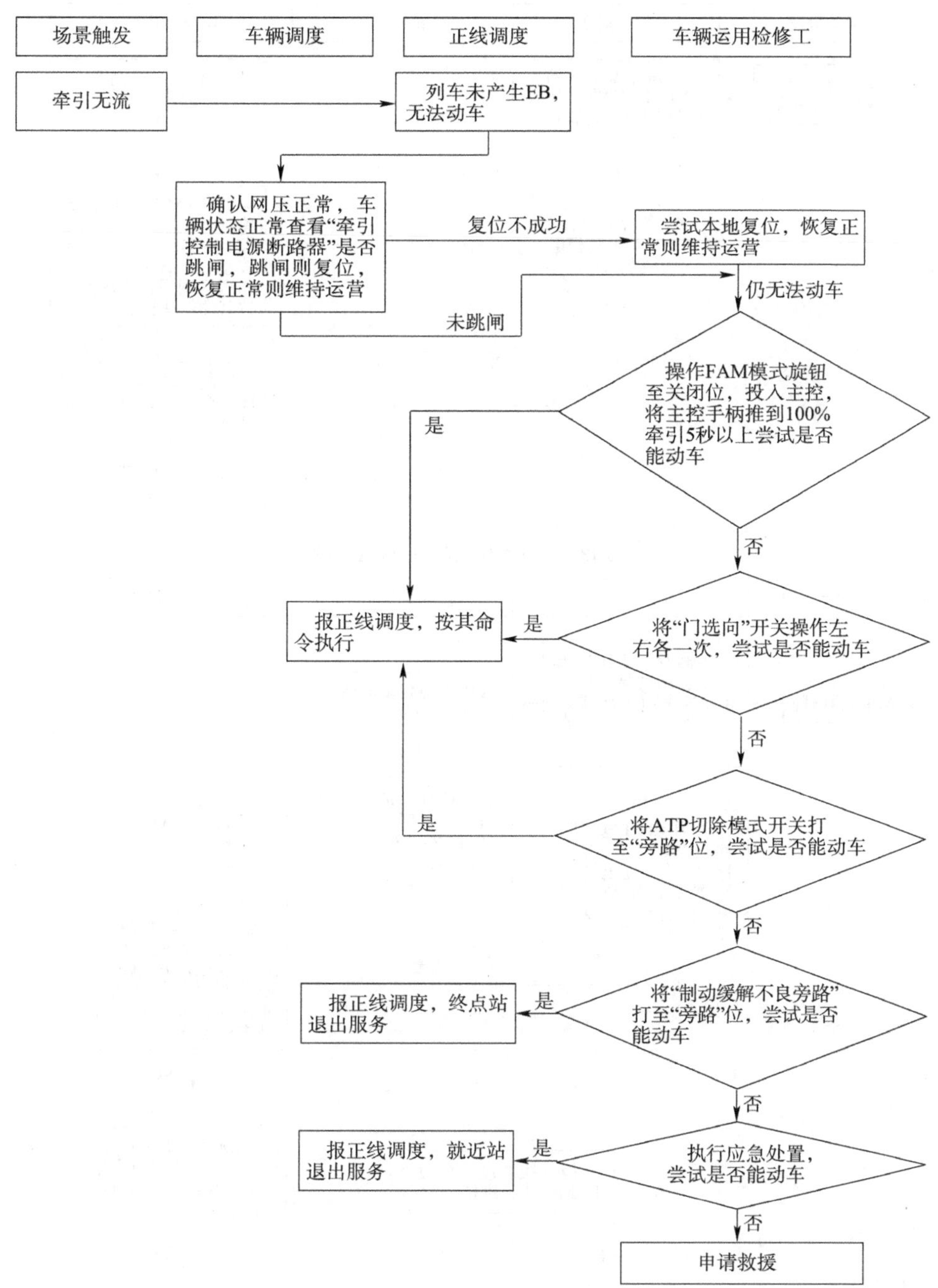

图 6-12　牵引系统故障应急处置流程

制动系统故障应急处置流程如图 6-13 所示。

④TCMS 系统故障——TCMS 自身故障。

判断:车辆专家工作站显示列车施加紧急制动,无法动车,RIOM 或 VCU 离线、中继器状态输出异常故障,ATS 出现列车申请进入 CAM 模式。

TCMS 系统故障应急处置流程如图 6-14 所示。

场景触发
车辆调度
正线调度
车辆运用检修工
单架或多架停放制动不缓解
车辆专家工作站显示“TC1/TC2发生停放制动不缓解”告警
复位制动控制断路器空开
查看是否有“TC车电气柜电源跳脱”告警
是
将FAM模式按钮开关灯至关闭位，投入主控，操作停放制动控制按钮，尝试手动缓解，如缓解则报正线调度，按其命令执行
无法缓解
否
将制动缓解不良旁路打至旁路位，就近站退出服务
无法动车
申请救援

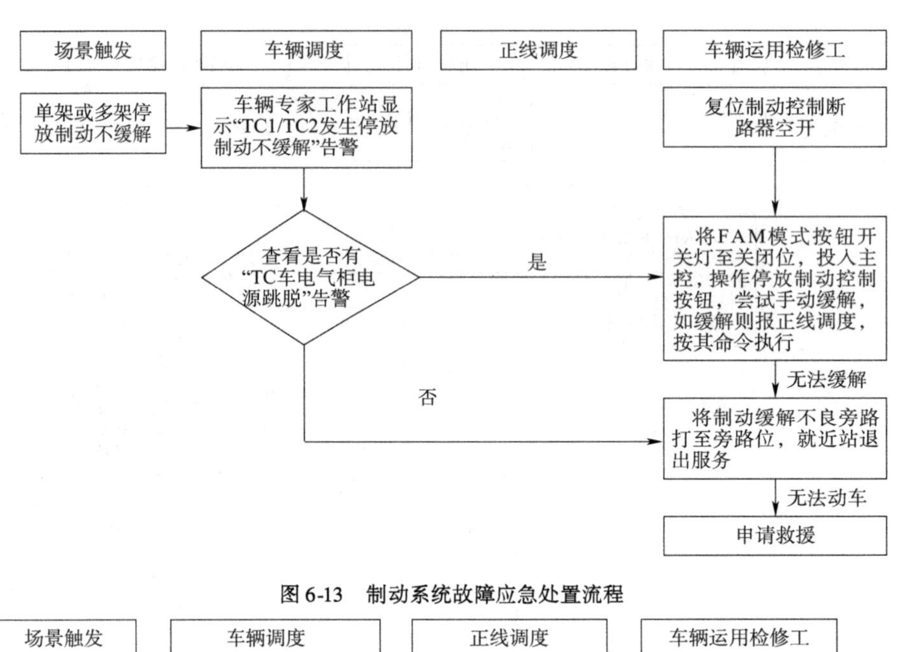

图 6-13　制动系统故障应急处置流程

场景触发
车辆调度
正线调度
车辆运用检修工
TCMS自身故障
车辆专家工作站出现紧急制动显示框、RIOM或VCU离线、中继器状态输出异常故障
ATS出现列车申请进入CAM模式
确认列车清客，当列车在区间停车时授权列车进入CAM模式
监护列车CAM模式运行至下一站
查看“RPT电源断路器”“RPT2电源断路器”及其他电源断路器是否跳闸，跳闸则复位，恢复正常则维持运营
未恢复
确认“I/O电源断路器”及其他电源断路器是否跳闸，跳闸先复位I/OD电源断路器再复位其余断路器，恢复正常则维持运营
未恢复
将FAM模式旋钮开关打至关闭位，投入主控，尝试手动缓解EB，确认是否恢复正常
是
报正线调度，恢复FAM模式，维持运营
否
将“备用模式开关”打至旁路位，操作主控手柄缓解EB，就近站退出服务

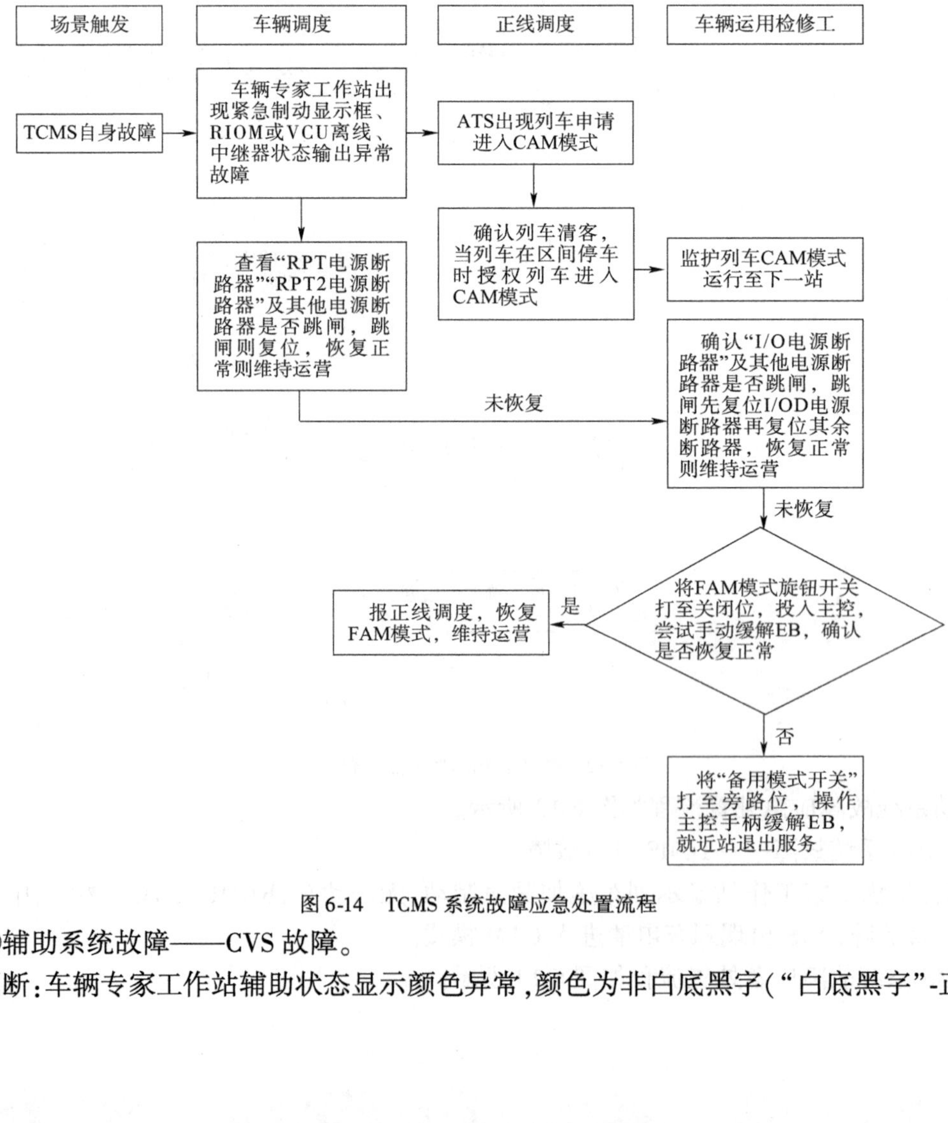

图 6-14　TCMS 系统故障应急处置流程

⑤辅助系统故障——CVS 故障。

判断：车辆专家工作站辅助状态显示颜色异常，颜色为非白底黑字（“白底黑字”-正常、“A

色”-故障、“B 色”-未投入、“C 色”-通信故障)。

辅助系统故障应急处置流程如图 6-15 所示。

⑥PIS 系统故障——广播故障。

判断:客室广播出现错报、漏报、报站无声等异常情况。

PIS 系统故障应急处置流程如图 6-16 所示。

⑦信号设备故障。

a. CC 故障。

若列车发生车载信号设备故障时,重启设备过程中应确保列车在停车状态。FAM 模式下正线调度授权远程重启 CC,车辆运用检修工应在运行端驾驶室待令。非 FAM 模式下运营中信号故障定位丢失时,车辆运用检修工需及时报告正线调度列车在区间,以 EUM 模式运行至下一站;列车在进站过程中,以 RM 模式对标停车,站台作业关门后,应进行 CC 重启操作,并根据重启结果按正线调度命令执行。

b. 车门、站台门不联动。

FAM 模式下正线调度远程发送开关门指令,若不能联动开门,授权车站进行本地操作,车辆运用检修工做好监控。当需要车辆运用检修工进行本地操作时,应手动进行车门、站台门开关操作。

c. 越红灯。

信号设备故障须越信号机红灯时,车辆运用检修工应严格按照行调命令执行,认真记录信号机编号,拿出线路图进行比对,到达信号机处完整确认信号机编号,核对无误后启动列车越过该信号机。

d. 降级运行。

信号设备故障导致列车降级运行时,列车在发生车辆或信号故障时,或运行中发生突发事件时,正线调度可授权车辆运用检修工采用人工驾驶模式。

若采用电话闭塞法组织行车,按相应规定执行,并做好电话闭塞行车“四确认”,即:一是确认驾驶模式已降级为 EUM 模式,车门模式切换至 DBY 模式,即 MM 模式;二是确认列车驾驶限速不得超过 EUM 限速规定,正线侧向过岔时严控速度不超过 30km/h;三是确认路票“五要素”中区间/走行路径等行车关键信息,做好复诵;四是确认道岔安全且处于正确位置,必要时停车逐个确认。

(2)应急情况

应急情况有乘客相关降级、列车火灾、轨道相关降级、地震、区间进水、疏散、列车救援等,其中列车火灾、轨道相关降级、地震、区间进水等应急处置与常规线路一致,就不再进行介绍。

①乘客相关降级。

a. 乘客紧急对讲。

当乘客触发客室车厢内的乘客紧急呼叫按钮后,可直接与中心调度员和正线调度员通话。当紧急呼叫按钮被触发后,列车的广播主机通过车载无线固定台完成乘客与正线调度员的直接对讲。

当紧急呼叫按钮被触发后,正线调度台上显示行车的页面上的相应列车会出现紧急呼叫状态提示和报警,同时 TCMS 联动列车上的 CCTV 摄像头将紧急呼叫区域的画面推送给乘客调度台。

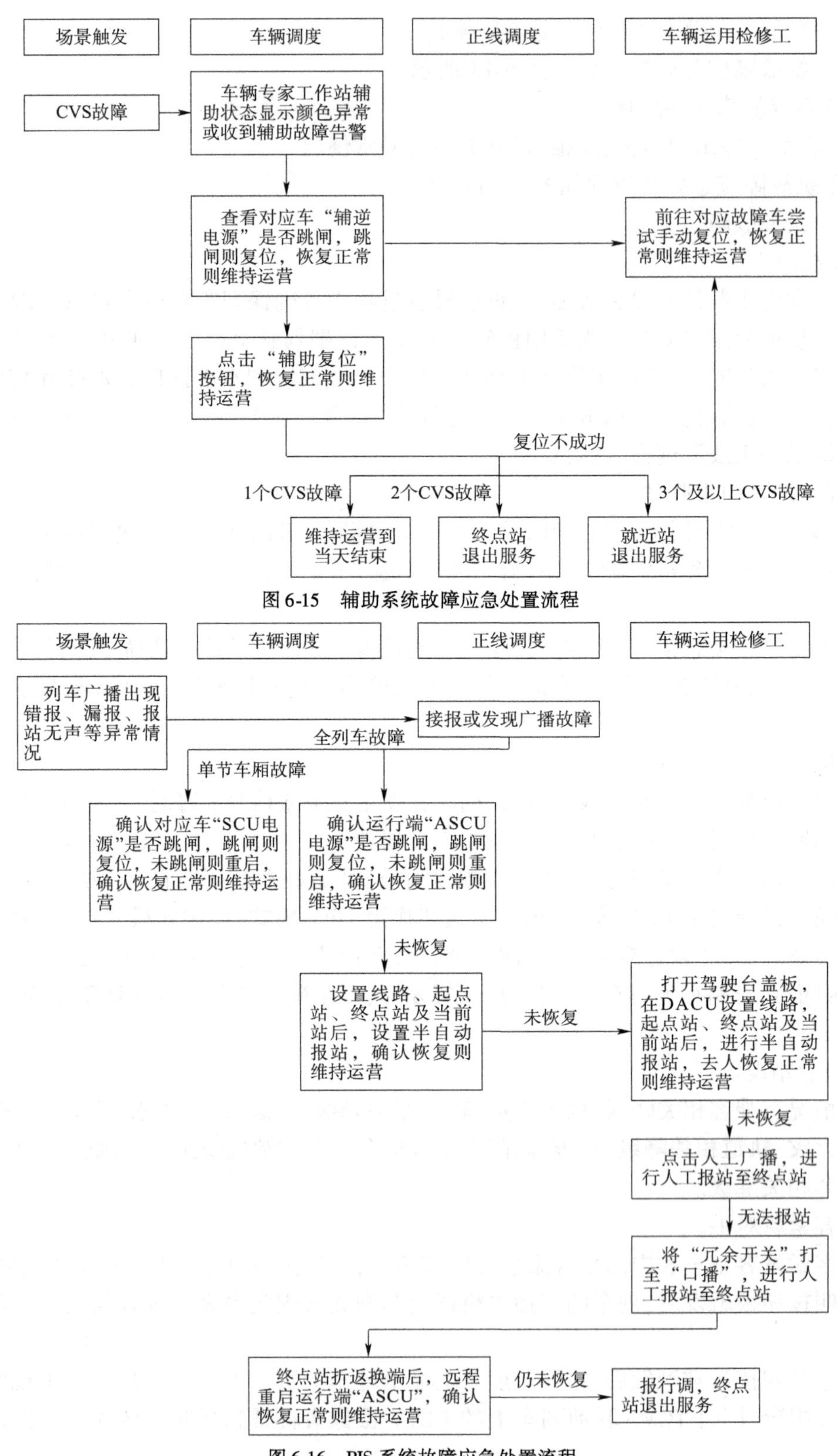

图 6-15 辅助系统故障应急处置流程

图 6-16 PIS 系统故障应急处置流程

不同列车乘客同时按压紧急对讲时，无线电调台根据时间优先原则进行选择，其余未被接听的呼叫保留请求，正线调度可以通过无线电调台切换不同列车进行对讲。

b.列车紧急手柄。

列车运行过程中，若车上乘客操作了紧急手柄及车门紧急解锁装置，列车采集到以上两个装置被操作后，如果列车在区间运行，则列车不停车，运行到下一站精确停车，如果列车在进站的过程中，则列车不停车，运行到本站精确停车。

列车出站过程中，信号系统防护有效情况下，当紧急手柄及车门紧急解锁装置被乘客操作，此时如紧急制动停车后至少有一个车门在站台内，则信号系统触发车辆的紧急制动，如不在，则直接运行至下一站。当车门紧急解锁装置被操作，相应车门的物理锁闭被解除，列车的门锁闭状态丢失，如车辆停稳后车载控制器施加紧急制动禁止发车，门电机仍向车门施加关门力。

当乘客操作紧急手柄及紧急解锁装置后，TCMS 将被操作的信息报告给车载控制器，同时联动车载 CCTV 将相应车门区域的画面推送到 OCC 的调度台。车载控制器将紧急手柄及紧急解锁装置被操作信息发送至中央行车调度台并报警，TCMS 将该信息发送至 OCC 车辆调度台、客运调度台显示并报警。中心客调可通过数字集群通信系统与乘客对话，了解现场情况和采取相应的处理措施，并可直接对列车进行广播。当紧急手柄及紧急解锁装置被操作后，若简易控制台的盖板在打开状态，应能在简易控制台的 TCMS 屏上显示并报警。

列车停车后，正线调度确认非紧急情况，并且确认和告知旅客不打开车门，通知车辆调度进行远程车门旁路处理，车门在远程旁路状态下，列车继续向车门施加关门力。列车停车后，客调与车辆调度共同确认为事故后，行调联系车站值班员组织工作人员上车救援或疏散。

②疏散。

a.障碍物检测。

全自动线路的列车在全自动运行过程中，应监视线路轨行区限界范围内的障碍物，保证列车在轨行区运行的安全。当列车碰撞到轨道上的障碍物时，达到障碍物探测门槛值时，列车直接输出紧急制动停车。车载控制器收到 TCMS 报告的碰撞到障碍物信息后，上传至 OCC 调度台。

车辆在检测到线路上障碍物后，TCMS 立即联动 CCTV，将列车前端摄像头 CCTV 图像推送到 OCC 调度台。当列车碰撞到障碍物紧急制动停车，或列车在轨道障碍物前停车后，正线根据行调命令进行确认后通过广播系统进行远程列车广播。当列车检测到障碍物而停车时，应在 OCC 调度台上报警。OCC 调度员根据查看到的现场情况，通知车站工作人员到事发地点处理和救援。工作人员到达现场人工清除障碍物，并确认轨道上没有遗留障碍物和作业人员，同时确认列车具备继续全自动运行条件后，上车复位障碍物检测系统，车辆满足 FAM 行车条件后自动发车。

若障碍物检测传感器复位故障，导致无法解除轨道障碍物的故障报警，车辆运用检修工可将驾驶模式转换为人工模式，操作安全旁路缓解紧急制动，人工驾驶列车回段维修。当列车主动检测到障碍物并停车后，信号系统封锁本线的区间，将本线路尚未进入该区间的列车扣在车站。在碰撞检测状态解除后，区间封锁自动解除。当列车碰撞障碍物停在区间不能移动时，OCC 行调指挥现场疏散和救援。

b. 客室门疏散。

当列车运行过程中发生紧急情况停车后需要疏散乘客时，OCC 客调需要远程引导乘客疏散。OCC 客调可通过人工广播远程指导乘客通过每个车门上方或侧方的车门紧急解锁开关或手柄解锁车门，解锁开关或手柄和零速联锁，不与门使能联锁，乘客可在停车后手动打开车门。客室门疏散时，应打开对应区间疏散平台侧的车门，另一侧车门不应打开。

c. 逃生门疏散。

当列车前后端设置有逃生门时，紧急情况下也应通过逃生门疏散乘客。逃生门上应设置完整的中英文标识，说明逃生门打开的操作流程。采用逃生门疏散乘客时，在列车停稳并施加保持制动或紧急制动后，OCC 行调远程操作解锁逃生门，并与乘客协作打开逃生门。当逃生门失去关闭且处于锁闭状态时，列车应施加紧急制动保持停车。

d. 区间疏散。

列车在打开客室门和逃生门疏散前，客调应通过列车广播系统告知乘客区间疏散方向，同时区间的疏散广播系统应告知乘客区间的疏散方向

③列车救援。

车辆运用检修工根据车辆故障情况，经处理不能继续运行时，应以车载电台、手持电台或其他有效方法向正线调度请求救援。请求救援的报告内容应包括车次、车号，救援事由，迫停时间、地点、上行线、下行线，有无人员伤亡及其他必要说明的事项。正线调度需向车辆运用检修工说明救援电客车开来方向

列车救援程序（推进/牵引）详见表 6-1。

列车救援程序 表 6-1

故障车运用检修工		救援车运用检修工		备注
步骤	内容	步骤	内容	
1. 接命令、广播清客	接到救援命令后故障车运用检修工复诵并简要记录，报告正线调度故障车的停留位置（区间、百米标或站名），与行调确认救援车的来车方向、前往的目的地，若在区间则广播安抚乘客，若在车站则要求车站协助清客	2. 接命令、清客	接到救援命令后救援车运用检修工复诵并简要记录，到达指定车站清客，向正线调度明确故障车停留位置（区间、百米标或站名）及其他注意事项，运检工凭行调命令进入封锁线路	已请求救援客车，没有正线调度命令不得擅自移动
3. 救援准备	关闭驾驶端主控、切除非连挂端五节车空气制动，保留连挂端三节车空气制动、开启连挂端列车前照灯，将驾驶模式转换为 EUM 模式	4. 前往连挂	在指定车站清客完毕后，以指定的驾驶模式（EUM 限 25km/h、AM/CM 凭车载信号进入救援区段，自动停车后转 EUM 模式运行至故障车 20m 处）运行至故障车所在地点。在距故障车 20m 外一度停车，并询问其是否做好防溜	若列车高压设备接地、空压机不能启动且主风压力无快速下降导致救援时，故障车和救援车连挂前开通总风隔离塞门

续上表

故障车运用检修工		救援车运用检修工		备　注
步　骤	内　容	步　骤	内　容	
5. 指挥连挂	用手持电台通知救援车运用检修工"故障车已做好防溜措施,可以连挂"	6. 限速连挂	在得到其"可以连挂"的指令后复诵,救援车限速5km/h,距离故障车3m处一度停车,以"EUM模式"低于3km/h进行连挂	
7. 指挥试拉	连挂完毕后,指挥救援车运用检修工"试拉"	8. 试拉	按故障车的"试拉"指令进行试拉,并通知故障车运用检修工"试拉完毕",同时救援车将"连挂开关"打至"联挂"位	
9. 缓解制动	切除剩余三节车空气制动,若救援车推故障车,故障车运用检修工须到非连挂端引导,故障车运用检修工到位后通知对方:"故障车制动已缓解,可以动车"	10. 动车	收到故障车运用检修工动车指令后,以EUM/ATP切除模式推进,限速30km/h(牵引限速40km/h),途中加强与故障车运用检修工联系,发现异常立即采取紧急停车措施	故障车运用检修工发现异常时,立即通知救援车运用检修工,同时施加停放制动。被救援列车解除制动时,救援列车须处于紧急制动位。在坡道上牵引时直接推牵引100%级
11. 停车、清客、关门	故障车需清客时,指挥救援车准确停车。故障车在指定站台开门清客。清客完毕关门后,指挥救援车运用检修工动车	12. 对位停车、按命令动车	按故障车运用检修工的指令准确停车(救援列车清客时,对位停车),根据行调指示动车	近停车位置严格按照三、二、一车距离限速停车。停车后救援车施加最大常用制动
13. 故障车存放	①严格按三、二、一车距离限速运行,将故障车置于指定地点。②将故障车制动妥当(恢复就近三节车空气制动)。③通知救援车运用检修工:已做好防溜,可以解钩。④按行调指示待令	14. 故障车存放	①严格按三、二、一车距离限速运行,将故障车置于指定地点,列车停稳后告知故障车运用检修工。②收到故障车运用检修工"可以解钩"指令后操作解钩,同时恢复连挂开关至"正常"位。③解钩后及时报告行调,按其指示运行	解钩操作原则上按照:救援车运用检修工负责解钩,解钩时将"解钩开关"打至"解钩"位即可,同时恢复连挂开关至"正常"位

任务实施及评价

城市轨道交通全自动驾驶系统车辆运行应用及故障应急处置

学院		专业	
姓名		学号	
小组成员		组长姓名	

一、工作任务场景

某全自动驾驶线路某车辆在某站下线突发故障，以车辆运用检修工身份根据行调命令快速响应，高效率地进行应急处置。

二、前置知识

1. 简述手动驾驶车辆的主要操作流程。

2. 以车辆运用检修工身份将全自动驾驶车辆模式转为人工驾驶模式。

3. 简述全自动驾驶车辆突遇故障的应急处置流程。

三、任务实施

任务实施内容
1. 全自动驾驶车辆巡检作业
1.1 车辆正常自动运行，无须人工进行操作，车辆运用检修工开展客室巡检工作，熟练利用列车广播监听，发现异常及时向行调汇报
1.2 在高峰时段车辆运用检修工留守驾驶室待命，运行中能熟练开展瞭望，到站后加强对车门、站台门开关状态的监控，发现未开关门时立即报告行调
1.3 接到行调命令时应立即按行调命令执行，快速返回驾驶室，及时通知跟车安全员前往协助处理，列车在站发生故障或应急情况，应使用400M电台通知对应车站工作人员
1.4 车辆运用检修工离开驾驶室前，正确将驾驶台盖板锁闭到位，带走随身行车备品，不得有备品遗留在驾驶室
2. 全自动驾驶车辆故障后降级运行
2.1 熟练按照要求正确地操纵车辆，按照限速要求，认真确认信号及道岔，平稳操作
2.2 正确设置广播，运行中加强监听并确认广播控制盒(DACU)显示正确
2.3 车辆运用检修工应确认列车各仪表显示正常、指示灯正常，各开关在规定位置
2.4 会车时，可使用近光灯，严禁关闭前照灯
2.5 人工牵引操作车辆 ①车辆启动时，平稳操作司控器进行牵引作业，确保启动平稳 ②车辆运行时，车辆运用检修工应注意观察各仪表、指示灯及显示屏的显示 ③运行至瞭望困难的车站、区间时，车辆运用检修工应适当降低运行速度，直至能清楚确认信号显示状态后，按规定的速度运行

续上表

2.6 人工制动操作车辆 ①常用制动,电客车运行时,平稳操作,平稳制动 ②当车辆运行中发生危及行车安全情况时,应迅速采取紧急制动停车措施 ③特殊天气(雨、雪、雾等)情况行车,为防止空转滑行等异常情况,应采取延长制动距离的操纵方法,确保车辆可靠停车
2.7 车辆运用检修工按照要求将车辆运行中发生的故障现象及处理情况如实填写记录
3. 故障的判断
3.1 通过车辆显示屏上的车门颜色及状态判断车门故障类型
3.2 根据车门故障类型判定后续处置措施:①直接隔离车门;②在区间维持进站后隔离;③车门不能隔离时,需要安排人员防护
4. 隔离车门应急处置
4.1 确认下滑道无异物;关门、反推、隔离、隔离灯确认,隔离完后,回驾驶室确认车门显示状态,确认车门全关闭灯亮后动车
4.2 如无法隔离,车辆运用检修工应立即报告行调处置结果,并按行调命令执行,做好防护,退出运营
5. 故障处置后续措施
5.1 按照车辆运用检修工手册,开展车辆客室巡检作业或按照要求驾驶车辆回库
5.2 驾驶车辆回库需确认客室无乘客滞留,打开驾驶台盖板加强运行监控,若采用手动驾驶模式,车辆运用检修工应严格按照限速运行,经过受电弓检测棚时限速10km/h,列车完全出清后方可按规定速度运行。回库后列车在规定股道对标停车,列车休眠后,不得再次动车

四、评价反馈

(一)评价标准

项　　目	项 目 内 容
接受工作任务	明确工作任务,理解任务在企业工作中的重要程度
前置知识	本次实训前需要掌握的知识程度
能力评价	全自动驾驶车辆运行操作
	故障的判断
	故障应急处置
	故障处置后续措施
素养评价	工作计划性强,安排得当
	团队合作能力强,善于沟通合作
	自主学习能力强,勇于克服困难
	严谨认真,积极参与课堂
	演示文稿制作精美,汇报演讲能力强
评价反馈	自我评价:能对自身表现情况进行客观评价,在任务实施过程中发现自身问题
	小组互评:客观、公正,能指出其他组的问题

续上表

(二)自我评价

请根据在课堂中的实际表现进行自我评价与自我反思。

序　　号	评 价 标 准	
1	接受工作任务	☆ ☆ ☆ ☆ ☆
2	前置知识	☆ ☆ ☆ ☆ ☆
3	能力评价	☆ ☆ ☆ ☆ ☆
4	素养评价	☆ ☆ ☆ ☆ ☆
自我反思：		

(三)小组互评

请小组之间根据在课堂中的实际表现进行小组互评。

序　　号	评 价 标 准	
1	接受工作任务	☆ ☆ ☆ ☆ ☆
2	前置知识	☆ ☆ ☆ ☆ ☆
3	能力评价	☆ ☆ ☆ ☆ ☆
4	素养评价	☆ ☆ ☆ ☆ ☆

(四)教师评价

项　　目	项 目 内 容	分值	得分
接受工作任务	明确工作任务，理解任务在企业工作中的重要程度		
前置知识	本次实训前需要掌握的知识程度		
能力评价	全自动驾驶车辆运行操作		
	故障的判断		
	故障应急处置		
	故障处置后续措施		
素养评价	工作计划性强，安排得当		
	团队合作能力强，善于沟通合作		
	自主学习能力强，勇于克服困难		
	严谨认真，积极参与课堂		
	演示文稿制作精美，汇报演讲能力强		
评价反馈	自我评价：能对自身表现情况进行客观评价，在任务实施过程中发现自身问题		
	小组互评：客观、公正，能指出其他组的问题		
得分(满分100)			

视野拓展

自主创新,我们前进的力量

2018年年初,我国首条具有完全自主知识产权的城市轨道交通全自动运行线路——北京燕房线正式开通运营。一年来,燕房线各项运营指标表现优秀,全自动运行系统平稳、可靠,正点率达到99.995%。燕房线的开通和安全运营令业界瞩目。它不仅验证了中国坚持走城市轨道交通自主创新发展道路的正确性,还提振了产业自主化发展的信心,它不仅掀起了国内建设城市轨道交通全自动运行系统的新一轮热潮,还是对牵头者和参与者坚持自主创新信念的巨大鼓舞和鞭策。时代在不断发展,技术在不断进步,在这一市场发展的大潮中,我们有能力、有责任去创造更多的新技术,助力我国高密度的城市轨道交通网络安全运营。

参 考 文 献

[1] 张海涛,梁汝君.地铁列车全自动无人驾驶系统方案[J].城市轨道交通研究,2015,18(5):33-37.

附录　本教材名词术语缩略语

序号	缩略语	解　释	序号	缩略语	解　释
1	ACS	门禁系统	27	FAS	火灾自动报警系统
2	AFC	自动售检票系统	28	FEP	前置通信处理机
3	AI	人工智能	29	GIS	地理信息系统
4	ALM	集中告警	30	HB	高速断路器
5	API	应用程序编程接口	31	HMI	人机界面
6	ATC	列车自动控制	32	IBP	综合后备盘
7	ATO	列车自动运行/列车自动驾驶	33	IMS	视频监视系统
8	ATP	列车自动防护	34	ISCS	综合监控系统
9	ATS	列车自动监控	35	ISP	互联网服务提供商
10	BAS	环境与设备监控系统	36	KPI	关键性能指标
11	BC 压力	制动缸压力	37	LTE	介于 3G 和 4G 之间的一种网络制式,它包括 TD-LTE 和 LTE-FDD 两种制式
12	BIM	建筑信息模型	38	MCC	电机控制中心
13	CAM	蠕动驾驶模式,由控制中心在远程启动	39	MLC	多线共用自动售检票系统线路中心
14	CBTC	基于通信的列车自动控制系统	40	MM	门模式开关
15	CC	车载信号控制器	41	Modbus	应用于电子控制器的一种通用语言
16	CLK	时钟系统	42	MVB	多功能车辆总线
17	COCC	线网调度指挥中心	43	NCCC	客运服务管理系统
18	DBY	旁路开关	44	NOCC	网络运营控制中心
19	DCP	司机控制单元	45	NOIS	客流分析服务系统
20	DDU	车辆显示屏	46	OCC	运营控制中心
21	EB	紧急制动	47	PA	广播系统
22	EPS	应急照明系统	48	PCC	乘客信息播控中心
23	EUHT	高速无线通信系统	49	PID	比例积分微分控制
24	EUM	切除 ATC 后的车辆模式(又名非限制人工驾驶模式),单人值乘限速 40km/h 运行,双人值乘限速 65km/h 运行	50	PIS	乘客信息系统
25	EUHT-5G	增强型超高速无线通信系统	51	PLC	可编程逻辑控制器
26	FAM	全自动驾驶模式。列车的运行、进出站、开关门、唤醒/休眠等功能均是自动控制	52	PMS	资产管理及运营生产管理系统

续上表

序号	缩略语	解　释	序号	缩略语	解　释
53	Profbus	一种国际化开放式、不依赖于设备生产商的现场总线标准	62	SIV	辅助逆变器
54	Profbus-DP	一种计算机电子元件，具有高速度低成本的特点，用于设备级控制系统与分散式 I/O 的通信	63	SPKS	防护开关
55	PSC	站台门控制系统	64	TCC	轨道交通线网指挥中心
56	PSCADA/ SCADA	电力监控系统	65	TVM	自动售票机
57	PSD	站台门	66	UPS	不间断电源
58	PSL	站台门就地控制装置	67	UTM	统一威胁管理
59	RIOM/ VCU 离线	无生命信号	68	UTO	运行模式下的列车巡查工作宜由现场运营人员完成；轨道车及末班车宜采用非 FAM 运行
60	RM	非限制人工驾驶模式	69	WAF	网站应用级入侵防御
61	RS485	一个定义平衡数字多点系统中的驱动器和接收器的电气特性的标准，该标准由电信行业协会和电子工业联盟定义			